陕西省普通高等学校特色学科建设项目经费资助

中国思想史研究

2021年卷

谢阳举　主编

中国社会科学出版社

图书在版编目（CIP）数据

中国思想史研究．2021年卷／谢阳举主编．—北京：中国社会科学出版社，2021.12

ISBN 978-7-5203-9405-5

Ⅰ.①中… Ⅱ.①谢… Ⅲ.①思想史—中国—文集 Ⅳ.①B2-53

中国版本图书馆CIP数据核字(2021)第259599号

出 版 人 赵剑英
责任编辑 安 芳
责任校对 张爱华
责任印制 李寡寡

出 版 中国社会科学出版社
社 址 北京鼓楼西大街甲158号
邮 编 100720
网 址 http://www.csspw.cn
发 行 部 010-84083685
门 市 部 010-84029450
经 销 新华书店及其他书店

印 刷 北京明恒达印务有限公司
装 订 廊坊市广阳区广增装订厂
版 次 2021年12月第1版
印 次 2021年12月第1次印刷

开 本 710×1000 1/16
印 张 15.5
字 数 243千字
定 价 89.00元

凡购买中国社会科学出版社图书，如有质量问题请与本社营销中心联系调换
电话：010-84083683

目　录

卷 首

论中华文化的"会通"精神

张岂之
（西北大学　中国思想文化研究所）

我有机会在新加坡参加"20世纪中华文化世界论坛"，感到荣幸。围绕此次研讨会的主题，我想就中华文化的"会通"融合精神，作一些介绍，请与会的朋友们指正。

一 "会通"一词的来源和使用

"会通"一词正式出现于《易传·系辞上》。原文是："圣人有以见天下之动，而观其会通，以行其典礼。"近代学者高亨在《周易大传今注》中说："此言圣人有以见到天下事物之运动变化，而观察其会合贯通之处，从而推行社会之典章制度。""会通"强调的是融合、创新，而不是冲突、对抗。"会通"精神是我国古代文化的基本精神之一。

两宋之际的史学家郑樵很重视"会通"精神，不过他所强调的会通主要侧重史书编纂体例与原则，旨在裁减史料，会聚古今，通融为一，使史书成为一个有机的整体，从而避免古今悬隔、人事迭出、叙述不当的弊端。

面对西学东渐，最早明确论述文化"会通"主张的，是明末学者徐光启（1562—1633）。他在1631年上呈崇祯皇帝的奏折《历书总目表》中陈言："臣等愚心认为：'欲求超胜，必须会通；会通之前，先须翻译。'"徐光启对"会通"的用法，源于《易传》，但是属于旧语新用，指的是：中西历法学应该互相取长补短，中国人不应该囿于祖制成法。

二　孔子“和而不同”文化观与“会通”精神

中国古代思想一般来说比较强调同一性。同一性有两种：一种是否认差异（即矛盾）的同一性，古代称之为“同”；另一种主张有差异的同一性，古代称之为“和”。

孔子说：“君子和而不同，小人同而不和”（《论语·子路》），认为“君子”以“和”为准则，不肯盲从附和，敢于提出自己的主张；“小人”处处盲从附和，不敢提出自己的见解。孔子将“和而不同”的文化观运用于认识论领域，主张“中庸”之道：君子们对于世界的认识和行动不能过头，也不可不及。“中庸”的实质是会通或贯通。孔子认为自己的思想是“一以贯之”的（见《论语·里仁》），用一个“仁”字将其贯通起来，这不仅指他对于西周礼乐文明的继承，而且有他自己在春秋末期的独立创造。

中国早期儒家学说多处体现出“会通”精神。举一例：《礼记·礼运篇》（战国末期或秦汉之际儒家学者的著作）中关于“大同”社会的描述，也含有墨家思想的痕迹。例如“选贤与能”就和墨家“尚同”思想相似；“老有所终”一段又相似于《墨子·兼爱中》“老而无子者，有所得终其寿”，甚至“大同”这一名称也可能是从墨家“尚同”而来。同时，《礼记·礼运篇》有些地方也受了《老子》（《道德经》）的影响，如称“大同”世界为“大道之行”；“大道”是道家的术语。可以看出，“大同”理想主要源于儒家，同时也吸收了墨家和道家之长，而非一家之专利，这就是“会通”精神的体现。

三　中华文化中“会通”精神的特色

《庄子·天下篇》说过，诸子百家学说，是“道术将为天下裂”之后，各家“多得一察以自好”而形成的主张；这些其实都是真理的某些方面的表现。我国西汉时期大史学家司马迁发挥了这个观点，宣传“天下一致而百虑，同归而殊途”（《史记·太史公自序》），虽然各家各派立论不同、方式有别，但都是对于真理的探索，有助于人们对自然和社会的认识。

1. 中华文化中“会通”之学的一个重要特点，就是善于相互讨论、交流，相互吸收、提高，既看到其他学派与自己学派的不同点，又能看到其他学派的长处；既能坚持自己的理论原则，又能纠正自己理论上的不足，使之“与时偕行”。

在我国春秋战国学术思想百家争鸣时期，没有一个论点是不可讨论的，没有不受辩论的权威。道家主张向大自然回归，否定人的主观欲望与知识；儒家荀子批评这种主张是“蔽于天而不知人”（《荀子·解蔽》）。儒家主张仁义道德是天地万物的普遍法则，道家批评这种观点是“无知”。庄子就曾举例说，毛嫱、西施是人见人爱的美女，但鸟见了会高飞而去，鱼见了会沉潜水底，可见人的美感标准不能为鸟类、鱼类认同，如此类推，又怎么能证明仁义道德是世界的普遍法则呢？在不同学派的论辩中，儒家意识到在知人时不可不知天，因而也从理论上提出独特的天道观，对自然天道作了一系列创造性的探索（《荀子·天论》就是这方面的重要成果之一）。而道家在批评儒家过分地夸大了人的重要性的同时，也意识到儒家“人学”有长处。在战国中晚期，道家的后学，即所谓秦汉之际的道家，就试图调和道家自然天道观与儒家道德教化方面的矛盾，吸取儒家关于人的认识学说的成果，如《吕氏春秋》一书，就体现会通儒、道思想的特色。

2. 中华文化中“会通”之学的另一个特点是，它不排斥域外的思想文化，而是力求了解它并吸收它的优长处，以与本土文化相融合。

佛教传入中国，就是明显的例证。中国的佛教寺院为传播教义，经常向僧俗讲解某些佛教经典。在讲解经典时，由担任讲师的佛教高僧介绍经典的主要观点，允许听众提出问题，规定讲师只能加以回答，不能向听众提出反问。此外，佛教界还经常举行无遮大会，允许不同宗派、不同观点的人对大会主持提出的论题进行讨论。这促进了中国佛教中各个派别的发展，也推动了佛教的中国化进程，同时促进了儒、道、释的会通，形成了宋明理学。宋明理学并不回避各种论点的相互讨论，如北宋时理学家程颢和程颐就对当时关中学者张载提出的气与理的关系进行批评，认为张载把“太虚”和“气”视为世界的本原，是用有形的可感的东西代替了无形的不可感的本质，这种批评促进了理学的发展。

以上我谈到中国“会通”之学的四个特点，想再补充一点，就是中学与西学的“会通”问题。由于此问题包含的内容较多，将写出专文来讨论。从历史来看，19 世纪末张之洞在《劝学篇》中提出“中体西用”，主张“会通”中学与西学，然而他说的“会通”只是指西方的理论学说在中国古籍早已有了。这种解释多属牵强附会，也是对“会通”精神的扭曲。20 世纪 80 年代，有学人主张“西体中用”，也割裂了本土文化与西方文化，是难以做到的。因此，我们对于中国传统文化与西方文化的关系，需要打破长期以来形成的分割、对立的思维方式，将中华文化如实地看成是源远流长的文化发展过程，也是本土文化与外来文化不断融合的过程，从而实现“体用合一”和中西贯通。为此不能不加强关于中西文化的学术研究。

3. 中华文化中“会通”精神的再一个特点是，“会通”不是轻易可以达到的，需要有长期艰苦的研究，开拓学术视野，在不同思想观点的论辩中才能逐步达到这个境界。

这里不能不提到唐末五代的书院，经北宋初步建树，至南宋迅猛发展。这种由私人主持的讲学场所，其中不同学术观点的论辩成为它的特征之一。由于此，书院为思想文化的发展提供了智力资源和交流平台。在南宋时期产生朱熹理学学派，“会通”儒、道、释，以及产生陆象山“心学”学派，至明朝被王守仁发扬光大，都有书院这样的历史背景。

朱熹（1130—1200）原籍在徽州，后迁居福建，一生活动都在南方。他一生都在为儒家思想寻找活水“源头”，正如他在诗里所说：“半亩方塘一鉴开，天光云影共徘徊。问渠那得清如许？为有源头活水来。”为此，朱熹用近 40 年的时间，将“三教”（儒、释、道）会通在以儒家为框架的思想体系里，成为所谓“新儒学”，其学术成果主要集中在《四书集注》等著作中。

4. 中华文化“会通”还有一个特点，就是要求学人们对“会通”进行具体分析，它有高低优劣之分，不可一概而论。

清朝初年湖南衡阳大学者王夫之（1619—1692）在其“观生居”住处，曾以“‘六经’责我开生面，七尺从天乞活埋”的诗句题壁，表现了中华文化继往开来（会通）的宏大气魄。

王夫之对中国历史上主要学派进行过研究、评论，给后人留下了丰富的文化遗产。在这里举出一个事例来说明王夫之对于学术会通的具体观点。以儒学为例，他说，有儒学与老、庄的会通，有儒与佛的会通，还有儒家与法家的相互为用，对于后者，王夫之这样评论说："……后世之天下，死于申韩者积焉。"（《姜斋文集》卷一《老庄申韩论》）

王夫之所论"申、韩之儒"是一个比较复杂的问题。申（不害）、韩（非）是战国时期法家代表人物。王夫之在其著作中曾肯定秦遵循法家主张，实行郡县制，同时也指出："秦之所以获罪于万世者，'私'而已矣。"（《读通鉴论》卷一）这是指秦始皇为"一姓"而统治天下，要让自己一家的子孙世代做皇帝，结果二世而亡。王夫之对于"申、韩之儒"的批评，透露出这位思想家开始突破一家一姓的朝廷，把眼界扩展至天下，也就是说，在一定程度上对于君主专制制度进行非议，成为近代民主思想的萌芽，这是难能可贵的。由此可看出，王夫之并非对中国历史上所有思想学说的会通都持有肯定的态度，对于"申、韩之儒"他是反对的。

还要提到清朝初年的黄宗羲（1610—1695）。他的"会通"思想更加具有时代特色。他在《明夷待访录》一书中说，夏、商、周三代以下是"以君为主，天下为客"，君主把天下视为己有，独占天下之利；"为天下之大害者，君而已矣"。黄宗羲的这个命题阐述了"天下"与君主的区别，实际上是对封建社会中"朕即国家"专制思想的抨击。他将这种思想引申至学术方面，认为学术是天下之"公器""公识"，其是非并不取决于个人和一家，应当由天下人来讨论，并决定其是非。

从以上分析中可以看到中华文化"会通"精神的若干特点，这些说明一个事实，即中华文化的会通精神与创新精神是密切相关的。如果没有"会通"融合，也不会产生新思想；没有思想上的创新，当然不可能进行学术思想的会通。这个道理渗透在中国学术思想史的全过程中，值得我们深思。

四 结语

维护并推进人类文化的多样性，这是我国学术工作者和文化工作者的责任。文化的多样性是文化得以进步和发展的主要动力。在 21 世纪，人们可以清楚地看到，世界文化的格局是多元的，这和世界政治经济的多极化相适应，因此，世界范围内的多元文化发展不但符合现实的需要，而且有利于人类社会的可持续发展，也有利于人类精神生态环境的建设。在这个大前提下，世界各个民族的优秀文化才可能得到发展。

我们有机会与世界文化多接触、多研究，这有利于对本国文化的研究。远的不说，只说 20 世纪 80 年代，我国刚进入改革开放新时期，人们不能不担心，一旦开放，西方文化是否会给民族文化带来冲击？此种担心是无可非议的。但过了多年，到 21 世纪再来观察，也许可以得出另一个结论，这就是：对世界文化了解得越多，对本国文化会越加珍惜，在借鉴和研究上会更有深度、更有感情；在将传统与现代结合，在将文化思想精华与古代文化中的糟粕加以剥离上越加科学化。同样，对中国思想文化研究得越深，对世界文化越有鉴别力，越能准确地吸收其优质，以补自身文化的某些不足。

我国古代与东南亚的文化的会通，近现代的进一步交流，不但促进了中华文化的创新发展，而且有利于东南亚的华文教育与华人社会。世界上各种不同形态的文明都是平等的，他们对人类的文明都有贡献；这种贡献只有在交流与会通中才能得到实现。今天在新加坡召开关于文化共生问题的研讨，肯定会进一步推动中华文化与东南亚文化的双向交流，为建设和谐世界、和平共存、平等对话创造更加有利的条件。

原载于《中国文化研究》2011 年夏之卷

艺术镜子与历史图影：侯外庐文学思想研究管窥

——以《论汤显祖剧作四种》为中心

陈战峰
（西北大学中国思想文化研究所）

摘　要：20 世纪 50 年代末至 60 年代初，侯外庐关于汤显祖《临川四梦》的系列研究，引起文学界的争论。在侯外庐思想学术研究与汤显祖戏剧研究中，审视和反思侯外庐探索《临川四梦》乃至整个文学思想研究的特质与方法，依然有重要的参考价值。侯外庐探讨汤显祖剧作的主旨，即“曲意”，结合明代社会思潮，特别是泰州学派的基本理论，对“四梦”进行全面考察，认为“四梦”可以作为思想的外壳来把握，除文学界向来重视的《牡丹亭》外，其余三梦也有深刻的思想史价值，指出只有对“四梦”进行深入考察才有助于认识汤显祖的思想全貌。

关键词：汤显祖；《临川四梦》；侯外庐；文学思想

侯外庐（1903—1987）是我国著名史学家、思想史家、哲学家、教育家。他在中国古代社会史与思想史研究方面成绩卓著，被公认为是直至目前依然代有传承、活跃的“侯外庐学派”的奠基者和代表者。在马克思主义基本理论与中国社会思想实际的结合方面，侯外庐通过深入钻研、勇敢探索，著成独立自得的系列学术成果，克服了早期马克思主义史学研究中常见的简单化、机械化与教条化倾向，为建立中国化的马克思主义史学作出了杰出贡献，被誉为继李大钊（1889—1927）、郭沫若（1892—1978）之后马克思主义史学中国化的重要理论家和史学家，侯外庐是“把马克思主义史学理论中国化，也可以说把马克思主义史学理论民族化”① 的重要代表人物。

刘大年（1915—1999）称侯外庐“加强和扩大了中国马克思主义历史学阵地，并成为中国这门学问中一位先进者”，赞扬侯氏自传体回忆录《韧的追求》“表现了一个无产阶级著作家的特征：坚信自己追求的事业的正当性、先进性，他不像某些人轻易地改变自己的思想信仰，而去趋附于看上去似乎更有前途的思潮，从而博得读者的喝彩。这是侯外庐创首一个学派、治学活动的立脚点，也是他一生奋斗、取得成就的立脚点”②。

1934年6月，山西国际学社刊行侯外庐著《中国古代社会与老子》一书，该著虽然规模不大，但在整体格局上已体现出独特的理论架构，即将思想史与社会史密切结合，通过思想史把握社会变迁的信息，通过社会状况特别是经济现象观察思想演变的脉络和原因，“无论从着手的时间和往后所取得的重要成果来看，他都应当排列在中国马克思主义历史学先驱者的行列里面，而且是这个行列里特色显著的一员”③。

侯外庐将思想史与社会史相结合，开创了思想史与社会史研究的新局面。在文学研究中侯外庐也坚持了这项基本的研究原则。

一 侯外庐文学思想研究的肇始与主要特征

侯外庐将思想史研究与文学研究密切结合，率先使若干在文学史上

---

① 白寿彝：《外庐同志的学术成就》，张岂之主编：《侯外庐著作与思想研究》（第二十九卷），长春出版社2016年版，第16页。该文原载《史学史研究》1989年第3期。按：这种评价也符合侯外庐在《侯外庐史学论文选集》一书《自序》中的自我总结，即“注意马克思主义历史科学的民族化”［侯外庐：《自序》，中国社会科学院历史研究所中国思想史研究室编：《侯外庐史学论文选集》（上册），人民出版社1987年版，第18页］。

② 刘大年：《侯外庐与马克思主义历史学》，张岂之主编：《侯外庐著作与思想研究》（第二十九卷），第11、10页。该文原载《历史研究》1988年第1期。

③ 刘大年：《侯外庐与马克思主义历史学》，张岂之主编：《侯外庐著作与思想研究》（第二十九卷），第3页。该文原载《历史研究》1988年第1期。

光辉灿烂的人物彰显出思想史的光芒，如先秦屈原，汉代司马迁，唐代柳宗元、刘禹锡，宋代王安石、杨万里、叶适、陈亮，明代李贽、汤显祖、徐渭，明清之际方以智、王夫之，清代戴震、龚自珍，等等。与传统的文学研究不同，侯外庐等发掘出了这些人物著作中反映时代进步的思想因素，体现了科学严谨的求实作风、热烈真挚的民主理念和坚定执着的文化自觉意识。

侯外庐的文学研究是其史学研究的一个有机构成部分，作为研究奠定在经济基础之上的上层建筑的重要部分，它和人的精神活动密切相关，这是侯外庐史学研究原则与方法的必然延伸。[①] 这种研究大致肇始于 20 世纪 40 年代。1941 年 10 月，他发表《阿 Q 年代的“问题”》[②]。1942 年与郭沫若围绕屈原思想展开争鸣，相继发表《屈原思想的秘密》[③]《屈原思想渊源的先决问题》[④]《申论屈原思想（衡量屈原的尺度）》[⑤]。其中，第一篇与第三篇在收入《侯外庐史学论文选集》时被合并，命名为《论屈原的思想》。因此，侯外庐文学思想研究，从 1942 年研究屈原思想开始，就比较自觉和成熟了。

侯外庐文学研究的代表作比较多。枚举数例，以作窥斑之论。《论屈原的思想》，强调屈原的思想与艺术的传统，既有儒家的正统观念，又有以《诗经》为代表的古典艺术基础，他的思想价值“不在于他的体系与方法的矛盾，而在于他的活的生命力，适应于进步历史的悲剧艺术价值。

---

① 侯外庐总结自己的研究原则和方法：“依据马克思主义的理论和方法，特别是它的政治经济学理论和方法，说明历史上不同社会经济形态发生、发展和衰落的过程；物质生活的生产方式制约着整个社会生活、政治生活和精神生活的过程；以及经济基础与上层建筑、意识形态之间的辩证关系，是我五十年来研究中国社会史、思想史的基本原则和基本方法。”［侯外庐：《自序》，中国社会科学院历史研究所中国思想史研究室编：《侯外庐史学论文选集》（上册），人民出版社 1987 年版，第 8—9 页］

② 侯外庐：《阿 Q 年代的“问题”》，《中苏文化》第 9 卷第 2、3 期合刊。

③ 侯外庐：《屈原思想的秘密》，1942 年 1 月《中苏文化》第 11 卷第 1 期，《新华日报》1942 年 2 月 17 日转载。

④ 侯外庐：《屈原思想渊源的先决问题》，1942 年 1 月《中苏文化》第 11 卷第 2 期，《新华日报》1942 年 4 月 22 日转载。

⑤ 侯外庐：《申论屈原思想（衡量屈原的尺度）》，1942 年 1 月《中苏文化》第 11 卷第 2 期。

他的悲剧艺术超越过正统派儒家的思想"[①]。《司马迁著作中的思想性和人民性——为纪念司马迁诞生二千一百年而作》，称司马迁"大量地记录了普通人民的生活，这正表现了司马迁是把人民的生活作为历史主体和研究对象的。这是一个史无前例的贡献"[②]。《柳宗元的唯物主义和无神论思想》，揭示了柳宗元"所谓'道'包含着'无忘生人之患'、'以生人为己任'以及'厚人之生'的'异端'性质"，并认为柳宗元"以'道'去对抗'神'，反对了'天命论'的神学历史观"[③]。《李贽的进步思想》认为，李贽有"天下无一人不生知"的平等观与"物情不齐"的自然而然的个性说，"具有平民反对派思想的性质"[④]，并分析了李贽思想与佛教的关系及其二元论思想倾向。《方以智的社会思想和哲学思想》，运用中西比较的方法阐明方以智是中国古代大百科全书式的思想家与哲学家，其思想具有唯物主义的特色。[⑤]《论龚自珍思想》，主张龚自珍的"思想中心是他的社会批判论，而他的经史之学则为附庸的东西"[⑥]。侯外庐研究文学作品及一般意义上多被视作文学家的人物，结合诗文等集中探讨研究对象的思想特质和思想倾向，尤其对具有人民性和进步性的思想要素格外留意，但是也不抹煞对象在特定历史阶段思想的多面性和矛盾性，其中内蕴着将思想文化二分的本质，即主张有进步的思想与文化、有退步的思想与文化，在思想文化中存在着对立面的斗争。这虽然和当时的历史时代背景有关，但也是侯外庐研究中国古代社会和思想史的自得之见使然。

关于文学思想研究的意义和特点，侯外庐在自传性作品《韧的追求》

① 侯外庐：《论屈原的思想》，中国社会科学院历史研究所中国思想史研究室编：《侯外庐史学论文选集》（上册），第 361—362 页。

② 侯外庐：《司马迁著作中的思想性和人民性——为纪念司马迁诞生二千一百年而作》，中国社会科学院历史研究所中国思想史研究室编：《侯外庐史学论文选集》（上册），第 395 页。

③ 侯外庐：《柳宗元的唯物主义和无神论思想》，中国社会科学院历史研究所中国思想史研究室编：《侯外庐史学论文选集》（上册），第 465 页。

④ 侯外庐：《李贽的进步思想》，中国社会科学院历史研究所中国思想史研究室编：《侯外庐史学论文选集》（下册），第 40、45 页。

⑤ 侯外庐：《方以智的社会思想和哲学思想》，中国社会科学院历史研究所中国思想史研究室编：《侯外庐史学论文选集》（下册）。

⑥ 侯外庐：《论龚自珍思想》，中国社会科学院历史研究所中国思想史研究室编：《侯外庐史学论文选集》（下册），第 243—244 页。

中结合《中国思想通史》第四卷柳宗元章节撰写回忆说："一千余年来，柳宗元以文学家名世垂史。但是，柳宗元其人，实不仅是文学家，他同时也是一位思想家。他在中国唯物主义和无神论发展史上，占据着重要的地位。这一点，千载未被人识。""要发掘党争的实质，要解释中国封建社会发展到中唐之际，庶族地主阶层不愿再守礼法，有限度地提出了超越等级性限制的权利要求，开始形成自己的政治集团，从而与豪族特权阶层利益冲突公开化，柳宗元、刘禹锡思想是一面时代的镜子。无论为社会史研究的需要，还是为思想史研究的需要，柳宗元、刘禹锡思想都是一个绝好的解剖点。"① 在侯外庐文学思想研究中，将文学创作者与作品作为"一面时代的镜子"与"思想的解剖点"，使文学研究与思想史研究相互融合，形成研究的新局面和新气象。

侯外庐文学思想研究，不同于侧重文学创作或接受思想的分析与把握，其最大特征是将文学史与社会史、思想史相结合，在某种意义上突显了文学的历史因素和观念内涵。与当时重"文史互证""史诗互证"的史学研究②表面相似，而实有不同，即着眼点不仅在史料的相互印证阐发，而且主要侧重通过文学作品抉发思想演变的轨迹和社会政治的秘密，将文学现象作为考察的对象，进而彰显其思想史和社会史的价值。侯外庐用文学家和思想家的二重身份看待创作者，重视作品与思潮互动关系研究，参考文学现象把握作家的思想本质与演变以及社会变迁的信息和隐秘，特别重视带有"异端"思想倾向、反映人民性和批判性的思想观念与理想追求，在深化文学作品思想内涵、扩展史学研究范围与史料方面作出了贡献。

其中比较典型的则是侯外庐关于明代著名戏曲家汤显祖剧作与思想的研究，因为它不仅体现了侯外庐一贯关注作品的思想性之外，对艺术性也有足够的重视，同时针对艺术真实与历史真实及其关系等问题做了深入探讨，这组作品是侯外庐文学思想研究中的重要代表。20世纪50年代末至60年代初，侯外庐关于汤显祖《临川四梦》的系列

---

① 侯外庐：《韧的追求》，生活·读书·新知三联书店1985年版，第304页。

② 参见陈寅恪《元白诗笺证稿》《柳如是别传》等。

研究，并以《论汤显祖剧作四种》[①] 结集出版，引起文学界的争论，至今对侯外庐思想学术研究与汤显祖剧作及文学研究，依然有重要的参考价值。

在2016年出版的《侯外庐著作与思想研究》丛书中，其中第二十九、三十卷总共收录了72篇研究侯外庐史学、哲学、社会学等成果的学术论文，80余万字，但仅有1篇在论述侯外庐古代社会研究的贡献的过程中，用简短的文字扼要概括侯外庐《临川四梦》研究的特色。李学勤认为侯外庐对《临川四梦》的研究具有思想史价值："从对'泰州学派'的研究进行扩展，汤显祖与'泰州学派'有关，这样，他的研究就从思想史进入了文艺研究的领域，对文学艺术与启蒙思潮的关系做了深入考察。"[②] 在侯外庐思想学术研究与汤显祖戏剧研究（或称汤学）中，审视和反思侯外庐《临川四梦》乃至整个文学思想研究的特质与方法都是有必要的。[③]

二 汤显祖《临川四梦》与侯外庐的"四梦"研究

2016年是汤显祖逝世400周年，相关学术研讨和文化普及活动时有

① 侯外庐：《论汤显祖剧作四种》，中国戏剧出版社1962年版。

② 李学勤：《侯外庐先生对古代社会研究的贡献》，张岂之主编：《侯外庐著作与思想研究》（第三十卷），第451—452页。原载《中国思想史论集》第二辑《纪念侯外庐先生百年诞辰专集》，广西师范大学出版社2003年版。

③ 《侯外庐学术思想研究》一书侧重侯外庐学术思想的形成、中国思想史观、中国社会史研究、中国哲学史研究、中国社会思潮史研究、中国宗教思想史研究、中国思想史研究的现代启示等，参见方光华主编《侯外庐学术思想研究》，生活·读书·新知三联书店2015年版。《侯外庐先生学谱》以时间为经、以人物社会实践和学术活动为纬，呈现了一幅有特定时空感的学术图景，有助于人们更加深入地体会研究对象思想学术发展的内在逻辑和复杂因素，参见杜运辉《侯外庐先生学谱》，中国社会科学出版社2013年版。周群在《泰州学派思想家之一——汤显祖散论：从侯外庐先生〈论汤显祖剧作四种〉谈起》中，开篇便明标"侯外庐第一次将汤显祖视为'泰州学派思想家'，侯先生第一次依据对明代思潮以及泰州学派基本理论的理解，仔细考察了汤显祖的《玉茗堂全集》"（张岂之主编：《中国思想史论集》第二辑《纪念侯外庐先生百年诞辰专辑》，广西师范大学出版社2003年版，第249—250页），但是该文主要是接续侯外庐工作，展开对汤显祖的思想特别是哲学思想探讨，并没有对侯外庐关于汤显祖的剧作研究进行考察和评述。

召开。[1] 研究和考察汤显祖剧作特别是“四梦”的思想性与艺术性，对既往的汤学研究进行总结，有助于提升和推进关于“四梦”乃至汤学的系统研究。

汤显祖（1550—1616），字义仍，号海若、若士、清远道人等，江西临川人，明代著名戏曲家。汤显祖的《临川四梦》（以下简称“四梦”）戏曲是明清传奇[2]的代表作，分别是《牡丹亭还魂记》（简称《牡丹亭》或《还魂记》）、《紫钗记》《南柯记》《邯郸记》。汤显祖这四部戏曲作品之所以被称为“四梦”，是因为其中贯穿前后都有一个或若干个梦境，通过梦境曲折地表达和形象地刻画了抒情主人公对当时社会政治、现实人生的无奈和反思，投射着作者对传统伦理道德和人生价值观念的批判精神，在思想上和艺术上均有很高的造诣。

汤显祖不仅是艺术家，而且是思想家。他思想家品格的首次突现，是和侯外庐独到的研究分不开的。

侯外庐在20世纪60年代曾写了一组探讨汤显祖《临川四梦》的学术文章，分别是《汤显祖〈牡丹亭还魂记〉外传》[3]《论汤显祖〈紫钗记〉和〈南柯记〉的思想性——从歌颂自然情景的“春天”到政治倾向的“乌托邦”》[4]《论汤显祖〈邯郸记〉的思想与风格》[5]。这三篇论文次年结集出版，即《论汤显祖剧作四种》。他原本还计划撰写《汤显祖与泰

---

① 2016年1月5日，上海戏剧学院、上海人民出版社、上海古籍出版社在上海联合举办“纪念汤显祖逝世四百周年学术研讨会”，并举行《汤显祖集全编》《汤显祖研究丛刊》的首发仪式，开启2016年纪念汤显祖系列活动的序幕（《新华网》2016年1月6日）。1月31日，在江西抚州市成立了“抚州汤显祖国际研究中心”，拟建立纯学术、国际性与专业性的汤显祖文化高端研究平台（《人民网》1月31日）。3月22日，由江西省政府主办，江西省抚州市政府、江西省文化厅承办“汤显祖逝世400周年纪念活动新闻发布会”在北京举行，纪念活动将贯穿本年度，分为海外系列、在京系列与汤显祖故里系列等（《人民网》2016年3月22日）。4月8日至10日，浙江遂昌汤显祖文化节暨汤显祖—莎士比亚逝世400周年纪念系列活动在遂昌举行（《华夏网》2016年4月22日）。此外，还有关于汤显祖的学术论坛、图书出版、文化艺术节、音乐剧、戏曲演出（含“青春版”）、诗文朗诵等丰富多彩的纪念活动。

② 戏曲的一种独特形式，追求故事的离奇，以奇谲情节传达对人生与世界的感受和理解，是明清戏曲中的代表。

③ 侯外庐：《汤显祖〈牡丹亭还魂记〉外传》，《人民日报》1961年5月3日。

④ 侯外庐：《论汤显祖〈紫钗记〉和〈南柯记〉的思想性——从歌颂自然情景的“春天”到政治倾向的“乌托邦”》，《新建设》1961年第7期。

⑤ 侯外庐：《论汤显祖〈邯郸记〉的思想与风格》，《人民日报》1961年8月14日。

州学派》[①]，由题目自然可以判断他对汤显祖的思想家的定位[②]。他撰写并发表《汤显祖著作的人民性和思想性》[③]。这组文章引起文学界的惊诧和批评，甚至连戏曲方面的研究大家王季思（1906—1996）也发表了商榷性论文[④]，但他也肯定侯外庐戏剧研究对戏剧冲突的社会化理解，即强调侯外庐“用不甘于黑暗而死，并因获得光明而生的手法来从幻想中解决社会的矛盾，因此，‘死者生之’的背后是一副斗争的图景”的看法是“符合《牡丹亭》的实际的”[⑤]。文学工作者大多认为，侯外庐研究戏曲存在过度诠释的问题，没有深入关注戏曲的艺术性和文本结构的独特性。这些认识，在时过境迁之后，重新加以检讨，也有继续探究的必要。

按照文学界通行的一般看法，对一部文学作品的思想内容和表现形式都加以分析，是比较完整的。当然，今天的文学研究领域与理论视野丰富开阔得多，但重视文本的文和质的统一，重视文本与接受者的交流而形成的复杂多样的效果史或接受史，重视文学现象的文化本质和功能，是文学研究不断深化和扩展的表现。

侯外庐对汤显祖“四梦”的研究，对它们的思想和形式都给予高度评价。他明确指出：“汤显祖的‘四梦’都是十六世纪具有时代代表性的杰出的诗剧。从思想性方面来讲，‘四梦’有其共同的精神，既有控诉、

---

① 侯外庐：《题记》，张岂之主编：《侯外庐著作与思想研究》（第二十二卷），第 245 页。

② 侯外庐晚年总结治学经验，谈及“阐微决疑”就指出：“一是力图用科学的方法，从古文献中发掘历史的隐秘。”“二是尽力发掘不被一般论著所重视的思想家，如吕才、刘知几、刘禹锡、柳宗元、王安石、黄震、邓牧、何心隐、吕坤、汤显祖、方以智等。”［侯外庐：《自序》，中国社会科学院历史研究所中国思想史研究室编：《侯外庐史学论文选集》（上册），第 17 页。］赫然在列的就有思想家汤显祖。

③ 侯外庐：《汤显祖著作的人民性和思想性》，《光明日报》1962 年 6 月 25 日。该文认为：“汤显祖是明代中叶的文艺大师，也是泰州学派的思想家。”“汤显祖的诗赋散文不仅具有文学革新的精神和独树一帜的艺术风格，而且贯注着进步的思想观点。如果我们把他的诗文全集与其剧作并读参证，便可能有助于理解他的著作中的人民性与思想性，有助于领会他的理论思维和艺术思维的统一性，特别是他的剧作中的思想精华，即他所称有所‘讥托’的曲意。”“汤显祖作品的思想性，与泰州学派的学旨有着密切的联系和传统的继承。”可见，《汤显祖著作的人民性和思想性》实际是对《论汤显祖剧作四种》系列论文学术观点的扼要小结和概括。

④ 王季思：《怎样探索汤显祖的曲意——和侯外庐同志论〈牡丹亭〉》，《文学评论》1963 年第 3 期。

⑤ 王季思：《怎样探索汤显祖的曲意——和侯外庐同志论〈牡丹亭〉》，《文学评论》1963 年第 3 期，第 40 页。

抗议的一面，即他所说的‘有讥’；也有梦想、理想的一面，即他所说的‘有托’。从艺术性方面来讲，‘四梦’的新词清歌各有独特的形象塑造，表现出艺术思维的丰富多彩。”① 这番总论“四梦”思想性和艺术性的判断，今天看也是十分中肯的，而且解决了“四梦”内涵的矛盾和隐秘，丝毫没有淡化与削弱这些作品的艺术特色和造诣。

侯外庐结合汤显祖的剧作、诗文集以及与泰州学派的关系，深入探讨了汤显祖的基本思想，认为汤显祖具有幻想人们在生活上、生存上平等的观念，具体表现在：首先，反对权贵豪强的草菅人命，寻求农民生活安乐的药方；其次，受柳宗元“生人之意”与“厚人之生”学说的影响，具有“贵生”的思想倾向；最后，作为泰州学派的支系，提倡自然发展的个性说，反对贫富贵贱的天命论，主张遂人生欲的平等观。②

三 “四梦”的“曲意”与思想价值

侯外庐探讨汤显祖剧作的主旨即“曲意”，与他对剧作者思想的考察相关联。对汤显祖的身份判断，是双重性的，与其分析作品一致，即强调“汤显祖是明中叶的文艺大师，同时也是泰州学派的思想家”③。

侯外庐结合汤显祖的生平与理想研究，从青年时期“怀有用利剑来砍伐世界的壮志”④，崇慕管仲、子产、王安石、陈亮，有“儒侠”“游侠”的风骨，面对社会现实，深切感受到行路之难，世事维艰，转变到努力“用笔去砍伐世界的路径”⑤。汤显祖认识到在现实实践中，“已世

---

① 侯外庐：《论汤显祖〈紫钗记〉和〈南柯记〉的思想性——从歌颂自然情景的“春天”到政治倾向的“乌托邦”》，张岂之主编：《侯外庐著作与思想研究》（第二十二卷），第261页。该文原载《新建设》1961年第7期。

② 侯外庐：《论汤显祖〈紫钗记〉和〈南柯记〉的思想性——从歌颂自然情景的“春天”到政治倾向的“乌托邦”》，张岂之主编：《侯外庐著作与思想研究》（第二十二卷），第269—273页。该文原载《新建设》1961年第7期。

③ 侯外庐：《题记》，张岂之主编：《侯外庐著作与思想研究》（第二十二卷），第245页。

④ 侯外庐：《汤显祖〈牡丹亭还魂记〉外传》，张岂之主编：《侯外庐著作与思想研究》（第二十二卷），第249页。该文原载《人民日报》1961年5月3日。

⑤ 侯外庐：《汤显祖〈牡丹亭还魂记〉外传》，张岂之主编：《侯外庐著作与思想研究》（第二十二卷），第250页。该文原载《人民日报》1961年5月3日。

之乱”，单靠刀剑是难以奏效的，而转向借助戏曲，鞭挞现实，向往理想的乐土，这未尝不是以退为进的办法，寄托了曲作者“晦以待明”的理想。侯外庐通过对汤显祖生平志向的考察，揭示了他对戏曲创作所赋予的独特使命，即在戏曲中把社会的具体矛盾还原为现实世界与理想世界的隔阂和冲突，摆脱了对汤显祖戏曲孤立和静止的研究，有助于把握这些剧作真实的主旨和特色，无疑是抉发隐秘、逼近真相的探讨，对文学研究本身而言也是有意义的。

侯外庐对明代传奇的特点有基本判断，他认为：“传奇曲作是表象性的反映，而其中却有他所谓的‘文心’，这‘文心’是以意、趣、神、色四者为主，并以‘意’为先。”① 他强调这个“意”相当于思想性，具体到汤显祖的剧作中就是“勇于变革现实”、有斗争精神的思想性。从文学文本的艺术性和思想性入手，侯外庐对传奇的考察是全面的。

侯外庐探讨汤显祖代表作《牡丹亭》的主旨，即“曲意”，是花费了功夫的。他综合考察汤显祖的尺牍（如《答孙俟居》《答凌初成》《寄石楚阳》等）中出现的“骀荡”寓意，发现《牡丹亭》与李贽《焚书》共同的思想特点，即叛逆性。这足以振聋发聩。汤显祖在《牡丹亭记题词》中称《牡丹亭》是专写“至情”的作品②，其中的“情”已超越了“形骸之论”的“荐枕成亲”“挂冠为密”的凡俗举动：“情不知所起，一往而深。生者可以死，死可以生。生而不可与死，死而不可复生者，皆非情之至也。”“人世之事，非人世所可尽。自非通人，恒以理相格耳。第云理之所必无，安知情之所必有邪！”实际上是因对情理关系的反思而引发的对“至情”的赞颂，在当时程朱理学和阳明心学兴盛的时期，无疑具有一定的创新性和叛逆性。汤显祖的“至情论”也深得戏剧家的高度赞美。当然，这种“至情论”与道家道教也是有一定关联的。③

---

① 侯外庐：《汤显祖〈牡丹亭还魂记〉外传》，张岂之主编：《侯外庐著作与思想研究》（第二十二卷），第 248 页。该文原载《人民日报》1961 年 5 月 3 日。

② 当然，侯外庐将“情”视为“伟大的理想”［侯外庐：《汤显祖〈牡丹亭还魂记〉外传》，张岂之主编：《侯外庐著作与思想研究》（第二十二卷），第 249 页。该文原载《人民日报》1961 年 5 月 3 日］，显然是不妥的，有增文解释的嫌疑。

③ 汤显祖《阴符经解》就说：“生者死之，死者生之，恩者害之，害者恩之，乃为反复天地圣功也。”（汤显祖《玉茗堂全集》文集卷十五《阴符经解》）

侯外庐针对汤显祖剧作“梦想”或“幻想”的实际，认为它们是“和当时现实世界相对立的另一种社会图景”，“应该历史主义地研究这样的斗争方式所蕴含着的现实批判的积极内容”。①

侯外庐结合明代思潮和泰州学派的基本理论，对“四梦”进行全面考察，认为“四梦”可以作为思想的外壳来把握，除文学界向来重视的《牡丹亭》外（赞美《牡丹亭》讴歌男女争取自由恋爱），其余三梦也有深刻的思想史价值（针对当时流行认为《邯郸记》《南柯记》是糟粕的看法），指出只有对“四梦”进行深入考察才有助于认识汤显祖的思想全貌，这些都是很深刻的看法。因此，侯外庐的“四梦”探讨，丰富和深化了当时汤显祖的戏曲研究；从思想史研究来看，也弥补和提升了关于泰州学派传承与影响的研究。②

四 “四梦”反映的艺术真实与历史真实

历史真实与艺术真实及其关系，是史学界和文学界共同关注的重要问题之一。当然，如果跨越史学与文学领域，这个问题自然会更加突出。汉代司马迁《史记》之所以被鲁迅（1881—1936）誉为“史家之绝唱，无韵之离骚”，就是因为其中兼具历史真实与艺术真实。历史不是简单地对历史本相的复原和摹写，其中蕴藏着丰富而深刻的历史价值观念，是历史文化的展示和重构。艺术并非对现实生活的机械式照搬和投影，而是艺术家的积极创作和艺术表现。

20世纪60年代，学术界热烈讨论历史真实与艺术真实。侯外庐撰写《汤显祖〈牡丹亭还魂记〉外传》，揭示汤显祖剧作与明代中叶社会历史的内在关系，试图将历史真实与艺术真实联结起来。他采取“外传”的形式，本身便受到王夫之《周易外传》的影响，他较早关注到王夫之的思想价值，40年代即出版《船山学案》；1962年还与张岂之合作撰写

① 侯外庐：《论汤显祖〈紫钗记〉和〈南柯记〉的思想性——从歌颂自然情景的“春天”到政治倾向的“乌托邦”》，张岂之主编：《侯外庐著作与思想研究》（第二十二卷），第261—262页。该文原载《新建设》1961年第7期。

② 关于汤显祖思想的研究，侯外庐主编《中国思想通史》（第四卷下册）与侯外庐、邱汉生、张岂之主编《宋明理学史》（下册）都未有专章或专节讨论，属于阙略内容。

《王夫之的哲学思想》①，在《中国思想通史》第五卷作了进一步的校订和补充。侯外庐对王夫之刮目相看，“外传”本来是王夫之诠释经典、熔铸新解的重要方式，侯外庐运用这种方法体现了他“独立自得”的学术特点和研究门径。

侯外庐没有简单地将艺术真实和历史真实对立或割裂起来，而是认为它们完全可以内在地统一起来。他考察汤显祖剧作和社会历史的曲折而隐微的联系后，指出“汤显祖所暴露出的历史真实，到了他的梦想的曲作里，便化为艺术的真实，集中地表现出来”②。侯外庐发掘出汤显祖的“不神之神”（物之理）与“神之为神”（宗教之神）的对立，演绎到戏曲中便是戏曲人物的冲突，如《牡丹亭》的《冥判》一折中“花神”与判官的对立，而最终则以花神的胜利结束。③ 在《紫钗记》《南柯记》中，这种戏剧冲突还有更丰富的表现形态，如作为“美好世界的接种者”的美的“花神”，作为“万恶世界的作弄者”的丑的“钱神”④，侯外庐认为这两种“神”是对立的，反映了剧作者对现实的倾诉和对理想的渴慕，这种艺术思维和进步的思想性奠定了作品的历史价值，“成功的时代作品之所以成为历史的一面镜子，在于揭露两种历史图景的矛盾，进而加剧这种矛盾，并寻求历史前途的答案”⑤。

汤显祖提倡“梦生于情，情生于适”，侯外庐考察“适”的特定含义主要在于理想与人生要求的相合为一，虽然“梦是虚构的”，但是“梦由

---

① 侯外庐、张岂之：《王夫之的哲学思想》，《人民日报》1962 年 7 月 17 日。

② 侯外庐：《汤显祖〈牡丹亭还魂记〉外传》，张岂之主编：《侯外庐著作与思想研究》（第二十二卷），第 251 页。该文原载《人民日报》1961 年 5 月 3 日。

③ 当然，关于《牡丹亭》是否在整体上存在“不神之神”与“神之为神”的对立，以及对判官的完整把握所体现的丰富性格，王季思有截然相左的看法，参见王季思《怎样探索汤显祖的曲意——和侯外庐同志论〈牡丹亭〉》，《文学评论》1963 年第 3 期。实际上，在文本分析方面，王季思的确更加全面和细致一些，但侯外庐结合诗文与剧作抉发戏曲隐微的主旨，也有值得人们深思和借鉴的地方。

④ 侯外庐：《论汤显祖〈紫钗记〉和〈南柯记〉的思想性——从歌颂自然情景的“春天”到政治倾向的“乌托邦”》，张岂之主编：《侯外庐著作与思想研究》（第二十二卷），第 262 页。该文原载《新建设》1961 年第 7 期。

⑤ 侯外庐：《论汤显祖〈紫钗记〉和〈南柯记〉的思想性——从歌颂自然情景的“春天”到政治倾向的“乌托邦”》，张岂之主编：《侯外庐著作与思想研究》（第二十二卷），第 261 页。该文原载《新建设》1961 年第 7 期。

理想而成，理想更应适合人类的生意”①。侯外庐结合思想史，认为汤显祖对“梦”的刻画，在思想深处和当时的思潮合拍，即“和当时进步学者说的‘天理即在人欲中’以及泰州学派所倡的日用饮食男女生活之私即是自然之理，是异曲同工的”②。

“四梦”，在神化的氛围中透显出人文主义和理想主义的气息。同时，这种高超的戏剧手法也将现实与理想、历史与艺术沟通起来，从而丰富和增强了戏曲冲突的戏剧性与思想张力，有助于“使人们了解对贫困世界做斗争的艰苦过程以及美好世界的来临之不易”③。

对于“四梦”中多次出现的“花神”意象，侯外庐也作了文化学和社会学的分析，他认为：“‘花神’毕竟是一种解决矛盾的外力，这种外力是主观世界所幻想的魅力，最后是期待不到的，于是虚幻就好像成了真觉！高尚就好像成了孤芳。”④ 侯外庐并不认为这种假托是汤显祖世界观和方法论不一致的地方，而恰恰是他在如何改造世界的问题上彷徨失措的必然反映，“因为这是一个基本上作为在历史积极面前进的怀疑论者并在彷徨的消极面停下步子来的那个时代弱者的矛盾表现”⑤，“近代作家对主人翁的矛盾解答，寻求不出正确的答案时，恒常为主人翁插上自由的翅膀，飞到不可知的世界所在，汤显祖为主人翁所插的自由翅儿就更神秘了，可以飞到的所在，不是现世，而是超世的天边”⑥，这是侯外庐对汤显祖深刻地暴露现实矛盾的艺术风格和肤浅地解决矛盾（道佛“度人”）的出路的分析，对其艺术性、思想性及不足都有揭示。

总之，侯外庐通过文学现象考察社会思想演进与特色，简明而言，

---

① 侯外庐：《汤显祖〈牡丹亭还魂记〉外传》，张岂之主编：《侯外庐著作与思想研究》（第二十二卷），第250页。该文原载《人民日报》1961年5月3日。

② 侯外庐：《汤显祖〈牡丹亭还魂记〉外传》，张岂之主编：《侯外庐著作与思想研究》（第二十二卷），第251页。该文原载《人民日报》1961年5月3日。

③ 侯外庐：《汤显祖〈牡丹亭还魂记〉外传》，张岂之主编：《侯外庐著作与思想研究》（第二十二卷），第260页。该文原载《人民日报》1961年5月3日。

④ 侯外庐：《论汤显祖〈邯郸记〉的思想与风格》，张岂之主编：《侯外庐著作与思想研究》（第二十二卷），第282页。该文原载《人民日报》1961年8月14日。

⑤ 侯外庐：《论汤显祖〈邯郸记〉的思想与风格》，张岂之主编：《侯外庐著作与思想研究》（第二十二卷），第282页。该文原载《人民日报》1961年8月14日。

⑥ 侯外庐：《论汤显祖〈邯郸记〉的思想与风格》，张岂之主编：《侯外庐著作与思想研究》（第二十二卷），第292页。该文原载《人民日报》1961年8月14日。

就是“从艺术形象的镜子看取历史和历史人物活动的图影”①。这种方法虽然受到某些文学研究者的诟病，但在当下文学研究中却也不无热烈的反响，如将魏晋文学与玄学联系起来，将宋代文学与理学联系起来，将明代文学与心学（或阳明学）联系起来，将清代文学与实学联系起来，将近代文学与新学联系起来，便是这种研究路径的继承和发扬。侯外庐的“四梦”研究虽然属于“破门”举动，但在汤学中应有一席之地。如何从其中汲取积极的营养，促进文学研究与历史研究（思想史研究）的双重进展，从而为繁荣哲学与社会科学作出积极的贡献，这是值得进一步探讨的学术领域和学术议题。

---

① 侯外庐：《汤显祖〈牡丹亭还魂记〉外传》，张岂之主编：《侯外庐著作与思想研究》（第二十二卷），第258页。该文原载《人民日报》1961年5月3日。

《论汤显祖剧作四种》与侯外庐的明清社会思想史研究*

张俊杰

（西北大学　艺术学院）

摘　要：《论汤显祖剧作四种》是侯外庐明清思想史研究的一个重要组成，该著作的写作外缘于“历史剧问题座谈会”及当时“文史互证”研究方法的启发，其内在驱动则源自他对明清启蒙思想的探寻。他化用了唯物史观中关于多样性社会意识的理解，将以《临川四梦》为代表的文艺作品视为“早期启蒙思潮”的一个重要组成，强调它在“平等观”“历史观”“人性解放”“社会思想”方面构成了从“启蒙者的先驱”到“早期启蒙者”的过渡环节，找到了中国早期启蒙思想内生性的演变逻辑，不仅丰富了中国启蒙话语的思想资源，也为中国艺术思想史研究提供了“社会史”与“思想史”相结合治史方法的经典案例。

关键词：《论汤显祖剧作四种》；早期启蒙；内生性

引　言

“启蒙”是西方社会向现代转化的重要动力和思想资源，伴随启蒙运

* 本文为国家社科基金青年项目“郊祀音乐与汉代大一统理论研究”（18CZS011）的阶段性成果。

动的成功，“启蒙”不仅成为一种世界性的文化思潮，也被视为现代性的一个重要前置条件，使得找寻启蒙思想资源成为包括中国在内的后发国家谋求现代化的一种普遍诉求。在 20 世纪中国社会的现代转型中，形成了“理学启蒙说”“早期启蒙说”“五四启蒙说”三种典型的启蒙话语，其中：“理学启蒙说”以梁漱溟、朱谦之等人为代表，他们注重从中国文化传统自身寻找启蒙的思想要素，强调宋明理学对欧洲启蒙运动的影响，因此他们将中国启蒙的思想资源定位于宋明理学；① “五四启蒙说”以舒衡哲、李泽厚为代表，他们将启蒙理性的原型与资源追溯至西方，将西方的冲击视为近代中国历史发展的主导；② “早期启蒙说”则以侯外庐、萧箑父等人为代表，他们注重从社会历史和思想历史相结合的视角探寻中国启蒙的发展路径，并将明清之际带有启蒙性质的社会思潮视为中国启蒙思想的源头。

侯外庐的“早期启蒙说”源于他的近代思想史研究，体现着对唯物史观的科学运用。一方面他将社会经济的发展视为学术思想产生的根基；另一方面他通过对社会思潮的分析，阐释学术思想的发展脉络，由此分别形成有关社会史的“资本主义萌芽说”及有关思想史的“早期启蒙说”，此二者均被学界所瞩目。③ 相较而言，关于对其《论汤显祖剧作四种》的研究则稍显冷落。④ 然而侯外庐明确指出：“早期启蒙的思想表现

---

① 朱谦之：《中国哲学对欧洲的影响》，上海人民出版社 2006 年版，第 187—326 页。

② ［美］舒衡哲（Vera Schwarcz）：《中国启蒙运动：知识分子与五四遗产》，刘京建译，新星出版社 2007 年版，第 3—11 页；李泽厚：《启蒙与救亡的双重变奏》，《中国现代思想史论》，安徽文艺出版社 1994 年版，第 11—52 页。这一历史叙述遵循费正清（John King Fairbank）的“冲击—回应”（impact-response）的叙事模式，参见李帆《韦伯学说与美国的中国研究——以费正清为例》，《近代史研究》1998 年第 4 期。

③ 相关的代表性成果主要有：任大援：《从启蒙思潮看侯外庐学术研究之特色》，《西北大学学报》（哲社版）1989 年第 1 期；萧箑父、许苏民：《“早期启蒙说”与中国现代化——纪念侯外庐先生百年诞辰》，《江海学刊》2003 年第 1 期；兰梁斌：《论侯外庐的“早期启蒙说”——兼论早期启蒙思潮中的自由思想因素》，《西北大学学报》（哲社版）2014 年第 5 期；张志强、白坤：《梁启超、侯外庐、萧箑父“启蒙”论异同比较》，《船山学刊》2016 年第 6 期；袁志伟、刘怡：《侯外庐的中国资本主义萌芽研究》，《人文杂志》2017 年第 5 期。

④ 既有成果侧重于侯外庐对汤显祖剧作、诗文史料运用的评判，如王季思《怎样探索汤显祖的曲意——和侯外庐同志论〈牡丹亭〉》，《文学评论》1963 年第 3 期；及分梳汤显祖与泰州学派的渊源关系，如周群《泰州学派思想之一——汤显祖散论——从侯外庐先生〈论汤显祖剧作四种〉谈起》，《中国思想史论集》第二辑，广西师范大学出版社 2003 年版，第 249—264 页。

形式，不一定是政治的表白，而多数是通过文艺、哲学以至宗教的形式，间接地具有政治运动的意义。”[①] 对此，萧箑父曾撰诗评价侯外庐“发掘新芽续启蒙”“钟情四梦寄幽衷”。[②] 显然侯外庐的早期启蒙研究并没有因为《中国早期启蒙思想史》的出版而终结，而是不断深化，并将目光投向了经典思想学说之外的那些丰富多彩的文艺作品。李学勤指出侯外庐“早期启蒙说”立论的目的旨在“探讨中国传统社会怎样在走向衰亡中孕育了新的因素”，并呼吁学界对此加以研讨。[③] 因此，有关《论汤显祖剧作四种》的写作背景、研究理路及其与“早期启蒙说”的关系亟待总结与深化。

1962 年，侯外庐撰写的《论汤显祖剧作四种》由中国戏剧出版社出版。该作品一经问世旋即受到学界关注，[④] 实际上该著作的诞生既受当时学术环境的影响，更是作者自身学术旨趣的内在追逐，其初衷并不是针对汤显祖剧作的就事论事，而是将汤显祖的戏剧作品视为明清社会思潮的重要组成，旨在探寻明清时期早期启蒙思潮的渊源流变。针对后者，以往的相关成果多瞩目于他的“中国近代思想史”或“资本主义萌芽”研究，[⑤] 关于《论汤显祖剧作四种》则鲜有涉猎。因此，本文将通过相关史料的钩沉，梳理《论汤显祖剧作四种》的写作动因，比较侯外庐的明

---

① 侯外庐：《中国早期启蒙思想史》，人民出版社 1956 年版，第 35 页。

② 萧箑父、许苏民：《“早期启蒙说”与中国现代化——纪念侯外庐先生百年诞辰》，《江海学刊》2003 年第 1 期。

③ 李学勤：《侯外庐与明清之际学术思想研究》，《中国社会科学院院报》2003 年 10 月 30 日第 4 版。

④ 参见王季思《怎样研究汤显祖的曲意》，《文学评论》1963 年第 3 期；钱英郁《汤显祖的创作道路》，收入江西省文学艺术研究所编《汤显祖研究论文集》，中国戏剧出版社 1984 年版，第 28—29 页；徐朔方《汤显祖评传》，南京大学出版社 1993 年版；周群《泰州学派思想之一——汤显祖散论——从侯外庐先生〈论汤显祖剧作四种〉谈起》，《中国思想史论集》第二辑，广西师范大学出版社 2003 年版，第 249—264 页。这些论断有助于修正相关研究细节，不过却在一定程度上忽略了侯外庐自身的学术特色，以及《论汤显祖剧作四种》所展现的研究视野与方法自觉。

⑤ 相关的代表性成果主要有：任大援：《从启蒙思潮看侯外庐学术研究之特色》，《西北大学学报》（哲社版）1989 年第 1 期；萧箑父、许苏民：《“早期启蒙说”与中国现代化——纪念侯外庐先生百年诞辰》，《江海学刊》2003 年第 1 期；兰梁斌：《论侯外庐的“早期启蒙说”——兼论早期启蒙思潮中的自由思想因素》，《西北大学学报》（哲社版）2014 年第 5 期；张志强、白坤：《梁启超、侯外庐、萧箑父“启蒙”论异同比较》，《船山学刊》2016 年第 6 期。

清社会思想史研究与同时代相关研究的特色，考察该著作与侯外庐明清启蒙思想研究的内在关系，剖析侯外庐运用马克思主义唯物史观研究明清社会思想史的独特范式。

一 “历史剧问题座谈会”:《论汤显祖剧作四种》的写作机缘

由于戏曲承担着宣传教育的重要使命，因此在中华人民共和国成立伊始便成为文化领域的重点工作之一，受到中共中央、国务院、文化部的重视，[①] 1957 年 6 月，毛泽东指出，“百花齐放，百家争鸣的方针，是促进艺术发展和科学进步的方针，是促进我国社会主义文化繁荣的方针”[②]。在这样的背景下，戏曲戏剧的创作与研究日渐繁荣。1960 年 9 月，文化部邀请部分在京的戏剧家和历史学家在人民大会堂举行历史剧问题座谈会。[③] 此后出现了一个历史剧的创作高潮，涌现出《文成公主》《甲午海战》《海瑞罢官》《剑胆篇》等一批作品。因为历史剧涉及艺术和历史两个方面的问题，所以与会的学者不仅有田汉、茅盾、吴晗、李希凡等文学家、戏剧家，而且吕振羽、侯外庐等一批历史学家也参与其中。[④]

“艺术真实”和“历史真实”的关系问题是当时“历史剧座谈会”讨

---

① 中华人民共和国成立之前，党中央已经部署了戏曲改革的相关工作，参见《有计划有步骤地进行旧剧改革工作》，《人民日报》1948 年 11 月 13 日社论；新华社电讯《中央人民政府组成戏曲改进委员会》，《文汇报》1950 年 7 月 29 日；1949 年 11 月，政务院文教委员会设立“戏曲改进局”，1950 年 7 月，更名为“文化部戏曲改进委员会”；1951 年 4 月在北京成立“中国戏曲研究院”，前身是抗日战争时期创建的延安平剧研究院。1950 年，在“全国戏曲工作会议”中有同志提出“戏曲要百花齐放”，受到毛泽东同志的赞赏，认为这是反映了广大群众和艺人的意愿和利益。周扬的《进一步改革和发展戏曲艺术》（《文艺研究》1981 年第 3 期）中确立了“改人”“改制”“改戏”的具体目标，参见政务院《关于戏曲改革工作的指示》，《人民日报》1951 年 5 月 7 日。

② 毛泽东：《关于正确处理人民内部矛盾的问题》，《人民日报》1957 年 6 月 19 日。1956 年 4 月，毛泽东在中共中央政治局扩大会议上针对艺术和学术问题提出“百花齐放”“百家争鸣”。

③ 座谈会旨在响应和落实时任中共中央总书记邓小平提出的“编一点历史戏，使群众多长一点智慧”的倡议。傅谨：《20 世纪中国戏剧史》（下），中国社会科学出版社 2016 年版，第 232 页。

④ 1960 年 10 月 18 日，中国戏剧家协会召开了话剧《甲午海战》座谈会，同年《戏剧报》（1960 年第 19、20 期）以《畅论〈甲午海战〉》的专题予以刊发，包括：田汉：《关于甲午海战的一些史实》；吴晗：《从历史方面来看戏》；吕振羽：《以史为鉴，古为今用》；李希凡：《略论话剧〈甲午海战〉的历史真实和艺术真实》。

论的焦点，引起与会各方的争鸣。以吴晗为代表的一些学者主张“历史剧是艺术，也是历史”，强调历史剧中的人物、事件要以历史事实为据；以李希凡为代表的一些学者则突出历史剧的艺术属性，认为历史剧是通过适当的艺术虚构，创造符合历史本质的艺术形象。① 这些论点均立足于文学戏剧的范畴，侧重讨论历史剧创作中的艺术形象、戏剧背景的再现与虚构的界限问题。对此，侯外庐撰文《从“兄弟”谈到历史剧的一些问题》《从历史剧〈文成公主〉谈谈民族间的通婚》予以回应，他的论述则凸显了历史剧背后的历史史实，他强调要用历史主义的态度对待历史剧的创作。② 据侯外庐回忆，他在1958年养病期间阅读了明代著名藏书家毛晋所辑的《六十种曲》，并对其中汤显祖的戏剧作品产生浓厚兴趣，后来受田汉之邀参加“历史剧问题座谈会”。不久，他先后发表《汤显祖〈牡丹亭还魂记〉外传》《论汤显祖〈紫钗记〉和〈南柯记〉的思想性——从歌颂自然情景的“春天”到政治倾向的“乌托邦”》《汤显祖〈邯郸记〉的思想与风格》《汤显祖著作的人民性和思想性》,③ 其后他又将这四篇论文加以修订结集为《论汤显祖剧作四种》，于1962年6月由中国戏剧出版社出版发行。

单以此看，《论汤显祖剧作四种》的写作动机，似乎是侯外庐因应60年代“历史剧问题座谈会”的命题作文，实际上，他的这种“文史互证”的研究方法在当时并非个案，例如吴大琨、邓拓、翦伯赞、陈湛若等人通过《红楼梦》考察18世纪资本主义萌芽的发展情况。④ 侯外庐则主要

---

① 田本相、宋宝珍、刘方正：《中国戏剧论辩》，百花洲文艺出版社2007年版，第320—328页。

② 常谈（侯外庐笔名）：《从“兄弟”谈到历史剧的一些问题》，《北京晚报》1961年3月9日第三版；《从历史剧〈文成公主〉谈谈民族间的通婚》，《中国戏剧》1961年第8期。

③ 侯外庐：《汤显祖〈牡丹亭还魂记〉外传》，《人民日报》1961年5月3日第7版；《论汤显祖〈紫钗记〉和〈南柯记〉的思想性——从歌颂自然情景的“春天”到政治倾向的“乌托邦”》，《新建设》1961年第7期；《汤显祖〈邯郸记〉的思想与风格》，《人民日报》1961年8月14日第7版（此文收入《论汤显祖剧作四种》后，标题改为《论汤显祖〈邯郸记〉的思想与风格》）；《汤显祖著作的人民性和思想性》，《光明日报》1962年6月25日第2版。

④ 参见吴大琨《略论“红楼梦的时代背景”》，《文史哲》1955年第1期；邓拓《论“红楼梦”的社会背景和历史意义》；翦伯赞《论十八世纪上半期中国社会经济的性质——兼论“红楼梦”中所反映的社会经济情况》；陈湛若《略论“红楼梦”的社会背景——评吴大琨先生的几个论点》，上述3篇文章收入中国人民大学历史教研室编《中国资本主义萌芽问题讨论集》，生活·读书·新知三联书店1957年版，第69—90、338—400、703—733页。

受到郭沫若的启发，他说："从三十年代初开始，我已经把郭沫若同志看作是指引我学习和研究中国历史的老师。"① 抗战期间，郭沫若发表多篇论文讨论屈原的文学作品与战国社会及思想的关系。侯外庐亦撰文予以回应，② 他说："我完全理解，剧作家郭沫若服务现实的目的，这样做不仅是有利的，而且是必要的。但是，我不同意史学家郭沫若把他热爱的人物过于理想化，为儒家人物的头脑塞进法家思想，以致有损历史的真实。"③ 可以说，自此，侯外庐开始关注文艺作品中的"艺术真实"与"历史真实"的问题。此后他又相继发表《阿 Q 年代的"问题"》（1941）、《鲁迅与中国传统思想》（1948）、《鲁迅笔名索隐》（1948）等文章，通过分析鲁迅小说中的艺术形象解读辛亥革命之后的社会思想。④ 由此可见，《论汤显祖剧作四种》贯彻着作者持之以恒的学术旨趣，是其明清社会思想研究的一个重要组成部分，寄托着他运用马克思主义的唯物史观探寻中国早期启蒙思想的美好希冀，对此，萧箑父撰诗颂扬侯外庐"发掘新芽续启蒙""钟情四梦寄幽衷"。⑤

二 作为社会意识的艺术作品:《论汤显祖剧作四种》的理论定位

《论汤显祖剧作四种》以明代中晚期戏剧大师汤显祖的《临川四梦》为中心，旨在梳理汤显祖与泰州学派的思想渊源，以及剖析泰州学派的相关思想在汤显祖戏剧创作中的体现，可以说，该著作构成了侯外庐明清思想史研究的一个重要单元。对此，我们需解决如下问题：一是还原

① 侯外庐：《韧的追求》，生活·读书·新知三联书店 1985 年版，第 224 页。

② 郭沫若先后发表《屈原的时代》（1936）、《屈原的艺术和思想》（1941）、《屈原研究》（1943）；侯外庐先后发表《屈原思想的秘密》（1942）、《屈原思想渊源的先决问题》（1942）、《申论屈原思想——衡量屈原的尺度》（1942）予以回应。参见黄晓武《1942 年郭沫若与侯外庐关于屈原思想的论争》，《中国现代文学研究丛刊》2006 年第 6 期。

③ 侯外庐：《韧的追求》，生活·读书·新知三联书店 1985 年版，第 135 页。

④ 姜彩燕、丁永杰：《思想史视野中的鲁迅形象——侯外庐鲁迅研究及其意义》，《鲁迅研究月刊》2019 年第 4 期。

⑤ 萧箑父、许苏民：《"早期启蒙说"与中国现代化——纪念侯外庐先生百年诞辰》，《江海学刊》2003 年第 1 期。

侯外庐明清思想史研究的基本情况，探寻《论汤显祖剧作四种》写作的内在动因；二是分析侯外庐的思想史观，重点讨论文艺作品可不可以作为反映社会思想的客观材料？三是进一步阐明《论汤显祖剧作四种》在侯外庐明清思想史研究中的具体定位。

侯外庐的明清思想史研究始于 1943 年。① 在此之前，有关清代学术思想研究以梁启超的《清代学术概论》和钱穆的《中国近三百年学术史》为代表。上述著作的理论特色是以“理学”与“汉学”的承继关系作为评判依据，② 梁启超、钱穆的贡献在于扬弃了传统“学案体”的研究范式，从政治史与文化史相融合的方式，开拓了近代思想研究的现代转型，其不足在于“仍局限于学术传承的窄小圆圈内打转”，③ 在一定程度上忽略了社会经济变迁对于思想学术发展所起到的决定性作用。对此，侯外庐跳出“汉宋之争”的窠臼，以马克思主义唯物史观为指导，撰写完成《中国学术的传统与现阶段的学术运动》（1939）、《中国近世思想学说史》（1944）、《中国早期启蒙思想史》（1956）、《十七世纪的中国社会和启蒙思潮的特点》（1957）、《李贽的进步思想》（1959）、《十六世纪中国进步的哲学思潮概述》（1959）等多部论著，力图从社会史与思想史相结合的方法揭示中国近代学术思想发展演变的本质。

依据生产方式（城市手工业的发展与雇佣劳动的出现）、土地所有权（封建土地国有制的变化与土地私有化商业化的发展）、阶级关系（市民阶级的崛起）三个维度的历史变化，侯外庐将明清的社会性质定义为在封建社会的解体中孕育着资本主义萌芽，又将该经济基础之上的社会意识定性为“早期启蒙思想”。④ 这一论断建立在他对马克思主义唯物史观科学运用的基础之上，使其学术视野跳出了“理学”与“汉学”学术评判的内在循环，为明清思想史研究找到了广阔的社会史背景。另外，侯

① 侯外庐：《韧的追求》，生活·读书·新知三联书店 1985 年版，第 119、290 页；《我是怎样研究中国思想史的》，《历史教学问题》1982 年第 4 期。

② 其中：梁著侧重政治与学术的关系的讨论，将清代学术的发展视为“汉学”对“理学”的反动；钱著则强调“宋明理学”是“清代汉学”的基础，将“汉学”视为对“理学”的继承与发展。

③ 陈居渊：《20 世纪清代学术史研究范式的历史考察》，《史学理论研究》2007 年第 1 期。

④ 袁志伟、刘怡：《侯外庐的中国资本主义萌芽研究》，《人文杂志》2017 年第 5 期。

外庐通过观察社会阶层的流动、社会集团的分化，剖析明清社会思想发展的历史走向，王学典称该研究的特色是“将思想史上的问题作了社会学的处理，类似于‘知识社会学’的方法”①。这也是当时侯外庐马克思主义学者的共同志趣，如：尚钺、邓拓均将明清社会思想视为“封建社会内部资本主义生产因素萌芽时期”社会意识的反映，并将李贽、何心隐、李梦阳、顾炎武、黄宗羲等人视为“市民的中等阶级反对派的民主思想的萌芽”。② 但相较而言，侯外庐的论述更加缜密，呈现出“立体化”与“动态化”的统一。

从“立体化”的方面来看，侯外庐化用了《德意志意识形态》中关于“社会意识”的定义，将经济基础之上的哲学、宗教、政治、道德、法律、艺术等方面的上层建筑均视为思想史的研究材料。1927年，为翻译《资本论》，侯外庐远赴法国留学，并在巴黎大学聆听布克莱讲授的唯物史观课程，通过翻译和学习，使得他对《资本论》的认识达到一个新的高度，侯外庐强调《资本论》凝聚了马克思毕生的智慧与心血，是一个容纳了西方古典哲学、政治经济学、莎士比亚的戏剧、歌德的诗歌、数学、机械等内容于一身的知识宝库。③ 在《神圣家族或对批判的批判所作的批判》一文中，马克思深入分析了施里加论述的《巴黎的秘密》（欧仁·苏的小说），并强调社会经济对社会意识的决定作用。④ 而列宁的《列夫·托尔斯泰是俄国革命的镜子》一文，也是借由托尔斯泰的小说剖析俄国特定时代的社会意识。⑤ 此外，毛泽东曾明确指出：“作为观念形态的文艺作品，都是一定的社会生活在人类头脑中反映的产物。”⑥ 由此可见，将“艺术作品”视为“社会意识”的重要组成，是唯物史观的一

① 王学典、陈峰：《20世纪唯物史观派史学的学术史意义》，《东岳论丛》2002年第2期。

② 尚钺：《中国资本主义关系发生及演变的初步研究》，生活·读书·新知三联书店1956年版；邓拓：《论“红楼梦”的社会背景和历史意义》，中国人民大学历史教研室编：《中国资本主义萌芽问题讨论集》，生活·读书·新知三联书店1957年版，第71页。

③ 侯外庐：《韧的追求》，生活·读书·新知三联书店1985年版，第18—19页。

④ ［德］马克思、恩格斯：《神圣家族或对批判的批判所作的批判》，中共中央马克思恩格斯列宁斯大林著作编译局译，人民出版社1958年版，第69—98页。

⑤ ［俄］列宁：《列夫·托尔斯泰是俄国革命的镜子》，《列宁全集》第17卷，中共中央马克思恩格斯列宁斯大林著作编译局译，人民出版社1988年版，第206—213页。

⑥ 毛泽东：《在延安文艺座谈会上的讲话》，人民出版社1975年版，第19页。

个重要内涵。

从“动态化”的方面来看，侯外庐进一步捋清了唯物史观中关于“社会存在”与“社会意识”的关系问题，深刻地揭示出“社会思潮”正是“社会史”与“思想史”的联结点。张岂之进一步指出，只有“通过（社会思潮）这样的中间环节才能发掘出个别思想家与社会历史的联系”。① 侯外庐认为要研究整个社会意识的历史特点及其变化规律，就应既注意每种思想学说的“横通”，又注意它的“纵通”。② 所谓“横通”，就是将某一历史时期思想家个人的思想体系置于其所处的历史时代来考察，③ 而“纵通”则是要考察思想发展的源流演变，主要解决“人类的新旧范畴与思想的具体变革结合何存?”的问题。侯外庐强调要注意把握同一时代思想家们对其时代问题的思考，其中立场观点相近者往往构成某种学派，学派之间的思想争鸣彰显出一个时代的社会思潮。④

根据上述原则，侯外庐从社会史的视角出发捋清了明清社会思想发展的趋势，将明代中后期至五四新文化运动之间三百年的中国思想史视为一个相对独立的整体，强调“启蒙思潮”是贯穿其中的主线。此外，他通过对《德意志意识形态》的科学理解，明确了汤显祖的《临川四梦》的史料价值，并将该剧作视为明清启蒙思想发展环链的一个重要组成部分。

三 明清启蒙思想的发展环链:《论汤显祖剧作四种》的思想史坐标

要了解侯外庐所论述《论汤显祖剧作四种》的思想史意义，就必须将该著作放置于他提出的明清启蒙思想的发展环链之中，而还原他对“启蒙”内涵的定义，则是开展上述工作的一个基本前提。“启蒙”一词

---

① 张岂之:《历史唯物论与中国思想史研究》,《历史研究》2007 年第 1 期。

② 侯外庐:《我是怎样研究中国思想史的》,《历史教学问题》1982 年第 4 期。

③ 侯外庐提出:“人类思想自身的过程与一时代学说的个别形成，环链何系? 学派同化与学派批判相反相成，其间吸收排斥，脉络何分?”《中国古代思想学说史》，文风书店 1944 年版，自序。

④ “思想史上各种学派的产生及其融合和批判、吸收和排斥的复杂过程，一方面展现出人类思想在其自身矛盾运动中的丰富多样性；另一方面又反映出一定历史时代的社会矛盾和社会思潮的某些特点。”侯外庐:《我是怎样研究中国思想史的》,《历史教学问题》1982 年第 4 期。

古已有之，初义是指孩童的开蒙教育，如："不愤不启，不悱不发"（《论语·述而》）；"蒙，亨，匪我求童蒙，童蒙求我"（《易·蒙》）；"每辄挫血刃，亦足以祛蔽启蒙"（《风俗通义》），古典语境中的启蒙强调"蒙以养正""果行育德"的道德教化。近代意义的"启蒙"则源于西方，泛指 17—18 世纪欧洲爆发的以传播理性知识为中心的思想解放运动。从词源来看，英语中的"启蒙"（Enligtenment）是法语（Lumières）的翻译，意味"光明"，该词由欧洲启蒙运动早期阶段（17 世纪）的知识分子提出，他们以此作为"智慧"的象征，并以批判的眼光分析欧洲的政治传统、社会和经济结构、看待过去的态度、人性思想、知识、科学、哲学、美学和道德理论，以及最重要的基督教的教义和机构，强调启蒙的目标是推翻旧有结构，重建人类社会、机构和知识，并用所谓的自然秩序为新社会提供坚实的理论基础。①

侯外庐将明清之际的王夫之、顾炎武、黄宗羲、傅山、唐甄等人视为"早期启蒙者"，认为他们是历史的觉醒者，强调他们在哲学、历史、政治、经济和文学诸方面的思想"别开生面"，是按照他们自己的方式表现出对资本主义世界的绝对要求。② 此后，他又将"早期启蒙思想"溯源至 16 世纪，提出"启蒙者的先驱"的命题，他说，"在十六世纪，特别是十六世纪后半期至十七世纪初的中国，哲学思想呈现出了创造性研究的活跃氛围"，涌现出一批"启蒙者的先驱"，呈现为"四种进步的哲学和社会思潮"，即以王廷相、黄绾、吕坤为代表的反道学和神学的思想；以王艮、何心隐、李贽为代表的泰州学派的反封建的异端思想；以顾宪成、高攀龙为代表的东林党人的文化革新思想；以方以智为代表的和自然科学联盟的唯物主义哲学思想。③ 侯外庐认为"早期启蒙思潮"的重心

---

① ［美］赖尔、威尔逊：《启蒙运动百科全书》，刘北成、王皖强译，上海人民出版社 2004 年版，第 11 页；何平、曾祥裕：《从概念史的角度看启蒙运动》，《史学理论研究》2018 年第 3 期。

② 侯外庐认为"早期启蒙者"不同于西欧的"资产者—启蒙者"，但二者在相类似的历史发展（封建社会解体，资本主义萌芽诞生）情况下，启蒙思潮具有一般相似的规律，如他们均反对封建土地所有制和大地产占有制，反对特权和等级制度，拥护教育、自治和自由；同情人民的利益等。侯外庐：《论明清之际的社会阶级关系与启蒙思潮的特点》，《新建设》1955 年第 5 期。

③ 侯外庐：《十六世纪中国进步的哲学思潮概述》，《历史研究》1959 年第 10 期。

并不是论证社会历史演进的方向，而是对宋明理学“无人身的理性”的批判以及对“人的重新发现”，围绕该主题，“启蒙者的先驱”、汤显祖的“四梦”和“早期启蒙思想”三者之间构成了一个连续的思想发展环链。

以此来看，《论汤显祖剧作四种》正是侯外庐明清社会思想的一个重要组成，旨在通过客观而丰富的史料，条分缕析地梳理汤显祖与“启蒙者的先驱”之间的渊源关系，[①] 深度剖析了《四梦》在“自然观”“人性论”“平等观”“历史观”等方面所蕴含的“反封建”的启蒙精神。[②]

（一）“四梦”的自然观与早期启蒙的唯物主义思想

侯外庐以西方文艺复兴以来的启蒙历程做参照，从启蒙的普遍性与中国历史的特殊性相结合的立场出发，给予早期启蒙思想以客观评价。他指出，欧洲文艺复兴以来的新世界观，大都倾向把“超自然”的神融于“自然”，与“正统神学”把世界万有“归之于上帝的创造、上帝的主宰不同”，“自然神论”把世界“看成是由同样的自然规律所支配的，从而引向机械的唯物主义”。[③] 与此相似，在中国16世纪“启蒙者的先驱”中，王廷相、吕坤分别以“元气自然论”“自然之天”抨击封建社会的神学与道学。侯外庐指出，“启蒙者的先驱”的自然唯物论被汤显祖继承，并通过“泛神论”性质的艺术构思转化为以“花神”为代表的艺术形象贯穿于“四梦”之中。近代欧洲的“泛神论”以斯宾诺莎为代表，特点是“反对上帝或神超越世界之上而存在，认为神即自然，神泛同于世界而存在”。[④] 侯外庐指出，“四梦”塑造了以“花神”和“钱神”为

---

① 侯外庐指出，“我们对于思想家，要如马克思所指示的，必须区别他们文章中的‘正文’和‘注脚’，何者为其时代精神的反映，何者为其思想的主导方面或积极方面。有的思想家、作家，在正文的积极方面表现出了历史的进步倾向，但在注脚中却又存在不少落后的糟粕，如宗教之类和传统的庸俗低级趣味。汤显祖在他所处的时代局限之下也是这样”，《论汤显祖〈紫钗记〉和〈南柯记〉的思想性——从歌颂自然情景的“春天”到政治倾向的“乌托邦”》，《新建设》1961年第7期。

② “封建”一词容易引起歧义。侯外庐所谓的“反封建”，主要是指对帝制时代的社会制度、伦理思想的反思与批判。他提出的“早期启蒙”，特指与西欧启蒙运动早期阶段的批判思想相类似。

③ 侯外庐主编：《中国思想史》第四卷下，人民出版社1960年版，第1215、1220页。

④ 吕大吉、魏琪：《关于三大神学问题的哲学思考》，《世界宗教研究》2004年第1期。

代表的两种美丑相对的艺术典型，前者包括《紫钗记》中的豪侠黄衫客、《牡丹亭》中的花神等；后者包括《紫钗记》中的卢太尉、《牡丹亭》中的腐儒陈最良、庸父杜宝、隔绝生死的冥府判官等。他说，“汤显祖鄙视并咒骂的‘钱神’是隔断他所理想的‘春天’的大神物，而‘花神’才是‘春天’的使者，我以为花神在理论上是一种泛神论，即大地缝隙的花木里到处寄存着的一种笑神”①。据戏剧史家徐朔方考证，“花神”首次出现于《紫箫记》第二出《玉芙蓉》李十郎的唱词“愿花神作主，暗催花信”，此后“花神”又在《牡丹亭》第十出《惊梦》中再次出现，反映出汤显祖对“花神”艺术构思的连贯性，该艺术典型的历史意义在于打破了传统戏剧中才子佳人、状元及第与姻缘合美的叙事结构，而是将杜丽娘获得爱情的条件置于虚构的超凡力量——“花神”的助力。② 侯外庐强调，“花神”承担着汤显祖“寄托于自然”，冲开黑暗世界、深冬残腊，迎来光明春天的美好夙愿，③ 该艺术形象的塑造，深化了早期启蒙的自然唯物论思想。

（二）“四梦”的至情论与早期启蒙思潮的人性解放思想

西方自宗教改革后，启蒙学者多建立“自然法”的前提，由“自然法”的健顺常性，而推证理想的人类社会。④ 在中国，则是由“启蒙者的先驱”将宋明理学的先验人性论还原为现实的自然人性论，肯定人性欲望的满足与伸展，把伦理道德建立在个人欲望、利益的满足与个性解放等现实社会生活基础上，从而为新兴市民阶级追求财富与现实利益提供理论依据。如黄绾提出“天性人情之真”，主张“情”“欲”不能去，反对封建主义的禁欲的伦理思想；泰州学派的何心隐提出“赤子之心”的“人性自然论”，李贽提出“童心说”，他们把心之本体作为生理的自然要求来考察，肯定人欲的合理性，提出“利欲”“并育”的命题，倡导天性的发展和个性的自由解放。侯外庐指出“以情驱理”的思想贯穿于“四

---

① 侯外庐：《论汤显祖〈紫钗记〉和〈南柯记〉的思想性——从歌颂自然情景的“春天”到政治倾向的“乌托邦”》，《新建设》1961 年第 7 期。

② 徐朔方：《汤显祖评传》，南京大学出版社 1993 年版，第 33—34 页。

③ 侯外庐：《汤显祖〈牡丹亭还魂记〉外传》，《人民日报》1961 年 5 月 3 日第 7 版。

④ 侯外庐：《中国早期启蒙思想史》，人民出版社 1956 年版，第 66 页。

梦”的艺术创作之中，如《牡丹亭题词》中“理之所必无，安知情之所必有”及《赴赵帅生梦作》中“理绝有连气，况乃在人伦”等诗句，皆反映出汤显祖反对天理对人性的压制，主张真挚情感的自然迸发。此外，汤显祖在“四梦”中通过精准的笔触刻画了以陈最良、石道姑、癞头鼋、郭橐驼等人为代表的封建礼教桎梏下的具有生理或心理缺陷的反面典型，与之相对，虚构了以杜丽娘、柳梦梅、黄衫客等人为代表的追求真挚情感，以及作为侠义化身的正面典型。可以说，汤显祖继承并发扬了李贽所主张的“任物情”的思想，即充分肯定个体自由的合法性。因此，“以情驱理”是“四梦”至情论的主旨，剧作生动阐释了专制主义的“天理”和人文主义之间的矛盾，拆散了封建礼教的精神枷锁，呼唤个体自由与解放，并由此衍生出对社会平等的呼唤。

（三）“四梦”的平等观与早期启蒙的社会思想

对旧命题的拆散是中西启蒙的共通特征，西欧启蒙学者多围绕宗教神学发出革命的社会政治理论，因此往往被视为神学异端。在中国则表现为“启蒙者的先驱”对理学所宣扬的社会秩序予以批判和拆散，他们被视为理学的异端。“封建社会的政教风气按照道学的原则来处理。巍峨耸立的节孝牌坊，金碧辉煌的义门旌表，到处标帜着道学原则对人类精神生活以及世俗生活的独断统治”①。对此，泰州学派的王艮提出“天性之体”的命题，强调人的饥思食、渴思饮、男女之爱，都是人的天性的自然权利。② 何心隐从人道主义的立场出发，重新审视以“五伦”为中心的社会秩序，提出建立一种以师友关系为基础的社会组织——“会”，并在家乡试行以“聚和合族”为目的的人道主义社会空想的实验馆。李贽则从道德论出发，以人的物质生活作为整个道德的基础，以穿衣吃饭为“人伦物理”，强调满足人的最基本的自然要求、以功利作为正义明道的目标。③ 上述平等观念均被汤显祖承袭，凝结为一种“大体上是幻想着人

① 侯外庐主编：《中国思想通史》第四卷下，人民出版社 1963 年版，第 1060 页。
② 侯外庐：《十六世纪中国的进步的哲学思潮概述》，《历史研究》1959 年第 10 期。
③ 侯外庐主编：《中国思想通史》第四卷下，人民出版社 1963 年版，第 1076 页。

们在生活上、生存上的一种平等观”①。汤显祖早年曾希望效仿管仲、子产、王安石、陈亮等在政治上有所建树，在遂昌任知县时通过修缮书院、整顿政务将上述思想付诸实践。面对明朝当局搜刮民脂民膏的“矿税”之举，汤显祖说道“搜山使者如何，地无一可以宁，将恐裂”，② 提出“若吾豫章之剑，能干斗柄、成蛟龙，终不能已乱之世”（《玉茗堂全集》文集卷四《李超无问剑集序》），这些思想均表现出强烈的社会批判意识。其后由于仕途受挫，汤显祖遂转至文艺创作，企图“用笔去砍伐旧世界”“吾将洗浮氲于自然，悟空明于一切。朱陵之花靡谢，曜真之气长结。……吾以观日出”（《玉茗堂全集》赋集中卷二《游罗浮山赋》）。上述思想均反映在他的“四梦”创作之中，如《牡丹亭》描写的南安太守杜宝的田园生活就是汤显祖在遂昌施政的原型，在《邯郸记》中汤显祖的这种社会批判思想又表现出一种怀疑主义的倾向，将唐宋盛世称为“桥道断绝，泥途积染”，认为这样不可救药的社会将要崩溃决裂。③ 侯外庐指出，汤显祖所追求的平等世界或乐土往往具有幻想性，或是从生活权和生存权方面表现出的平均主义观念，或是从慈善角度表现出的万年乐土的平均思想，但不论如何，这些具有平等诉求的观念属于历史上的民主思想的精华。④

（四）“四梦”的反道统思想与早期启蒙的历史观

欧洲的启蒙思潮源于对中世纪教会的反叛。在中国，“启蒙者先驱”则是对封建礼教、理学道统的批判中逐渐形成的。李贽的《焚书》即表现出焚毁礼教教谕的历史意义，《藏书》则是对传统的圣贤、道统进行批判，把理学家奉为偶像的孔子还原为俗人，强调“圣人亦人耳”。汤显祖自居李贽的继承者，他说：“有李百泉（李贽）先生者，见其《焚书》，‘畸人’也！肯为求其书，寄我‘骀荡’否?”（《玉茗堂全集》尺牍卷一

① 侯外庐：《论汤显祖〈紫钗记〉和〈南柯记〉的思想性——从歌颂自然情景的“春天”到政治倾向的“乌托邦”》，《新建设》1961年第7期。

② （明）汤显祖：《玉茗堂全集》尺牍卷二《寄吴汝则郡丞》，明天启刻本。

③ 侯外庐：《汤显祖〈邯郸记〉的思想与风格》，《人民日报》1961年8月14日第7版。

④ 侯外庐：《论汤显祖〈紫钗记〉和〈南柯记〉的思想性——从歌颂自然情景的“春天”到政治倾向的“乌托邦”》，《新建设》1961年第7期。

《寄石楚阳》）汤显祖笔下的“四梦”将传统盛世、圣贤还原为一幅虚伪、险恶、阴险、欺诈、名利、权威笼罩、阴风沉昧的社会景象，以此反讽封建社会在“科举”“婚姻”“人伦”“名教”“天理”等方面呈现的整体虚妄。如在《牡丹亭》中通过杜丽娘对《关雎》情感化的解读，批判了陈最良对经学思想的腐朽理解；在《紫钗记》中通过“开元”将皇帝年号与流通的货币相统一，使得道学先生礼赞的神圣尊号，从神奇变为腐朽；在《南柯记》中通过瑶芳公主的艺术形象抒发了对理学教化思想的讽喻；在《邯郸记》中通过卢生发迹揭露了封建制度的病入膏肓、气息奄奄。汤显祖将封建社会的人伦大化描述为浮生若梦的虚境，引渡人们从乾坤逆旅中挣醒，冲决虚伪道德网罗的旧世界。[①] 侯外庐分析指出，由于“四梦”对于启蒙的思想资源和历史前途的探寻不能从社会历史发展的根本规律予以解答，只能从传统的异端思想、佛道思想中寻找解脱，以“神农之世”的幻象寄托理想世界的景象，因此是“拆散有余，建设不足”。

结　论

综上所述，侯外庐研究汤显祖及其剧作并非单纯地外缘于“历史剧座谈会”的影响，而是其明清社会思想研究的一个重要组成部分。《论汤显祖剧作四种》的完成，反映出他的中国思想史研究没有拘泥于以“精英思想”“经典学说”为中心的程式化论述，而是通过化用唯物史观的科学方法，将社会经济基础之上的哲学、宗教、艺术、法律等各类上层建筑视为社会意识的重要组成。此外，他还克服了“社会经济”与“社会意识”公式的简单处理，提出了“社会思潮”的中介作用,[②] 通过中西启蒙历程的比较，他将明清社会思想所表现出的对传统社会（帝制时代）强烈的怀疑与批判精神定义为“早期启蒙思想”，强调该思想的性质与欧

① 侯外庐：《汤显祖〈邯郸记〉的思想与风格》，《人民日报》1961 年 8 月 14 日第 7 版。

② “对于思想史研究，我以社会史研究为前提，着重于综合哲学思想、逻辑思想和社会思想（包括政治、经济、道德、法律等方面的思想）。应该指出，哲学史不能代替思想史，但是思想史也不是政治思想、经济思想、哲学思想的简单总和，而是要研究整个社会意识的历史特点及其变化规律”，侯外庐：《我是怎样研究中国思想史的》，《历史教学问题》1982 年第 4 期。

洲启蒙运动早期阶段相类似。他通过大量客观的史料，深度剖析了“四梦”在“自然观”“人性论”“平等观”“历史观”等方面所蕴含的启蒙思想，搂清了汤显祖与“启蒙者的先驱”之间内在的思想渊源，还原了从“启蒙者的先驱”（16 世纪上半叶）到“汤显祖的四梦”（16 世纪下半叶），再到“明清之际的早期启蒙”（17 世纪）之间社会思潮的发展历程，勾勒出中国早期启蒙思想内生性的演变逻辑。[①] 可以说，侯外庐的汤显祖研究延续了他一以贯之的“横通”与“纵通”相结合的研究方法，即强调社会经济结构与思想文化结构的有机统一，为中国艺术思想研究提供了一个社会史与思想史相结合的经典案例。

① “内生性的演变逻辑”是指“历史传承、文化传统、经济社会发展的基础上长期发展、渐进改进、内生性演化的结果”。参见习近平《不断提高运用中国特色社会主义制度有效治理国家的能力》,《习近平谈治国理政》，外文出版社 2014 年版，第 105 页。

一篇未被释读而意义重大的郭店文献

——郭店简《成之闻之》新探

梁　涛
（中国人民大学国学院教授）

摘　要：郭店简《成之闻之》“圣人之性”章长期没有得到正确释读，影响到竹简的编连和文意的理解。本文在对竹简重新释读和编连的基础上，指出《成之闻之》一是提出“天降大常”，从天命的角度对孔子的仁尤其是忠恕做了形而上的论证。二是探讨了“圣人之性与常人之性”，认为圣人与常人之性本来没有差别，其差别在于不同的选择，是在后天形成的，但差别一旦形成，则圣人与常人有根本的区别，圣人是常人无法企及的。《成之闻之》的“天降大常”是一种外在超越，不同于《中庸》的“天命之谓性”，它以天命的形式将儒家的忠恕之道上升为最高的政治原则，并以此规定和理解政治，表现出对人格独立和精神平等的肯定和尊重，达到先秦儒家政治哲学的最高水平。

关键词：郭店简；《成之闻之》；圣人之性；外在超越；内在超越

《成之闻之》是郭店竹简中的一篇，简文公布之初，整理者误将第

28 简当作第 1 简，将“……君子贵成之。闻之曰……”读成“成之闻之曰：……”冥冥之中仿佛为后来的释读蒙上一层阴影。虽然二十余年过去了，学界围绕《成之闻之》发表了大量成果，在简序的编连、文字的释读、思想的探讨等方面均有所推进，但仍有大量的问题未得到解决。不仅部分文字晦涩难懂，对于竹简的编连也存在较大分歧，至于本篇的思想主旨及其在儒学史上的意义更是没有得到理解和说明。造成这种状况的一个重要原因是，虽然学者不断做出尝试，但《成之闻之》“圣人之性”章至今未得到释读。而读不懂“圣人之性”章，《成之闻之》整篇文字也就无法理解，更遑论对竹简做出合理的编连。有鉴于此，本文将首先对“圣人之性”章做出释读，然后结合其思想对竹简的编连提出自己的看法，最后对本篇的思想主旨及在儒学史上的意义做出分析和说明。

一　《成之闻之》“圣人之性”章新释

《成之闻之》（以下简称《成》）“圣人之性”章文字不长，为讨论方便，先将原释文抄录于下：

> 圣人之性与中人之性，其生而未有非之节于而也，26 则犹是也。唯（虽）其于善道也亦非有译娄以多也。及其专长而厚 27 大也，则圣人不可由与墠之。此以民皆有性，而圣人不可莫也。28[①]

“未有非之”，整理者未做断句，现在学者一般在此断开，以“节于而也”为下一句。“中人”，普通的人，也就是常人。“非”，李学勤先生认为当为“别”字古文，其形与“非”字相似。[②] 故前两句是说，圣人的性与常人的性，它们刚出生时无法做出分别。下面“节于而也”与“唯（虽）其于善道也”两句颇为费解，本章至今无法读通，主要就是因为这两句。关于“即于而也”，学界主要有四种不同解读：

（一）释为“即于儒也”。李学勤先生说：“‘节’读为‘即’。‘而’

① 荆门市博物馆：《郭店楚墓竹简》，文物出版社 1998 年版，第 168 页。

② 李学勤：《试说郭店简〈成之闻之〉两章》，《烟台大学学报》2000 年第 4 期。

疑读为‘儒’。……即于儒，指入学受六艺之教。”[①]

（二）释为“次于而（此）也”。李零先生说：“‘而’似应作‘此’，原文是说，圣人与中材之人在人性上是相似的，他们生下来都没有什么坏心眼，中材以下的人，情况也是一样的。”[②]

（三）释为“节于尔也”。周凤五先生认为“而”应读为“尔”，亦即“此”义，“节于尔”两句意为“偶然如此，即如此也”。[③]

（四）释为“即于能也”。陈伟教授认为“而”当释为“能”，指才能。“即于而（能）”两句意为，“就是在才能方面，也是如此”。[④]

以上四说中，李学勤先生的“即于儒”最为流行，学者讨论该段文字时一般都会引用李先生之说，然而此说却颇有疑问。儒家虽然主张拜师问学，但鲜有“即于儒”的说法。更重要的是，圣人与中人之性，出生时固然可以说没有差别，但既然就师受教，则不可说仍没有差别（“则犹是也”），这与儒家“性相近，习相远”（《论语·阳货》）的主张不符，故“即于儒”的说法不能不说是十分怪异的。李零先生将上一句“其生而未有非之”的“之”读为“志”，认为是生下来没有坏心眼。按照这种理解，没有坏心眼的应该是圣人与中人，而不是“圣人之性与中人之性”，故李零只好加上一句“是相似的”，然后又说圣人与中人生下来都没有坏心眼，靠增字解经疏通文义。而“次于而（此）也”的解读，同样存在问题。因为根据语法，“此”应是指上一句的“圣人之性与中人之性”，而不只是中人之性。即使按李零的理解，“此”只是就中人而言，但《成》的作者为何不直接列出圣人、中人以及次一等的人，而采取这样一种容易产生误解的说法呢？并且李零的说法在儒学史上也是没有根据的，汉代董仲舒虽然提出“性三品”，认为存在“圣人之性”“中民之性”与“斗宵之性”（《春秋繁露·实性》），但三者的差别是先天的，并不是后天形成的，与李零的理解也是不同的。李零先生的《郭店楚简校读记》以清晰、简洁著称，受到学界的广泛认可。但他对“圣人之性”

---

① 李学勤：《试说郭店简〈成之闻之〉两章》，《烟台大学学报》2000 年第 4 期。

② 李零：《郭店楚简校读记》（增订本），中国人民大学出版社 2007 年版，第 161 页。

③ 周凤五：《读郭店竹简〈成之闻之〉札记》，（台湾）《古文字与古文献》1999 年试刊号。

④ 陈伟：《郭店竹书别释》，湖北教育出版社 2002 年版，第 141—143 页。

章的解读，则不能不说是令人十分费解的。同样，周凤五、陈伟先生的说法虽然也有启发，但同样存在迂曲、不通之处。

按，“节于而也”的“节”应按本字理解，为征验之意。《荀子·性恶》：“故善言古者必有节于今，善言天者必有征于人。”王引之曰：“节，亦验也。《礼器》注云：‘节，犹验也。’下文曰‘有符验’，符验，即符节。”[①]“而”，训“能”，指才能。《庄子·逍遥游》：“故夫知效一官，行比一乡，德合一君，而征一国者，其自视也亦若此矣。”郭庆藩曰：“‘而’字当读为‘能’，‘而’‘能’古声近，通用也。官、乡、君、国相对，知、行、德、能亦相对，则‘而’字非转语词明矣。《淮南·原道篇》‘而以少正多’，高诱注：‘而，能也。’《吕览·去私》《不屈》诸篇，注皆曰：‘而，能也。’”[②] 郭说是。故“节于而也，则犹是也”是说，验之于圣人、中人的能力，则如同其性一样，也是没有差别的。“是”，指上一句的“未有别之”。盖性是抽象的，能则是其实际能力和表现。《成》既主张圣人与中人之性本来没有差别，故又补充说，验之于它们的能力，亦是如此。陈伟教授将“而”训为“能”是正确的，但他将“节”读为“即”，训为“是”，则不准确。从文意看，“节”应是动词，而非系词。

“唯（虽）其于善道也亦非有译娄以多也”，同样十分费解，整理者未做断句，说明已不理解其文意，只好将释文原样抄录。目前学术界对于该句有几种不同的断句，理解也相去较远：

（一）李学勤断为：“虽其于善道也，亦非有择娄以移也。”“译”读为“择”，意思是取。“娄”，意为掌曳。“多”读为“移”。认为此句是说：“就连善道，也不是有什么特别吸引的力量，使之有所改变。”[③]

（二）李零断为：“虽其于善道也亦非有怿，数以多也。”“译”读为“怿”。“娄”读为“数”。可能他自己也不知何意，故对文句未做解释。

（三）郭沂断为：“唯其于善道也亦别。有怿，娄以移也。”“译”读为“怿”。“多”读为“移”。释此句为：“只是对于善道的态度，圣人和

---

① 王天海：《荀子校释》下册，上海古籍出版社 2005 年版，第 949 页。

② 郭庆藩：《庄子集释》第 1 册，中华书局 1961 年版，第 17 页。

③ 李学勤：《试说郭店简〈成之闻之〉两章》。

普通人就有区别了。圣人喜爱善道，受善道牵引，并为善道所潜移默化。”①

（四）周凤五断为：“唯其于善道也，亦非有泽薮以多也。”释“译娄”为“泽薮”。认为是说：“圣人之成就，非依赖外在有利之环境如泽薮之孕育万卉群生，而不断的自我要求，自我提升。”②

（五）顾史考断为：“唯其于善道也，亦非有释，屡以多。”“译”读为“释”或“舍”。“娄”读为“屡”或“数”。解释文意为：“圣人虽与中人相同，不过其对于善道的追求则没有舍弃的时候，因而其所以能达到圣人之境，乃是以频繁不断的追求之累积而成的。”③

以上说法虽然各有所得，在研究上有所推进，但分歧如此，说明可以被普遍接受的好的说法还没有出现。按，该句应断为：“唯其于善道也亦别有择，屡以移。”“唯”应按本字理解，不必如整理者读为“虽”。“非”如前一个“非”字，也是“别”。“译”读为“择”，选择之意。“娄”读为“屡”，屡次，频频。“以”，犹而。“多”读为“移”。上一句既说圣人与常人，其性出生时没有差别，从其能力表现看也是如此，故此句接着说，只是圣人与常人对善道有不同的选择，多次以后其性就发生变化。意为圣人选择善道而其性为善，常人背离善道而其性不及圣人，圣人与常人的差别即由此而来。下一句紧承此句：“及其专长而厚大也，则圣人不可由与墠之。”“其”，代指下文的圣人。“专”读为“博”。“由”，训为从。“与”，训为而。裴学海曰：“‘与’犹‘而’也。‘与’训‘而’，‘而’亦训‘与’。”④“墠”，李学勤读为“效”。⑤等到圣人变得博大而厚重，则圣人不是常人可以效仿的了。“此以民皆有性，而圣人不可莫也。”“莫”，李学勤读为“慕”，陈伟读为“侔”⑥，陈说是。此句是说，这就是人都有性，但圣人却是常人不可等同的，意为圣人是常人无法企及、达到的。现将简文重新释读、断句如下：

---

① 郭沂：《“圣人之性”章新释》，国际儒联“简帛研究”网站。

② 周凤五：《读郭店竹简〈成之闻之〉札记》。

③ ［美］顾史考：《郭店楚简〈成之〉等篇杂志》，《清华大学学报》2006 年第 1 期。

④ 裴学海：《古书虚字集释》，上海书店 1933 年版，第 1 页。

⑤ 李学勤：《试说郭店简〈成之闻之〉两章》。

⑥ 陈伟：《郭店竹书别释》，第 143 页。

> 圣人之性与中人之性，其生而未有别之。节于而（能）也，26 则犹是也。唯其于善道也亦别有择，屡以移也。及其博 27 长而厚大也，则圣人不可由（注：从）与（注：而）效之。此以民皆有性，而圣人不可侔也。28

《成》“圣人之性”章包括以下几点：一是圣人与常人之性本来没有差别，其实际表现也是如此。二是圣人与常人的差别在于其不同的选择，选择的标准是“善道”。三是圣人与常人的差别是在后天逐渐形成的，但差别一旦形成，则圣人与常人有根本的区别，圣人是常人无法企及的。

二 《成之闻之》编连释疑

读懂了“圣人之性”章，再来看竹简的编连，就容易做出判断了。目前学术界一般认为，《成》4 简至 10 简为第一章，11 简至 14 简为第二章，15 简至 20 简为第三章。以上编连分歧较少，其内容是提出治民当奉行推己及人的忠恕之道，强调“窃反诸己而可以知人”，并提出“人之爱己也，则必先爱人；欲人之敬己也，则必先敬人”，即“己所欲，施于人”。接下来 31 简至 36 简应为第四章，其承接前三章，将儒家的忠恕之道上升到天命的高度。

> 天降大常，以理人伦。制为君臣之义，著为父子之亲，分 31 为夫妇之辨。是故小人乱天常以逆大道，君子治人伦以顺 32 天德。《大禹》曰：“舍①兹宅天心”何？此言也，言舍之此而宅于天心也。是故 33 君子衽席之上，让而授幼②；朝廷之位，让而处贱，所宅不

① 原文作“余”，李学勤认为当读为“舍”。见《试说郭店简〈成之闻之〉两章》。

② 原文未做释读，李零释为“受幼”，认为是说受幼者之位。牛新房释为“受次”（《说〈成之闻之〉中的“受次”及相关诸字》，《古文字研究》第 29 辑，中华书局 2012 年版，第 487—491 页）。张光裕释为“授幼”（参见单育辰《郭店〈尊德义〉〈成之闻之〉〈六德〉三篇整理与研究》，科学出版社 2015 年版，第 139 页）。

远矣。小人34不逞人于能①，君子不逞人于礼。津梁争舟，其先也不若其后也。言35语嗥之，其胜也不若其已也。君子曰：从允释过，则先者豫②，来者信。36

“大常”即前三章所陈说的忠恕之道，《成》认为这是天降下的常道；“人伦”指君臣、父子、夫妇等社会关系。天降下大常，是为了处理人伦关系，具体表现为君臣之义、父子之亲、夫妇之辨等。盖大常是普遍的道德法则，而义、亲、辨是具体的人伦规范。普遍法则要落实于具体的人伦中，而具体的人伦规范要符合普遍的道德法则。不过天虽然降下大常，规定了人伦间的具体法则，但是人们对于这些法则的态度是不同的。这也是人间何以会有圣人与中人、君子与小人的原因所在，这里《成》是用小人与君子作对比。“小人乱天常以逆大道”，“天常”应该就是大常，“大道”应该是指君臣之义、父子之亲等，小人混乱了天常必然会悖逆大道。而“君子治人伦以顺天德”，君子治理君臣、父子、夫妇的人伦关系以顺应天德。“天德”应该就是大常或天常，天德、大常、天常所指相同，是同一内容的不同表达。可以看出，《成》强调的是天所降下的大常或普遍法则，需要落实到具体的人伦关系中。为说明这一点，竹简接着引《尚书·大禹谟》云：“舍兹宅天心”。“舍”，安置。“兹”，此也。《成》解释此句：“言舍之此而宅于天心也”，即释“兹”为“此”。“舍之此”即安置于此，“之”，于也。那么，什么是“兹”或“此”呢？显然就是上文所说的君臣、父子、夫妇的人伦关系了。《成》要求在人伦关系中设置规范以顺应天心。《尚书·康诰》：“亦惟助王宅天命，做新民。”伪孔传：“居顺天命，为民日新之教。”“宅”为归顺、顺应之意。有学者认为“宅”当读为度，为揣度、估量之意，“宅天心”即揣度天心。③ 这

① 原文作“刃”，裘锡圭：“‘刃’疑当读为仁。”陈伟、李零读为恩。颜世铉、廖名春认为指兵刃。刘钊读为忍，指残忍、狠心（《郭店〈尊德义〉〈成之闻之〉〈六德〉三篇整理与研究》，第143—145页）。梁立勇认为当解为“能”，指技能。刃、能古音近可通。见梁立勇《“小人不逞人于刃”解》，《古籍整理研究学刊》2007年第6期。

② 原文作“余”，李零疑当读为除，或舍，指安置。颜世铉读为豫（《郭店〈尊德义〉〈成之闻之〉〈六德〉三篇整理与研究》，第146—147页）。

③ 李学勤、刘钊读为“度”，认为有揣度、估量之意。见刘钊《说“度天心”》，复旦大学出土文献与古文字研究中心网站。

涉及对“天心”的理解，如果不知天心为何，自然应该“度天心”。但如果对天心已有所知，那就不应该是揣度天心，而只能是顺应天心了。从上文来看，“天心”的表现就是“天降大常”，所谓上天有心，其降下大常，为人类确立道德法则。故对于人而言，只能是“宅天心”，顺应天心，而不是揣度天心。接受了天之大常，也就是顺应了天心，在处理人伦关系时，就不应自高自大，自以为是，而应推己及人，懂得谦卑礼让。虽为长者却能谦让幼者，虽居尊位却能甘处低位，这样就能“所宅不远矣”，在人伦切近处顺应大常、天命。有学者认为，此段文字与《大学》“所恶于上，毋以使下；所恶于下，毋以事上”的絜矩之道思想相近，[①]是有道理的。值得注意的是“小人不逞人于能，君子不逞人于礼”一句，表达的是应然，反过来讲，小人常以其多能、君子常以其知礼逞强于人，说明能做到顺应天心、恪守天常，推己及人、礼让谦卑，并非易事。“从允释过”一句的“允”，学者多释为诚信，认为此句是说遵循诚信的原则而不计较他人的过错。[②] 按，允，恰当。《玉篇·儿部》：“允，当也。”允应该是指恰当的原则，那么什么是恰当的原则呢？显然就是推己及人的谦卑礼让之道，也就是天所降的大常了。“过”与“允”相对，应是指“逞人于能”“逞人于礼”之类不恰当的行为。遵从恰当的原则，改正过错的行为，先行者就会愉悦，追随者也会信服（“则先者豫，来者信”）。

29 简以下应为第五章，不过目前学界关于 29 简以下的编连颇有分歧。整理者用 30 简接 29 简，李零等学者从之：

> 《君奭》曰：“襄我二人，毋有合在音”何？道不悦之辞也。君子曰：唯有其恒而 29 可，能终之为难。“槁木三年，不必为邦旗”何？言偃之也。是以君子贵 30 成之。

美国学者顾史考则主张用 23 简接 29 简，然后接 22 简、30 简，其简序为：29 –23 –22 –30：

---

① 崔海英：《郭店简〈成之闻之〉研究》，硕士论文，曲阜师范大学，2008 年。

② 廖名春：《郭店简〈成之闻之〉的编连和命名问题》，《中国史研究》2001 年第 2 期。

> 《君奭》曰："襄我二人，毋有合在音"何？道不悦之辞也。君子曰：唯有其恒而29行之不疾，未有能深之者也。勉之遂也，强之功也；堕之淹也，怠之功也。23是故凡物在疾之。《君奭》曰："唯冒丕单称德"何？言疾也。君子曰：疾之22可，能终之为难。"槁木三年，不必为邦旗"何？言偃之也。是以君子贵30成之。

顾史考认为，经过这样调整后，简文呈现为"A可能也，B为难"的表达句式，具体讲，是以一种"恒之可能，疾之为难；疾之可能，终之为难"的表达句式和逻辑结构。这种表达与《礼记·祭义》的一段文字非常接近："教曰孝，其行曰养。养可能也，敬为难；敬可能也，安为难；安可能也，卒为难。"因此，经过调整后，不仅语言表达上更为顺畅，也更接近古人的语言习惯。[①] 顾说是，其说可从。但是由于顾史考没有读懂"圣人之性"章，虽然做出大致正确的编连，但对上引文字实际是不理解的。故又说"无论简序如何排列，都很难看出此'不悦之词'与任何上下文的可能关系"，进而主张将"不悦之辞"释为"不辍之治"。[②] 这就是望文生义，偏离文意了。另外，顾史考将21简调整到"圣人之性"章后，也是不正确的。21简起首提到"是以知而求之不疾……"谈到"疾"的问题，显然与23简、22简论"疾"的内容存在密切联系，放在23简与22简之中，则若合符节。正确的简序应该是：29－23－21－22－30。

> 《君奭》曰："襄我二人，毋有合在音（言）"何？道不悦之辞也。君子曰：唯（虽）有其恒而29行之不疾，未有能深之者也。勉之遂也，强之功也；堕之淹也，怠之功也。23是以知而求之不疾，其去人弗远矣。勇而行之不果，其疑也弗往矣。21是故凡物在疾之。《君奭》曰："唯勖丕单称德"何？言疾也。君子曰：疾之22可，能终之为难。"槁木三年，不必为邦旗"何？言偃之也。是以君子贵30成之。

---

① 顾史考：《郭店楚简〈成之〉等篇杂志》，《清华大学学报》2006年第1期。

② 顾史考：《郭店楚简〈成之〉等篇杂志》，《清华大学学报》2006年第1期。

《成》引《尚书·君奭》两句，以及“道不悦之辞也”的评论，让学者感到费解。据书序，“召公为保，周公为师，相成王为左右。召公不说，周公作《君奭》”。[①] 故学者多从周、召关系来理解。其实竹简引《书》乃断章取义，“二人”不必实指周公、召公。前一段既言“舍兹宅天心”，要求在人伦关系中顺应天心，恪守天常。但现实中又存在“小人乱天常以逆大道，君子治人伦以顺天德”负面、正面两种情况，前一章主要是从正面来立论，本章则论及正、负两方面的情况，故提出我们二人为何言语不合呢？“曩（注：以前）”是原文所有，引文不一定必要。“音”据今本《尚书》，应为“言”之讹。《成》认为这是表达不快之辞，实际是说人与人之间产生矛盾，发生不快。故竹简引《君奭》是为了引出人们之间的矛盾、不快，并通过“君子曰”对其原因做出分析、说明。“唯有其恒”的“唯”应读为“虽”，“恒”的本字作“亙”，李学勤先生认为应当是“亟（极）”的误字。“战国至汉初文字，‘亙’与‘亟’每相混淆，马王堆帛书《周易》的‘太极’，就将‘亟’写作‘亙’，简文的情形相同。”[②] 李说是。极，准则、法则也。这个极应该就是上一章的天常，也就是“圣人之性”章的善道。《成》认为，虽然有了天常之类的法则，但如果不尽力实行，依然不能深入其中。下面两句分别说明正、反两种情况，意为努力的成功，是勤勉的结果；偷惰的失败，是怠慢的结果（“勉之遂也，强之功也；堕之淹也，怠之功也”）。[③] 这实际上也就是“圣人之性”章的“唯其于善道也别有择”，由于人们对于道德法则（“极”）的态度不同，认识自然也不同，产生矛盾，发生不快便是难免的。21 简“是以知而求之不疾，其去人弗远矣。勇而行之不果，其疑也弗往矣”，是说所以知道了作为道德法则的极，但不去尽力追求，其超出常人不会很远。虽然勇于追求，但行动没有结果，就会止步不前。疑，训为止。可见21 简是对23 简内容的进一步发挥，将其编连在这里是恰当的。由此也可知，圣人之所以远远超出常人，是因为他们“知而行之疾”

① （汉）孔安国传，（唐）孔颖达疏：《尚书正义》，北京大学出版社 1999 年版，第 438 页。

② 李学勤：《郭店简“君子贵诚之”试解》，《中国历史文物》2002 年第 1 期。

③ 邓少平：《郭店楚简〈成之闻之〉〈尊德义〉补释》，《中国文字》新 36 期，台湾艺文印书股份有限公司 2011 年版，第 85 页。

“勇而行之果”，本章与“圣人之性”章是前后呼应的。所以竹简强调，一切事情都在于要尽力（“是故凡物在疾之”），但是尽力可以做到，能够完成却很难（“疾之可，能终之为难”），而君子看重的恰恰是能够做到最终完成。所以君子与常人的不同，不仅在于其知道作为道德法则的极，更重要的是能够尽力践行之，并最终完成之，实际是“别有择”的结果。

第1简至3简及第24、25简为第六章，其简序为：1－2－3－24－25。“圣人之性”章为第七章，其简序为26－27－28。第37简至40简为第八章，其简序为：37－38－39－40。《成》的八章中，编连最有争议的是第五章，这章与“圣人之性”章实际是前后呼应的。以往学者因为读不懂“圣人之性”章，自然对第五章的编连不知如何处理，但若理解了“圣人之性”章，以上问题便可迎刃而解。

三 《成之闻之》在儒学史上的地位及意义

竹简《成》的思想有两点值得特别关注：一是提出“天降大常”，从天命的角度对孔子的仁尤其是忠恕做了形而上的论证。二是提出“圣人之性与常人之性”，从人性论的角度对圣人与常人做出分析与说明，强调了二者的不同。以上两点又联系在一起，构成《成》的思想主题。而天命论与人性论及二者的关系也是早期儒学的一个重要内容，对以后儒学的发展产生了深远影响，值得认真思考和研究。

关于“天降大常”，目前学术界多是结合《中庸》来理解，如郭沂称，本章含括《中庸》篇首“天命之谓性，率性之谓道，修道之谓教”之旨。“‘大常’，乃天之所降，性也；‘人伦’，乃大常之所理，道也；‘君臣之义’‘父子之亲’‘夫妇之辨’，乃人伦之所‘制’、所‘著’、所‘分’，教也。”① 此说实际是有问题的，不仅没有揭示《成》的思想特质，反而掩盖了竹简所透露出的新的信息。按，《中庸》“天命之谓性”是说天赋予我们的即是性，实际是将天命落实于性，将性与天道相贯通。由于我们每一个人的性都是来自于天，所以我们在尽己之性的同时，也可以尽他人之性，尽物之性。“能尽其（注：己）性，则能尽人之性。能

① 郭沂：《郭店楚简〈天降大常〉（〈成之闻之〉）篇疏证》，《孔子研究》1998年第3期。

尽人之性，则能尽物之性”，最终“可以赞天地之化育”“与天地参”(《礼记·中庸》)，达到天人合一的境界。借用牟宗三先生的说法，这是一种内在超越的思想。即一方面天道超越而内在，“天道高高在上，有超越的意义。天道贯注于人身之时，又内在于人而为人的性，这时天道又是内在的。……天道既超越又内在”[①]。这里“超越”主要是外在的意思，指“天道高高在上”，外在于我们，是价值的根源和源头，而不必用康德的超验（transcendent，牟宗三译为超越）来理解。另一方面人道内在而超越，由于与天道性命相贯通，人扩充自己的本性就可以上达天道，“与天地参”。这里的“超越”乃是指“人的自我超越，是人在道德实践方面的一种精神性的努力与追求，是一种精神境界上的自我提升”[②]。故内在超越实包含超越而内在与内在而超越之意，前后两个超越含义并不完全相同，但又存在一定的联系，有了外在超越者，人的自我超越才有方向和目标。需要说明的是，这种内在超越的思想是后起的，在郭店简《性自命出》和《中庸》中才出现，到孟子那里进一步完善。在此之前，《诗》《书》中的天命观恰恰是一种外在超越。我们知道殷周信奉以帝、天为核心的神灵系统，帝、天即外在超越者，它们不仅令风、令雨、降食，主宰天时，还颁布旨意，根据人们的表现降下福祸。《尚书·高宗肜日》记载商代贵族祖己曰：“惟天监下民，典厥义，降年有永有不永。”天监视下民，令他们遵从义，并根据其表现赐予或长或短的寿命。这里的“义”即天的意志和命令，但它是外在的，是外在的命令或规范，而不是内在的心性。只不过殷人的义似还没有道德的含义，主要是一种禁忌的规范而不是伦理的规范。[③] 周人由于提出以德配天的思想，认为“皇天无亲，惟德是辅”(《左传·僖公五年》引《周书》)，上天公正无私，不会永久保佑一族一姓，而是根据人们的德授予其天命，这里的德同样是外在的。在周人看来，“天亦哀于四方民，其眷（注：顾盼）命用懋（注：勤勉），王其疾敬德”(《召诰》)。上天同情四方民众，寻找任命勤

---

① 牟宗三：《中国哲学的特质》，台湾学生书局 1974 年版，第 30—31 页。

② 郑家栋：《“超越”与“内在超越”——牟宗三与康德之间》，《中国社会科学》2001 年第 4 期。

③ 参见拙文《〈尚书·高宗肜日〉新探——兼论殷周的两次宗教变革及“民”的发现》，《学术月刊》2019 年第 1 期。

勉者为民主，因而王应该尽快敬德。故德是君王根据天的意志去保民、惠民，它首先是外在的规范、法则，而不是内在的德性。《诗经·烝民》：“天生烝民，有物有则。民之秉彝，好是懿德。”上天降生众民，有一事便有一事之法则。民秉持常法，喜好这美德。上文“彝”是常法之意，则、彝都是外在规则，而被称为德。《尚书·皋陶谟》：“天叙有典，勑我五典五惇哉！天秩有礼，自我五礼有（注：或作‘五’）庸哉！同寅协恭和衷哉！”天规定常法，告诫我要重视五典。天规定了礼法，令我要奉行五礼。共同恭敬而和善啊。这里的“五典”“五礼”都是外在的规则、礼法，是社会和谐的必要条件，因而也属于德的范畴。天所颁布的法则或者德往往是抽象的，不容易理解和把握，这就需要圣王在天人之间发挥作用了。“惟乃丕显考文王，克明德慎罚，不敢侮鳏寡……冒闻于上帝，帝休，天乃大命文王。”（《尚书·康诰》）由于文王等先王以其美德上闻于天，受到上帝的喜爱，被授予天命，故文王的行为往往是符合德的，而“仪刑文王”（《诗经·文王》），效法文王便是认识天命的重要途径。天命与先王之法是联系在一起的，前者是抽象的，是基本原则，后者是具体的，是天命的落实和表现，圣人、先王是沟通、联结天人的核心与关键。《诗》《书》中的天命思想，显然与《中庸》的内在超越有所不同，可以称为外在超越。即一方面天道超越而外在，作为超越者的上帝或天高高在上，它不是内在于人的性，而是颁布外在的规范、法则。另一方面人道外在而超越，人可以通过实践此外在的法则由外而内，转化自我，以实现自我的超越，但往往需要以圣人、先王为中介。这种外在超越显然比内在超越更为古老、久远，在孔子以后的儒学史上也发挥着更为重要的作用，只是受内在超越研究范式的影响，我们对其视而不见罢了。

作为儒学的创立者，孔子的天命观既有外在超越的一面，也有内在超越的一面，对以后儒学的发展产生重要影响。如学者指出的，孔子保留了周人的天命信仰，他自称“获罪于天，无所祷也”（《论语·八佾》），“吾谁欺，欺天乎?”（《子罕》）他主张“君子有三畏”，第一畏就是“畏天命”（《季氏》）。这里的天是超越的，其所命则是外在的。不过由于周人的天命更多是一个集体概念，主要针对一族一姓而言，受命者仅限于天子、君王。孔子则提出“天生德于予”（《述而》），打破了自

“重黎绝地天通”以来少数贵族对天的垄断，使天与个人发生联系，成为个人的信仰对象和精神力量，具有重要意义。这样在孔子那里，天所生之德似乎便具有内在与外在的双重含义，尽管孔子尚没有给出明确的说明。从具体语境看，“子曰：天生德于予，恒魋其如予何?”（《述而》）似主要是针对天所赋予的复兴礼乐、传播文化的责任和使命而言，与“子畏于匡。曰：文王既没，文不在兹乎。天之将丧斯文也，后死者不得与于斯文也？天之未丧斯文也，匡人其如予何”（《子罕》）。思想相近，这样“德”便是外在的而不是内在的。但从孔子的其他论述来看，其所谓德显然又具有内在的特点。另外，孔子又提出“下学而上达”（《宪问》），认为由“下学”可以上达天道，将天命与个人联系起来，为个人的安身立命、修身成德打开了通道。《论语》中“学”的对象至少包括仁与礼，牟宗三释“下学而上达”为“践仁知天”①，注意到仁而忽略了礼，似不够全面，称为“践仁行礼而知天”可能更合适。在孔子那里，仁更多表现为内在的，礼则是外在的，故孔子的天命观实际包含了内在超越与外在超越的不同面向。一方面，孔子自称“天生德于予”，又提出内在性的仁，虽然孔子没有做出说明，但不妨碍以仁去理解德，这样仁便成为遥契天道、沟通天人的超越性概念，每个人都可以践仁而知天，成就个人的德性。另一方面，天又以外在于人的姿态向人垂则、立范，要求人们敬天、法天、畏天。“巍巍乎唯天为大，唯尧则之。”（《泰伯》）“咨！尔舜！天之历数在尔躬，允执其中！四海困穷，天禄永终。”（《尧曰》）天代表了世间的公正，是君王效法的对象，也是人间礼法的原则和根据。前者是一种内在超越，可以是针对所有人而言；后者则是一种外在超越，就礼法的制定而言，只能是少数圣人、君王的特权。故孔子的天命观实存在内、外两种维度，既讲内在超越，也讲外在超越。天既可以落实为人内在的德，成为人道德实践的根源和动力，也可以向人垂则、立范，成为人效法的对象，是人间礼法的形上根据。

孔子之后，儒家的天命观分别向内在超越和外在超越两个方面发展。郭店简《性自命出》提出：“性自命出，命自天降。”将性与天道相贯通，显然属于内在超越，只不过其所谓性主要还是指自然人性。《中庸》则提

① 牟宗三：《心体与性体》第 1 册，上海古籍出版社 1999 年版，第 19—20 页。

出“诚者，天之道；诚之者，人之道”，以道德性的诚打通性与天道，对内在超越做出进一步发展。到了孟子，一方面提出“仁义礼智，非由外铄我也，我固有之也”（《孟子·告子上》），“此天之所与我者”（《孟子·告子上》）；另一方面又主张“尽其心者，知其性也。知其性，则知天矣”（《尽心上》）。前者超越而内在，后者内在而超越，对内在超越作出总结和完善。由于港台地区新儒家的提倡，这一内在超越的思想广为人们所熟知，并被反复论述、引证，被视为儒家思想的精华和主流。但不可忽视的是，在内在超越之外，儒家同样还存在着外在超越的进路。《逸周书·命训》曰：“天生民而成大命，命司德，正之以祸福。”天降生民众并向其颁布命令，命令其要遵守德，并根据其表现降祸或赐福。这里的大命或德是外在的，它不是落实于性，而是表现为外在的命令、规范。《逸周书·度训》亦曰：“天生民而制其度。”天生育民众而为其制定法度，这里的“度”同样是外在的，它来自作为超越者的天，故是超越而外在。但是明王用此法度教导民众，就可以做到“子孙习服（注：习惯，适应），鸟兽仁德”，故又是外在而超越。《命训》《度训》的天命观与《中庸》显然有所不同，而与《诗》《书》的天命观更为接近，属于外在超越的思想。《度训》《命训》《常训》为《逸周书》的前三篇，其内容前后呼应，向来被认为是一个整体，甚至可能是出于同一作者之手。其中《命训》在清华简中被再次发现，说明《命训》等三篇是可靠的战国文献，它们应该出于子夏后学之手，反映了儒家主外派的天命思想。[①]荀子主张天生人成，其天不仅仅是经验天，同时也是本体天，天不仅赋予人天情、天君，同时还颁布天政，天政即是外在的，是人间礼法的形上根据，荀子思想中也具有外在超越的面向。[②]

搞清了先秦儒家天命观的发展，尤其是内在超越与外在超越的差别，就容易对《成》的天命观作出分析和判断了。《成》虽然提出“天降大常”，但这里的“大常”指推己及人的忠恕之道，它不是落实于性，而是

① 参见拙文《清华简〈命训〉“大命”“小命”释疑——兼论〈逸周书〉“三训”的成书与学派归属》，《哲学动态》2021年第4期。

② 参加拙文《“天生人成”与政治形上学——荀子天论发微》，《中国哲学史》2021年第5期。

体现为处理人伦关系的原则，不是内在的，而是外在的，与《中庸》的内在超越不同，是一种外在超越。《成》在儒学史上的意义在于，它从外在超越的角度对孔子的仁尤其是忠恕之道作出论证，将忠恕上升到天命的高度，为儒家的德治、身教提供形上根据。同时，由于《成》是从外在超越来立论，故又突出圣人与中人的差别，依靠圣人来维护“大常”或“天常”的政治秩序。

儒家自孔子起便倡导德治、身教，反对刑罚、暴力，其背后蕴含的则是一种仁道精神，是对民众人格的尊重和对道德自主的培养。“子曰：道之以政，齐之以刑，民免而无耻；道之以德，齐之以礼，有耻且格。”(《论语·为政》）对于民众未尝不可以用政治、刑罚去教化，但其结果往往是民众虽免于违法，却变得毫无羞耻心，失去了道德上的自觉、自主。相反，若是以道德、礼义去引导，民众不仅有羞耻心，还会自觉守法。可见孔子论政，不只是着眼于支配与服从，还立足于人的道德自主，视其为政治的根本。而民众要做到道德自主，执政者的以身作则，表率示范便显得非常重要了。“政者，正也，子帅以正，孰敢不正?”(《颜渊》)《成之闻之》实际是沿着孔子的这一思想继续探讨，其开篇即提出：

> 君子之于教也，其导民不浸（注：渍），则其淳（注：音 zhūn，浇灌）也弗深亦。是故亡乎其身 1/4 而存乎其辞者，虽厚其命，民弗从之矣。是故威服刑罚之屡行也 2/5，由上之弗身也。昔者君子有言曰：战与刑，人君之坠德也。是故 3/6 上苟身服之，则民必有甚焉者。①

君子教导民众，如果不能深入其心，则其影响就不会深远。浸，学者或释为渐进，或训为浸淫，指长期的努力。② 皆不准确，浸，渍也，指渗入、渗透，从上下文看，应指深入其心。那么如何深入民众之心呢?当然是要执政者身体力行，而不能只是夸夸其谈。民众对执政者失去信

① 为了便于理解，我们对竹简重新进行了编连，斜杠前为重新编连的简号；斜杠后为整理者原来的简号，后文同。

② 参见单育辰《郭店〈尊德义〉〈成之闻之〉〈六德〉三篇整理与研究》，第 105—106 页。

任，往往就是因为后者言行不一，“亡乎其身而存乎其辞”。最后不得已，执政者只能用暴力、刑罚来维持统治了。但在《成》的作者看来，这恰恰是道德的堕落，是对政治根基的败坏。政治统治不能靠武力、刑罚，而只能靠德治、身教，如果执政者作出榜样，民众就会积极回应。所以竹简反复强调君子要“求诸己也深”“穷源反本者之贵”，认为“不求诸其本而攻诸其 7/10 末，弗得矣”。《成》所说的“本”指“求诸己”，指执政者的身教，而“末”，指执政者的言教。故竹简实际是主张身教重于言教，君子治民当行德治、身教，此点学者多已注意到。但《成》的价值其实并不止于此，而是进一步探讨了德治、身教背后的理论根据，并上升到形而上的高度。

> 上不以其道，民之从之也难。是以民可 12/15 敬导也，而不可掩（注：掩盖，压制）也；可御也，而不可牵也。故君子不贵庶物，而贵与 13/16 民有同也。

“上不以其道”的“道”指治民之道，执政者如果不遵从治民之道，民众就不会服从。那么什么是治民之道呢？就是“与民有同也”，执政者并非高高在上，凌驾于民众，而是要做到与民众一样，实际是承认执政者与民众在人格、精神上是平等的。所以对于民众只可以恭敬地去引导，而不可以压制；只可以驾驭，而不可以强迫。可见，《成》将政治的根基建立在“与民有同”上，其理论根据则是孔子的仁道，也就是推己及人的忠恕之道。其实质是突出和强调人格的独立和精神的平等，因而达到了先秦儒家政治哲学的最高水平。为什么要“与民有同”？为什么要推己及人？就是因为人的基本欲求、愿望是大致相同的，更重要的是，人与人在人格与精神上是平等的，故在满足自己的欲求时也要顾及他人的愿望，在行使自己的意志时也要考虑他人的感受。这可以说是政治的最高原则，而这一原则是建立在推己及人，“窃反诸己而可以 16/19 知人”的基础之上的。“是故欲人之爱己也，则必先爱人；欲人之敬己也，则必先敬人。17/20”借用孔子“己欲立而立人，己欲达而达人”（《论语·雍也》）的说法，可以表述为：己欲（被）爱而爱人，己欲（被）敬而敬人，也就是己所欲，施于人。正是在这个意义上，《成》提出“天降大常，以理人伦。制为君臣之义，著为父子之亲，分 18/31 为夫妇之辨”。把推己及人的忠恕之道上升到天命的高度，视为上天降下的“大常”，为人间颁布的法则。由于这一法则是来自上天，故是超越于执政者之上的，是执政者必须遵从和践行的。执政者推行德治、身教，不是出于对民众的恻隐、同情，而是对天命的敬畏，是遵从天所颁布的法则，这是《成》外在超越的必然结果。

不过《成》虽然提出“天降大常”，认为上天为人间颁布法则，但又认识到对于天所颁布的法则，人们的选择和态度是不同的，存在着“小人乱天常以逆大道，君子治人伦以顺 19/32 天德”的不同情况，这样就必须有政治权威，有圣人来维持“天常”的法则。故《成》的另一个主题便是“圣人之性”章所讨论的圣人与中人的问题，并塑造了常人无法企及的圣人形象，这一定程度上也反映了外在超越所面临的困境和挑战。如前所述，《诗》《书》中的天命主要是针对一族一姓而言，受命者只能是部落首领、君主先王，而“以德配天”的德往往也表现为先王之法或习惯法。德虽然包括保民、惠民等内容，但主要指等级秩序，如“五典”“五礼”等。孔子称“天生德于予”，其德可以从仁、礼两方面来理解，但表述还不够明确。孔子所说的仁，包括成己爱人、忠恕之道和“克己复礼为仁”等多种内涵，① 其中以忠恕、推己及人为仁是孔子的新思想，是儒学最有价值的内容，一定程度上突破了三代以来的尊卑等级，从平等的角度重新审视人与人的关系，但主要是一种道德原则，尚没有落实到政治领域。《成》则以“天降大常”的形式将忠恕之道上升为政治的基本原则，并以此展开对政治的理解和思考，肯定了民众的人格独立和精神平等，称其达到先秦儒家政治的最高水平并不为过。但是由于《成》的“大常”是以外在超越的形式出现的，忠恕作为法则不是内在于心或性，而是超越天颁布的外在法则，是超越而外在。面对这一法则，用《成》的话说，“虽有其恒而 24/29 行之不疾，未有能深之者也”，即便有了法则而不努力践行，依然不能掌握。而且“疾之 27/22，可，能终之为难”，即使努力践行，能够坚持到最后依然困难。能够有始有终的只有少

① 参见拙文《仁学的政治化与政治化的仁学——荀子仁义思想发微》，《哲学研究》2020 年第 8 期。

数君子、圣人，这样便形成圣凡的差异——圣人与中人的差异，要靠圣人去顺应天常，去教化甚至刑罚常人，才能维护天常的政治秩序。

> 唯君子道可近求，而可远措也[①]。昔者君子有言曰“圣人天德”何？37/37 言慎求之于己，而可以至顺天常矣。《康诰》曰“不还（注：今本《尚书》作‘率’）大戛（注：法），文王作罚38/38，刑兹无赦”何？此言也，言不逆（注：接受）大常者，文王之型（注：通“刑”）莫厚焉。是39/39 故君子慎六位，以祀天常。40/40

“君子道”的“道”指忠恕之道，“可近求，而可远措”意近于孔子的“能近取譬”。子曰：“夫仁者，己欲立而立人，己欲达而达人。能近取譬，可谓仁之方也已。”（《论语·雍也》）“能近取譬”为能近取而譬之的省略语，朱熹曰：“近取诸身，以己所欲譬之他人，知其所欲亦犹是也。然后推其所欲以及于人，则恕之事而仁之术也。”[②] “近取”即“取诸身”，譬之指推及他人，“可近求，而可远措”亦是此意。“近求”即“求之于己”，“远措”指推及远处的他人，用《成》的话说，就是“窃反诸己而可以16/19 知人”。但可以做到推己及人的只有少数君子，故说“唯君子……”能通过推己及人做到顺应天德、天常的便是圣人了。而对于大多数不能践行大常的人，就要靠圣人教化和惩罚了。故《成》引《尚书·康诰》曰，对于不遵从大法的人，要“刑兹无赦”。对于不接受大常的人，要严厉惩罚。这与其主张的“战与刑，人君之坠德也”多少显得有些矛盾，但在《成》的作者看来，既然大多数民众并不能自觉践行天常，而圣人与常人在智慧和能力上又存在根本的差别，那么由圣人惩罚常人便是正当的了，或者说为了维护天常，是可以使用刑罚的。其所重视的还是天常，故篇末曰“慎六位，以祀天常”，“六位”指君臣、父子、夫妇。“祀天常”，由于天常是天之所命，故应像祭祀上天那样敬

① 原字隶为道，刘钊读为措，训为置。李零认为有阙文，释为“道可近求，而［不］可远借”，补“不”字（参见《郭店〈尊德义〉〈成之闻之〉〈六德〉三篇整理与研究》，第201页），刘说是，李说误。

② 朱熹：《四书章句集注》，中华书局1983年版，第92页。

奉天常。仍是强调要将作为天常的忠恕之道贯穿到人伦关系之中，与“天降大常，以理人伦”是前后呼应的。

综上所论，竹简《成之闻之》提出“天降大常，以理人伦”，以天命的形式将儒家的忠恕之道上升为最高的政治原则，并以此规定和理解政治，表现出对人格独立和精神平等的肯定和尊重，达到先秦儒家政治哲学的最高水平。同时又提出“圣人之性与中人之性”的问题，认为对于善道也就是天常的不同选择，必然会出现圣人与常人的差别，而且这种差别是巨大和难以逾越的，以此说明君子、圣人治理、教导民众的必要。“天降大常”是确立政治的基本原则，或可视为政道；“君子之于教”则是治理的原则和方法，可以看作是治道。政道与治道间虽存在一定的紧张和冲突，但又是相互联系的，是以政道规定治道，以治道落实政道。《成》在思想上的某些突破，如“天降大常”，以忠恕为最高政治原则，往往来自其外在超越说，而其可能引起争议的内容，如过分夸大圣人、中人的差别，实际也与外在超越有关。从这一点看，《成》实际触及了儒家政治哲学最核心、最本质的问题，也是儒学现代转型必须面对的问题，因而也可以说，《成》是郭店竹简中最有理论价值，也是最值得重视的一篇。然而由于部分文字没有得到释读，虽然二十多年过去了，人们对于《成》依然是雾里看花，对于其思想价值更是没有做出认真探讨，这不得不说是一件遗憾的事情。

原载于《孔子研究》2021 年第 4 期

仁不胜道——《老子》思想略论

宋玉波

（西北大学　中国思想文化研究所）

摘　要：老子思想源远流长，是代表中华文化原创精神的重要组成部分。不同时代的老子阐释者结合社会历史的实际，给出了异彩纷呈的解读。整体上来看，老子的思想有如下一些特色。首先，老子思想并不意味着一个完美理念的终结，而是向着可能性的无限开放。其次，老子思想不同于西方实体思维的那种主流倾向，而是彰显出开放与收敛的动态统一。再次，老子思想与《易传》的精神有高度的吻合性，后者那种内涵逻辑与外延逻辑相统一的思路，对老子思想的思考也有裨益。最后，老子的思想是面向天下的，圣人与侯王都很重要，二者都可视为参赞化育者。由此来看，仁与道应该是两不相伤的。

关键词：不全；回旋；团结；居间

《老子》一书及其思想，是奠定华夏文明的重要组成部分。[①] 我国历代对于《老子》的注解，演化出不同的倾向，清代学者邓晅在《道德经辑注》中说，“儒者之诬老氏，尤其浅焉者也。老子之书，一诬于史记列传，谓申韩原于道德，再诬于近世清谈，致为亡国口实，然亦其浅焉者

---

① 任继愈先生指出，“秦汉以后，经过历史的选择，只有孔子、老子两家的学说影响最为长远”，他还指出，“政治的高度集中与经济的极端分散”，中国封建社会的这一主要矛盾，“儒道两家充分发挥了他们的作用”。参见陈鼓应主编《道家文化研究》第一辑，上海古籍出版社1992 年版，第 1—2 页。

也。至于巫觋宗之，而诬深矣。宫观巍峨，肖像而祀之，乞灵符水者，莫非诬之者也。至于方士宗之，而诬更深矣。谓此书言国，喻人身也，言治国，谓导引吐纳服气辟谷之术也，言用兵，御女采战之术也，欺世罔民，侮圣人之言，莫此为甚”[①]。实际说来，此上诸种倾向也不能完全看作是对《老子》的诬陷，而是与我国历史发展不同阶段之时代精神有某种相应，也在一定程度上突显出主要的社会矛盾，甚而更能彰显出《老子》所蕴含的各种可能意蕴。当今有人称老子是无政府主义者之鼻祖，或许也是一种诬陷。笔者亦将自己的阅读理解稍作总结，对于《老子》而言，或许也还是一种诬陷。[②]

一　大成若缺

张祥龙在论及美籍学者哥德尔的工作时这样评价说，“一个数学的或推演的表达系统，只要丰富到了‘初等数论’的程度，就不可能不具有本身所构成的‘意义’，即总不能对本系统的整体性质做出完全的形式化断定，不然它就是不一致的。也就是说，这个系统一定带有自己的说话能力和‘偏见’，因而是‘不完全’的。”[③] 哥德尔是一位数学家和逻辑学家[④]，但其影响却及于更多的领域。他如一粒金屑，揉入了完美主义者的症结与死穴之眼。另外，这种幻灭感又给意义世界带来了希望与遐想。《老子》一书所言及的“恍惚”者，或可拿来与之相互启发。我们甚至可以说，《老子》在很多方面都具有哥德尔效应。

《老子》第三十九章说，“昔之得一者，天得一以清，地得一以宁，神得一以灵，谷得一以盈，万物得一以生，王侯得一以为天下正”，“一”就类似于哥德尔意义上的“不完全”性，或者如张祥龙所解读出的“偏

① 焦竑《老子翼》总结称，历代解老子者，大体有此等倾向，或以虚玄为宗，或以无为为宗，或以道德为宗，或以非有非无为宗，但重玄为妙。

② 郭店楚简的出现，引发了一阵老子研究的热潮，若以为可以一洗几千年来诬陷之耻，此亦一诬陷也。

③ 张祥龙：《当代西方哲学笔记》，北京大学出版社 2005 年版，第 8—9 页。涂又光以珍珠项链为例，认为“这根串子不是别的，只是所有个人的辐射物，可射出，可收回”，否定了“集体不等于本集体内个人之和”，有一定启发。其问题在于个体自我的认知与定位问题。

④ 美籍华裔学者王浩的研究可资参考。

见”之义。宋徽宗解之曰，“侯王以独制众，故得一以为天下正”[①]，顾如华说，“合天下之人为一，而后称侯王；散天下之人，无侯王矣”。需要注意的是，这里所谓的“独”，所谓的“一”，或不能看作完美主义者心目中的“完美者”或崇高客体。因为如果那样去理解的话，老子之“道”论就此而封闭，死气沉沉，甚至陷入不断转圈的死路，如头羊领群羊围绕闭环的圆圈转圈一样，甚是悲哀。[②]《老子》第四十五章言，“大成若缺，其用不弊”，徽宗曰，“知化合变，而不以故自持，故其用不弊”[③]，也是意欲形象地来说明此点，即，完美主义的思路对于“道”的解读不合适。持有一种“完美现成”的前识，恰恰违背了道之义，乃不道德之举。哥德尔的不完全性定理，或与此种理解相符。

《老子》对于完美主义者思路的刺破，比比皆是。《老子》第六十七章说，“天下皆谓我道大，似不肖。夫惟大，故似不肖。若肖，久矣其细也夫”，朱得之说，“若有所肖，则同于一物，何足以为大?”[④] 所谓“不肖”，正反显出“道”之大，因为即便万物都罗列于前，也不能说道就在场了。但是，老子的话锋一转，又接着说，“慈、俭、不敢为天下先”，苏辙认为，“此三者，皆世之所谓不肖者也”。世俗之人不会以此为满足，而是如同德国哲学家康德所洞察到的那样，具有形而上学的自然倾向，一定要得出一个完美的理念。但这并不符合老子的思想。沈一贯说，“夫老子方和光同尘，愿与一世同其波，而天下犹谓之不肖，甚矣人心之好怪也”，他的解读，倒是指出了老子所力辟的人心之完美主义的好怪思路。这种完美主义思路实际上是与老子的思想相违背的，当然也与哥德尔所指出的不完全定理有出入。

完美主义者就如饮食一样，一定要吃到最美味的食物，方可满足。《老子》第三十五章说，“道之出言，淡乎其无味”，所谓至虚也；《老子》第二十章说，“众人皆有余，我独若遗”，所谓若无也。为了体达此种道理，“塞其兑，闭其门”，也是必要的。当然，还要警惕的是，由于

① （宋）赵佶注，章安解义：《宋徽宗道德真经解义》，华东师范大学出版社 2017 年版，第 128 页。

② 此为理性与情感的双重虚弱所导致。

③ 《宋徽宗道德真经解义》，第 143 页。

④ （明）朱得之：《老子通义》，明嘉靖刻本。

各种惯性的力量，我们可能又将哥德尔的不完全定理完美化，如果这样去做的话，我们又将走上老路，“有实其中，则触处皆碍，在道为一偏，在物为一曲”①，是不可能得其环中的。

二 其事好还

他山之石，可以攻玉。西方的上帝与老子的道，思路有大不同，此种不同正能反映出中西文明的思路差异。一谈到上帝，人们自然会想到《圣经》，会想到耶稣基督。基督教神学的一个重要传统话题，就是证明上帝的存在。康德将上帝存在的证明归纳为三种，即目的论的证明，宇宙论的证明和本体论的证明，其中的关键是本体论的证明。在充足理由律的引导下，在形式逻辑的帮助下，上帝存在的证明在康德看来，主要是从有条件者向无条件者的推导，这似乎是一种无法遏制的理性上的冲动。虽然在认知理性的层面，容易导致二律背反的出现，但此种形而上学的自然倾向也不是毫无是处的。在康德看来，纯粹理性不仅在认识论上具有重要的消极意义，在实践层面更具有积极的价值。一个具有拖着走的意义，一个具有推着走的意义。但总体上来看，这是一种从有条件性向无条件性不断溯源的过程，带有一种线性思维的特征。这种思路，或许具有尼采与海德格尔所担忧的虚无主义后果。

转过来看老子的思路。沈一贯指出，“若修道，总以虚无为宗，功至于忘，进矣。至于忘忘，已归化境”。老子的思想则绝非虚无主义，道家语言中的“虚无”也非虚无主义的虚无。《老子》第三十六章说，“将欲歙之，必固张之”，即所谓“得便宜处失便宜”也，老子深谙此种道理。这种道理就是一种思路的自觉，这种思路绝不同于一味求益的思路，也就是说，绝不同于上帝存在之证明中所显示出的那种思路。它不是一种线性溯源的单一思路，因为这样的一种思路做不到“知止不殆”，最终会趋向于败坏。20世纪以至今日，这种趋于败坏的思路，被某些西方学者称之为“现代主义”②，当然，后现代主义也是如此。

---

① 《宋徽宗道德真经解义》，第26页。

② 参见［美］丹尼尔·贝尔《资本主义文化矛盾》，严蓓雯译，人民出版社2010年版。

相比之下，老子的思路之特色在于“复”与“反”①。《老子》第十六章说，“夫物芸芸，各复归其根。归根曰静，静曰复命”。章安义解曰，“观复于并作之时，而理以穷矣；芸芸而各归其根，而性已尽矣。理穷性尽，而返乎静一，复乎至无，故曰复命”②。复的意义，不是向完美理念的还原，当然也谈不上对完美理念的分有。《老子》第二十章说，“唯之与阿，相去几何？善之与恶，相去何若？……众人皆有余，我独若遗”。众人喜欢在各个方面追求极致，此极致者也可谓所谓无条件者，老子则不是这样的一种思路。他的看法是“玄同”，玄同就是“乘乘兮若无所归”的样子。为了明了这种很难解说的思路，老子还说，“道常无名，朴虽小，天下莫能臣，侯王若能守，万物将自宾”。章安解说为，“复于无者，道也”。复就是向无的回归，“朴者，藏于无名之域”，假如“无”亦有其区域的话，这就是“无何有之乡”，在这里，“或使”与“莫为”皆使不上劲。而《老子》第二十五章中所云“人法地，地法天，天法道，道法自然”，表面上来看，似是一种从低阶向高阶的迈进，好像是“为学日益”的进程，实际上，乃是“为道日损”的展示。王雱说，“使学者止于自然，以为定论，则失理远矣，不可不察也”。章安的解释为，“四者各有所法，非有先后，亦莫知其所始也”③。不是低阶迈向高阶，而是将海德格尔哲学中此在意义上的存在者——圣人或圣王，升华为道之展示的桥梁。所以，这个“法”字似可解读为“贯”字，或实际上应解读为“化”字才更佳。道法自然之“自然”之意趣，也带有哥德尔不完全定理意义上的理解。吕惠卿认为，“道……以无法为法者也。无法者也，自然而已，故曰道法自然”。道不可作茧自缚也。

哥德尔不完全定理的启发性，就老子的思想而言，使“反”与“复”的思想脉络更为明朗起来。《老子》第四十章说，“反者道之动，弱者道之用。天下之物生于有，有生于无”，杨增新云，“善反之则天地之性存焉，故云反者道之动”④。反有多义，如否卦与泰卦是“相反之反”，而

① 牟钟鉴称之为“逆动性”。

② 《宋徽宗道德真经解义》，第63页。

③ 《宋徽宗道德真经解义》，第90页。

④ 杨增新：《补过斋读老子日记》，《老子集成》第12卷，宗教文化出版社2011年版，第101页，

老子所着力的反，是相反相生、相反相成、相反相克的反。《老子》书中诸如“大巧若拙”之类句法，皆是为彰显此“反”之义而用。[①]“人第知一阳来复，乃道之动机，而不知反本还原，有象者仍归无象。”[②] 反就是复，就是“有生于无”，“归根复命之谓也”（薛蕙:《老子集解第四十章》）。按照魏源的看法，“有我无我之间，此得一不得一之所由别也”，不论是“复”，还是“反”，都是对“无”“一”的体认而已，因为人们对于“无”或者“一”容易有对象化的认知习惯，所以，老子要提出“复”与“反”的方法，避免这种歪曲。

三 抱一无离

杨增新认为，“《老子》八十一章与《周易》六十四卦，其旨往往相同”[③]，作为一位精通《易》学的解老者，深得其中相通的道理。不难看出，《老子》的诸多章节在义理上往往与《易》相呼应，甚至在语言风格上都有相似之处。而从《老子》的历代注释者身上，我们也能够发现在《周易》与《老子》之间的互释关系，彼此间可以建立起“山阴道上行，山川竞相映发”的趣味。可以说，《老子》与《周易》之间有一种“相看两不厌”的暧昧。

《道德经》第三十九章所言，与《易·谦》卦之象辞可以相比拟，“天道亏盈而益谦，地道变盈而流谦，鬼神害盈而福谦，人道恶盈而好谦”。二者在句法和语义上有很大的相通性，皆可以看作为对于“道”的表白。我们可以举例，对于此点进一步说明。《老子》第二十八章“知其雄，守其雌”，与《周易》坤卦“不习无不利，无成代终”的精神相吻合，《老子》第三十三章“知人者智”与《周易》艮卦精神颇类似[④]，《老子》第四十四章“名与身孰亲”与《周易》困卦精神相吻合。历代

① 中国古典文献中，此类语句比比皆是，孔孟老庄易，无处不有。此为中国文化出味之处，细思即得。

② 黄裳:《道德经讲义》，《老子集成》第 11 卷，宗教文化出版社 2011 年版，120 页。

③ 《补过斋读老子日记》，《老子集成》第 12 卷，第 163 页。

④ 北宋学者程颐解《易》，即强调艮卦的重要意义。这自然与程朱理学的核心精神密切相关了。

解老者，亦多从整体上强调《老子》一书与《周易》谦卦主旨的相通，从道篇的无为到德篇的不争，往往皆显示出其吻合性。其实，在《老子》文本中的众多术语，也是如此，如“师之所处，荆棘生焉”与《周易》师卦有关系，“物状则老”则与《周易》大壮卦相关，更不用说“为学日益，为道日损”与《周易》益卦和损卦的关系了。

笔者认为，如何总结《周易》的精神，是我们如何把握《老子》精神的一条重要通道。《周易·系辞》中说，“形而上者谓之道，形而下者谓之器”，就易学本身而言，形而上与形而下、道与器的关系，就是一种内涵逻辑与外延逻辑的关系，我们或许不能在不加以反思的前提下，贸然就将两种逻辑混淆。而在《老子》书中，这一点也很明显。《老子》第一章言，“常无欲，以观其妙；常有欲，以观其徼”，也有很多学者标点为“常无，欲以观其妙；常有，欲以观其徼”。这两种标点的意图或有不同，但无伤大雅。老子的“有”或“有欲”，是从外延逻辑上立言，“无”或“无欲”则是从内涵逻辑上着眼。就如“有为”必是从外延逻辑谈，而“无为”则是从内涵逻辑上谈一样。所以说，对于“有之以为利，无之以为用”的解读，以此外延逻辑与内涵逻辑的视角去看，并无太多的困惑。当然，两种逻辑是需要统一[①]在一起的，而这才是真正的难处所在。

《老子》第二十八章云“大制不割”，“割”就是纯粹外延逻辑的思路，所以很强调边界意识，“徼”即边界或边际也；“不割”则是内涵逻辑的体现。这一点就如同《周易》所讲的“方以智”与“圆而神”的区别一样。有些《老子》注解者甚至说，大自然不会产生出方形的植物与动物，树叶往往是圆形的，动物的耳朵也往往是圆形的，没见过方形的事物。而人类的“有为”方面，则往往是方形事物的制造者。人类应该从中获得启发。再如《老子》第三十三章云“知人者智，自知者明”，显然也是如此，前者乃外延逻辑主导下的思维，后者则是内涵逻辑的展示。吕惠卿认为，“有自知之明，则知万物莫不备于我，而无待外慕也，故曰知足者富”。特别强调对内涵逻辑的重视。内涵者为何？《老子》第六十二章云，“道者，万物之奥也”，吕惠卿云，“万物莫不有深邃燕闲尊高之处，则是道也”，徽宗注释称，“道为万物之奥，则物者道之显与？”难终

① 统一一词易生歧解，不必太著意。陈观吾曰，“有为之道须落著，无为之道要著落”。

难穷，难测难识。《老子》第三十六章云，“鱼不可脱于渊，国之利器，不可以示人”，此与庖丁“善刀而藏之”之意相仿。

《老子》第三十八章云，“上德不德，是以有德……”魏源注释曰，“失道而后德，极下德之量，至于上仁而止，虽以无为为用，不能以无为为体也”。就《老子》此章而言，是在说明内涵逻辑失而外延逻辑胜的问题。换句话说，就是天道日损人道日益的过程，满腔杂妄，道将何在？这个时候，想要做到“两不相伤”，几乎就不可能。《老子》第六十章云，“夫两不相伤，故德交归焉”，此“两不相伤”即人不厌神，神不厌人，或许也是庄子所谓的“天与人不相胜”①。假如能够做到这一点，内涵逻辑与外延逻辑就能够做到“抱一不离”了，真乃以美利利天下也。《老子》第四十七章云，“不出户，知天下”，章安注释为，“天下者，物之所在，使然者也；天道者，道之所在，自然者也”，“使然者也”即外延逻辑之体现，“自然者也”即内涵逻辑之体现，就《周易》而言，即复卦之义。

对于内涵逻辑如何与外延逻辑“两不相伤”的设想，老子讲了很多很多。如第四十一章中云，“明道若昧，夷道若类，进道若退，上德若谷，大白若辱”等，第四十五章云“大成若缺”等，第五十四章云，“善建者不拔，善抱者不脱”等，皆如此类。而归根到底，还是如第二十五章所云，“人法地，地法天，天法道，道法自然”。此与《周易》所彰显的“穷神知化”精神相呼应，在层层的贯通中达致内涵逻辑与外延逻辑的不相胜，即团结。② 当然，真达致坐忘之地，也没有什么团结的口号可言了，真乃老子所谓“希言自然”也。

20世纪西方分析哲学甚嚣尘上，令人眼花缭乱，似陷入分析的专门化之中。以克里普克为例，他运用模态测试对必然性的观念提出自己的看法。“‘如果亚里士多德存在，那么亚里士多德是形式逻辑的创立者’这条陈述，是否是一条必然真理。说它是一条必然真理，就是说没有这样一种世界可能是的方式存在：它会使得前件‘亚里士多德存在’为真，

① 庄子的办法是两相忘。亦如《道德经参补注释》所云，“人之在道，道之在人，犹鱼之在水，水之在鱼也”。

② 对于《老子》第五十四章所云“善抱者不脱”，杨增新说，“两相抱，则两不相脱……治天下如箍桶，然箍松必脱，箍紧亦必脱，善抱者在不松不紧之间”，可参。老子所言的“抱一”，就如石榴子一样，所以不能堂而皇之地说“据一”，后者只能导致专制思路与分裂思路。

但使得后件‘亚里士多德是形式逻辑的创立者’为假。但这似乎并不正确。相反，世界似乎可以处于这样一种状态：在其中，亚里士多德存在，但完全没有涉足逻辑。既然亚里士多德可以存在而与此同时并不是形式逻辑的创立者，那么条件陈述句‘如果亚里士多德存在，那么亚里士多德是形式逻辑的创立者’就并不是一条必然真理。”① 假如按照我们如上的解说，似乎也可以看到，内涵逻辑与外延逻辑如何统一，是人们都很关心的问题。如果从庄子的视角看，或许表明西方哲学视野中对于“见独”与“观化”难以统一的思考。对于老子的“自然”思想，西方哲学是“自”与“然”的割裂思路，难以弥合。换句话说，为什么摹状词没有给出名称的意义，就在于摹状词再完善，它这个簇还是方的，不是圆的，只能说是“方以智”，不能说是“圆而神”的。也可以说，可能世界再周全，它也不是必然世界。

我们或许可以说，有为相系的外延逻辑与无为相系的内涵逻辑之统一（相看两不厌），此中的确需要如海德格尔所说的一种跳跃的完成，否则必会困于割裂之中。就老子所言的“自然”一词，我们似乎也不能仅仅停留于“自然性”的认识上就了事，因为这样会导致一种不疼不痒的姿态，对于老子所言的道德而言，甚至对于我们今天所理解的道德而言，都是害处多多遗患无穷的。何以见得？虚无主义无时不在伺机而入也。

四　天下神器

《老子》第二十九章云，“天下，神器，不可为也……是以圣人去甚、去奢、去泰”，王弼曰，“无形以合，故谓之神器”，对于神器，圣人深有体会。作为“域中四大”之一的王侯，实际上则是与圣人合一的。此处极力彰显出《老子》对于政治与道德的看法。也就是说，政治必与道德

① ［美］司各特·索姆斯：《20世纪分析哲学史》第二卷，张励耕译，华夏出版社2019年版，第378页。该书作者指出，“尽管模态论证可以被视作是驳倒了如下观点，即名称与被说话者与它们结合在一起的摹状词同义；但它自身并未驳倒如下观点，即这些摹状词在语义上确定了名称的所指”。

相系，道德终究也不能脱离于政治。而更能够凸显此点的视野，则聚焦于侯王与圣人身上。

杨增新说，“常无欲以观其妙，常有欲以观其徼。徼与窍同，万物无不有窍，无不有妙；万物同此一窍，同此一妙；万物各有一窍，各有一妙。……成立一社会窍也，社会之作用则为妙。成立一国家窍也，国家之作用则为妙。有窍而无妙，譬如削木为马，绝无意识；剪彩为花，毫无生趣。凡事得其妙窍，如以石投水，失其妙窍如以水泼石”①。这番道理，其实与《老子》第五十四章所言是吻合的，“故以身观身，以家观家，以乡观乡，以国观国，以天下观天下”，徽宗注释很简练，即“易简而天下之理得矣”。

如《老子》第三十九章所云，“得一”为重点，老子所言的“得一”乃统一性的真谛，对于中国古代社会而言，具有无比深远的政治意义。侯王是合一的象征，是外延逻辑意义上的独者，而圣人则是合一的根据，即内涵逻辑意义上的道德所在。古人有诗云，“冲气为和大化炉，与君说了莫疑狐。茫茫宇宙人无数，几个男儿是丈夫”。“执大象，天下往”，吕惠卿云，“执道而天下往，则虽相忘于道术，而未尝相离也”，可见，侯王若无圣人那般对于内涵逻辑与外延逻辑相啮合的把握，则或者会陷入申韩的苛刻刑法之路，虽然侯王在天命与民生间扮演着重要的角色，或者会陷入自治主义的陷阱，而圣人所具有的天道与人性之居间地位会被无视。侯王与圣人同具有代理人的意义，即天人之际的代理人。②

因此，对于侯王或圣人的解读，或许从《周易》的精神出发，或许才能够加深我们对于孔孟和老庄对天人之际问题的思考。《老子》第八章云，“上善若水”③，徽宗注释曰，“一阴一阳之谓道，继之者善”，章安

① 《补过斋读老子日记》，《老子集成》第 12 卷，第 4 页。

② 代理人不是经纪人。用古人的话来说，是“参赞化育”者。

③ 刘宝才教授在《尚水与守雌——〈老子〉学说探源》一文中提出，“《老子》以水喻道，阐发哲学思想，其源在于整个中国上古历史的大背景，而不仅仅是由某一地域文化发展而来的”，宝老依据《左传》与《国语》的相关材料，认为“《老子》学术还是植根于一定历史阶段的社会生活，并非天外飞来的东西”，这一看法非常深刻，是侯外庐学派社会史与思想史相结合的典范运用，值得我们深入学习。参见陈鼓应主编《道家文化研究》第五辑，上海古籍出版社 1994 年版，第 122—132 页。

注解为，“感物而应，继道而出者，善也……出乎道，而未远乎道，故曰上善若水”①。《老子》一书言天道多，《孟子》一书言人性多，但皆不离政治，显然是在多方思索政治与道德之关系。邵伯温曾提及，邵雍认为老子晓得《周易》之体，而孟子则熟谙《周易》之用。清人陈确亦在《性解》中明确提及此点。可见，理解孟子的性善论学说，需要明了其《周易》大传的源头，然而对于老子思想与《周易》大传的关系，则可能不是那么明显。

对于《老子》第十五章所云“古之善为士者，微妙玄通，深不可识”，章安的解说为，“以善继道，可以复道，以身任道，可以载道，故能微能妙，能玄能通，深不可识也。其微与道为一者，言道之深也；其妙与神同体者，言神之深也”②，由此能够看出，老子所谈道德，必是从天人之际着眼，并非仅仅是人类学意义上的人性总结而已。圣人体认到的，与侯王展示出来的，即是“得一”而已。以“道”的名义宣说，只是表示其可行与必由而已。《老子》第四十一章云，“道隐无名，夫惟道，善贷且成”，杨增新说，“贷即《易》所谓继之者善，且成即《易》所谓成之者性”，此解颇有见地。

《老子》第五章云，“天地不仁，以万物为刍狗，圣人不仁，以百姓为刍狗”，魏源说，“悲哉！天地有时而不仁乎？乃视万物如土苴而听其生死也。圣人其不重仁乎？乃视斯民如草芥而无所顾惜也”③。历代解老者，多认为老子在提倡放任主义，甚至有人云老子为无政府主义者之先驱，此皆足以服人之口，而不能服人之心者也。邓晅云，“天子者，道所立也；三公者，道所置也。为天子三公者，不当以拱璧驷马为贵，而以坐进此无弃人之道为贵……弥见老子爱人之心，无所不至，奈何以土芥斯民疑之”。则天地不仁与圣人不仁者，乃反问与设问句式也。

① 《宋徽宗道德真经解义》，第 32 页。

② 《宋徽宗道德真经解义》，第 56 页。

③ （清）魏源：《老子本义》，《老子集成》第 11 卷，宗教文化出版社 2011 年版，第 9 页。

考“巫”释“觋”

朱彦民
（南开大学　历史学院）

摘　要： 巫觋是中国上古时期具有特殊本领、能够沟通天地人神的宗教人士，女曰巫，男曰觋，作用特殊，地位重要。一开始不分性别，统称为“巫”。对于“巫”字的造字本义，学术界多有歧义，众说纷纭，莫衷一是。在诸多说法中，本文倾向于认同“巫”字的形象是巫师手中所持从事巫术的法器这一观点。这个巫术法器就是古代的工矩（工字直尺、拐尺），两个工矩的交叉就是“巫”字的造型。盖古人用工矩测量日影，故认为这是可以丈量天地的工具，所以就成为沟通天地人神的巫师手中之法器。不仅传世文献里有记载，而是也有考古发现的证据，在汉画像石里就有伏羲女娲蛇身交尾形象，他们手里就持有规和矩，证明他们是最早的巫师代表。与“王”字是以王者手中所持代表其身份的铜钺形象指代王本人一样，“巫”字也是以巫师手中所持代表其巫者身份的法器工矩来指代巫觋本人。

关键词： 巫；觋；工矩；考“巫”释“觋”

关于巫术，有一个古老的词汇叫作“巫觋”。一般人知道“巫”，比如巫术、巫师、巫婆神汉等，但是对于“觋”，可能就有些陌生，不知所云。所以在此需要为其正名。

一 “巫”“觋”之别

其实，巫觋就是从事巫术的人，即男女巫师。女巫师称谓“巫”，男巫师称谓“觋”①。

目前我们从古典文献中看到这种分别的最早记载，出于《国语·楚语》：“民之精爽不携贰者，而又能齐肃衷正，其智能上下比义，其圣能光远宣朗，其明能光照之，其聪能听彻之，如是则明神降之，在男曰觋，在女曰巫。”《荀子·正论》：“出户而巫觋有事。”杨倞注：“女曰巫，男曰觋。”许慎《说文解字·巫部》对“巫”的解释，可以看作对《国语》此说的注解：“巫，祝也。女能事无形、以舞降神者也。象人两褎（袖）舞形，与工同意。古者巫咸初作巫。”“觋，能斋肃事神明也。在男曰觋，在女曰巫。从巫从见。”直接说明了“巫”的性别为女性。而徐锴注《说文》“觋”字曰：“能见神也”，说明了“觋”字何以从见，是其有能够看见神灵的特异功能。

《周礼·春官·神仕》：“凡以神仕者，掌三辰之法，以犹鬼神示之居。”贾公彦疏：“按《外传》云‘在男曰觋，在女曰巫。’使制神之地位次主之度与此文合，故知此神仕是巫……言‘在男曰觋，在女曰巫’者，男子阳，有两称，名巫、名觋。女子阴，不变，直名巫，无觋称。”从阴阳角度解释“巫觋”称名的分别。

段玉裁《说文解字注》：“在男曰觋，在女曰巫。此析言之耳。统言则《周礼》男亦曰巫，女非不可曰觋也。”则说出了这两个字在古代的组合与通用情况，即析言有分别，女巫男觋，和言“巫觋”是笼统的说法，既可以指男巫，也可以指女巫。这从《周礼·春官》“男巫无数，女巫无

① 古籍中也有相反的说法，即男巫曰巫，女巫曰觋。比如《玄应音义》卷十六“巫师”称：“武俱反。事鬼神曰巫，在男曰巫，在女曰觋（刑击反）。《说文》：‘能事无形以舞降神也。’”见徐时仪校注《〈一切经音义〉三种校本合刊》上册，上海古籍出版社2008年版，第249页。与大多数记载相矛盾。而同书其他几处说到“巫祝”“巫师”“巫觋”时，均引作“在女曰巫，在男曰觋”，则与《国语·楚语》及《说文》记载吻合。其中偶有舛讹，盖因错简失校，殊不足怪，直可忽略不计。至于许倬云演讲录《知识分子：历史与未来》（广西师范大学出版社2011年版）中也说“巫是男巫，觋是女巫”，以许先生的淹博，当不至于有此纰缪，可能也属于手民之误。

数”的记载来看，段玉裁说的正确。

在《周礼·春官》中，对于当时宗教神职人员的身份、职掌和权能，是有明确记载的。“司巫掌群巫之政令。若国大旱，则帅巫而舞雩；国有大灾，则帅巫而造巫恒；祭祀，则共匰主，及道布，及蒩馆。凡祭事，守瘗。凡丧事，掌巫降之礼。男巫掌望祀、望衍、授号，旁招以茅。冬堂赠，无方无算；春招弭，以除疾病。王吊，则与祝前。女巫掌岁时祓除、衅浴、旱暵，则舞雩。若王后吊，则与祝前。凡邦之大灾，歌哭而请。”“凡以神士者无数，以其艺为贵贱之等。”注云：“以巫有男女，女巫止掌拔除衅浴及舞雩诸事，不识他事。”虽然《周礼》规定下的巫师所处的时代较晚，可能代表不了整个先秦时期尤其是早期巫师的境况与地位，但对于分别“巫觋”二字来说，已足以帮助我们了解其大概了。

二　古文字中的“巫”“觋”

以上所引，是巫术发展到一定阶段的对其进行的定义和规范，有助于我们理解巫术的担当与意义。但这已经不是最早的“巫”“觋”之概念。要想了解“巫术”的原始意义，还需从甲骨文、金文等古文字字形来探究“巫”“觋”字本义，及其义项的发展与演变。

甲骨文、金文中尚未发现有“觋”字，只是在东周时期的《侯马盟书》中，开始有了此字，作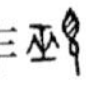、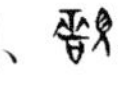、等形，宋郭忠恕《汗简》辑有“觋”字，作形。除了《说文解字》最早解释此字，徐锴（论“觋”何以从见，谓“能见神也”）、段玉裁（论古籍中巫觋析言、合称之别）为之注疏阐证之外，近世学者对于此字鲜有论之者。唯马叙伦《说文解字六书疏证》卷九称：“伦谓巫音微纽，觋为巫之转注字。盖从覭省得声，覭音明纽，明微皆边音也。锴本作从巫见。盖覭坏为见，又捝声字耳。或曰，《荀子·王制》：‘伛巫跛毄擊之事也。’杨注：‘擊，读为觋。’伦谓擊繫皆从毄得声。繫为系缚之系本字。而系音匣纽，觋音亦匣纽，则古读系、觋、擊、繫音殆同。又系糸一字，糸读若覭，益可证觋之从覭省得声，而得借擊为觋矣。能斋肃以下十四字校语，或字出字

林也。”[①] 既然“觋”字从巫，其义显豁，故在此也只论“巫”字可也。

古文字中有“巫”字，甲骨文作（《合集》19811 正）、（《合集》20358）（《补编》13152）等形。金文作（商《亚巫鼎》）、（齐《巫姜簋》）形。甲骨文、金文字形结构一致。《诅楚文》作（大神巫咸），虽然字形有些支离，但也还保留着甲骨文金文的基本结构。《侯马盟书》作（156·22）、（156·19）、（91·5），《睡虎地秦简》作（日甲 120），字形结构与笔画写法都已经发生变化，与秦汉小篆“巫”字形，就已经非常接近了。另有《汗简》作、，《说文》古文巫作。《说文》云“巫”字“象人两褎（袖）舞形”，当是许慎依据小篆字形的说解，但早已不是其原始字形的造字本义了。

三 学界对“巫”字之误释

近世发现甲骨文以来，学术界依据甲骨文、金文字形对“巫”字造字本义，进行了长期不懈的探索，已经基本上取得了较为一致的看法。

不过，早期古文字学者曾经误释他字为“巫”。比如：

其一，王国维曾误认“巫”为“示”字之省略异文：“殷人于人鬼亦称示，此第一字省作，下或作、诸形，皆示之异文，如示壬之示或作，或作（均见前一·一），其证也。”[②] 此后，商承祚承其误说：“三示四示之示，一作，一作，王谓皆示之异文，是也。”[③] 李孝定批评此说：“《戬》一·九‘四示’字作释巫不可解，当系偶误耳。”[④]

其二，罗振玉、王襄等人曾误释、、、、等字形为“巫”之古文字形。罗考释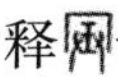云：“《说文解字》巫古文作，此从，象巫在

① 马叙伦：《说文解字六书疏证》卷九，科学出版社 1956 年影印版。

② 王国维：《戬寿堂所藏殷虚文字考释》，广仓书局 1919 年石印本，第 4 页上。

③ 商承祚：《殷契佚存》，中国文化研究所 1933 年版影印本，第 96 页。

④ 李孝定：《甲骨文字集释》，“中央研究院”历史语言研究所 1965 年版，第 1597 页。

神幄中，而两手奉玉以事神。许君谓从象两褎舞形，与舞形初不类也。”[①] 王襄也指出、为“古巫字”[②]。陈邦怀赞同此说：“罗说是也。按《说文解字》：‘靈，巫也，以玉事神’可证。卜辞第一字作（）从玉者，塙为巫之古文。其第二字作（）从玉省作工者，是《说文》古文及小篆巫字从工之所由也出。”[③] 陈邦福也认为：“卜辞、，各家释巫至确。邦福案，从王即工繁，王古示字，卜辞示或作王可证。……许云与工同意，或汉以来之解说。”[④] 赞同此说者还有商承祚。[⑤] 对于此说，唐兰有所辩驳，指出此字非“巫”字，而是“弄”字：“罗振玉取之残文作者，释为巫，其误自易见也。此实靐字，当是弄之古文。”[⑥] 鲁实先则认为，此字当为“全”字：“……字当即《汗简》所载之弅，为全之古文。《考工记》‘玉人’‘天子用全’，意为纯色之玉也。”[⑦] 因为甲骨文中自有“巫”字，此字不是“巫”字无疑。至于此字究竟是“弄”字，还是“全”字，抑或是别的什么字，还有待考究。

其三，吴泽曾误认“戊”为“巫”，属音近通假。[⑧] 陈梦家也解释道：“‘戊’、‘巫’古音相近，卜辞之可能是巫字，而卜辞戊作，与之形近易混。”[⑨] 吴氏与陈氏所说“戊”“巫相通，是因为甲骨文中有“戊咸”，罗振玉、王国维认为就是“巫咸”[⑩]。甲骨文还有“戊陟”“戊尽”，陈梦家怀疑即古文献中的伊陟和巫贤。不管是两者音近还是形近，两者相通，或许仅是偶然。巫自为巫，戊自为戊，两者不可能混淆。

① 罗振玉：《增订殷墟书契考释》中卷，东方学会 1927 年版，第 15 页上。

② 王襄：《簠室殷契类纂》正编，第五卷，天津博物院石印本 1929 年版，第 22 页下。

③ 陈邦怀：《殷墟书契考释小笺》，民国十四年（1925）2 月线装本。

④ 陈邦福：《殷契琐言》，1934 年石印本，第 7 页下。

⑤ 商承祚：《说文中之古文考》，上海古籍出版社 1983 年版，第 43 页。

⑥ 唐兰：《天壤阁甲骨文存并考释》，辅仁大学 1939 年版，第 48 页。

⑦ 鲁实先：《姓氏通释》之一，《东海学报》第 1 期，见引自《甲骨文字诂林》，1959 年印本，第 2924 页。

⑧ 吴泽：《古代史：殷代奴隶制社会史》，上海棠棣出版社 1949 年版。

⑨ 陈梦家：《殷虚卜辞综述》，中华书局 1988 年版，第 365 页。

⑩ 罗振玉：《殷虚书契考释》，卷上，东方学会石印增订本 1927 年版，第 13 页下；王国维《古史新证》，清华大学出版社 1994 年版，第 51—52 页。

四 古文字“巫”字考释

如前所云，甲骨文中自有“巫”字，作形。唐兰最早对甲骨文“巫”字作出正确释读。1934 年，唐先生在其名著《中国文字学导论》中，把释读为“巫”，当作他考释古文字方法之一“对照法”的显著例证来说明的：“字，在甲骨和铜器里常见，向来没有人认得（有人释做‘癸’，非是）。假如我们去读《诅楚文》，就可以知道是‘巫咸’的‘巫’字。《说文》作，反不如隶书比较相近（误作）。金文有字，以前也不认识，由此就可知道是筭字了。（《史懋壶》：‘窺命史懋路筭’，昔人或释做筭，非。）”[1] 1939 年，唐先生在其《天壤阁甲骨文字考释》中，再次申论：，“旧不识，余以《诅楚文》‘巫咸’字，定为巫。”[2]

唐兰先生之后，郭沫若、于省吾、陈梦家、孙海波、杨树达、饶宗颐、屈万里、张秉权、李孝定、周凤五、张光直、严一萍、许进雄、晁福林、林正华、李零等古文字学家、历史学家、考古学家们，都同意将该字释为“巫”字。[3] 但是用对照法考释出来的“巫”字，其造字本义

---

① 唐兰：《古文字学导论》，齐鲁书社 1981 年版，第 17、18 页。

② 唐兰：《天壤阁甲骨文存并考释》，辅仁大学 1939 年版，第 48 页。

③ 郭沫若：《殷契粹编》考释，科学出版社 1965 年版，第 13 页；于省吾：《双剑誃殷契骈枝》初编，北京大业印刷局 1940 年版，第 28 页；《论俗书每合于古文》，《中国语文研究》1983 年第 5 期；陈梦家：《商代的神话与巫术》，《燕京学报》第 20 期；《殷虚卜辞综述》，中华书局 1988 年版，第 557 页；孙海波：《甲骨文编》，中华书局 1965 年版，第 207 页；饶宗颐：《殷代贞卜人物通考》，香港大学出版社 1959 年版，第 287 页；屈万里：《殷墟文字甲编考释》，“中央研究院”历史语言研究所 1961 年版，第 216 页；李孝定：《甲骨文字集释》第五册，“中央研究院”历史语言研究所 1965 年版，第 1595—1597 页；张秉权：《殷墟文字丙编考释》，“中央研究院”历史语言研究所 1972 年版，第 217 页；严一萍：《美国纳尔森艺术馆藏甲骨卜辞考释》，《中国文字》第 22 册，台北艺文印书馆 1973 年版，第 8 页；杨树达：《史懋壶跋》，《积微居金文余说》卷二，《积微居金文说》（增订本），中华书局 1997 年版，第 224 页；周凤五：《说巫》，《台大中文学报》第 3 期，台湾大学中文系 1989 年；许进雄：《中国古代社会》，台湾商务印书馆 1995 年版，第 505—507 页；晁福林：《商代的巫与巫术》，《学术月刊》1996 年第 10 期；姚孝遂：《甲骨文字诂林》编者按，中华书局 1996 年版，第 2923 页；张光直：《商代的巫与巫术》，《中国青铜时代》第二辑，生活·读书·新知三联书店 1997 年版；林正华：《甲骨文成语集释》，《文物与考古研究》第一辑，1997 年；李零：《先秦两汉文字史料中的“巫”》（上下），《中国方术续考》，东方出版社 2001 年版，第 44—79 页。

究竟如何呢？这又成了一个歧说纷纭的公案。

韩国学者赵容俊对于中国古代早期巫术有过认真的梳理与考察，他统计了诸家对甲骨文“巫”字的研究，或因针对不同的甲骨卜辞辞例，或因对同一辞例有不同角度的理解。他认为关于“巫”字的字形意义和在甲骨文中的用法，学术界至少贡献如下九种不同的观点：第一，可释为卜筮之“筮”字；第二，可释为一种祭祀的名称，类似“方祀”“望祀”；第三，可释为国名；第四，可释为地名；第五，可释为一种神名；第六，可释为一种人；第七，可释为四方的方位；第八，可释为舞；第九，可释为一种巫行法工具。①

虽然赵氏统计并不完全，但也看出了学者们对于甲骨文“巫”字的考论纷纭如麻，见仁见智，各不相同。其实，在这些说法中，多数是关于“巫”字在卜辞中的用法义项的解释，真正涉及甲骨文“巫”的字形字义考释只有最后两项，而且对于“巫”字造字本义的解读，还远不止这些。有鉴于此，这里本人在赵氏的基础上，对关于“巫”字本义考释的成果，综述如下：

1. 释巫为玉者

因为《说文・玉部》中有“靈”字，小篆字形作“”，字义说解也是“巫以玉事神。从玉霝声”，所以就有一些学者认为“巫”字与玉器有关联。如马叙伦先生谓：“伦按靈字从玉或从巫作靈，则巫字自如甲文从収从玉，但非竦手也之収，乃左右两手耳。……金文玉字每作工，《淮南・原道》‘玄玉百工’，注：‘三玉为一工也。’王即象三玉之连，是《淮南》之工即王也。玉本从三◎而贯之，◎为璧之初文。《周礼・大宗伯》‘以苍璧礼天’，《周礼》男女巫属大宗伯，大宗伯即《书・舜典》之秩宗，秩宗掌辨神祇尊卑之序。巫之以玉事神，此其证也。”②

商承祚先生受乃师罗振玉的影响，也认为“巫”字古文字从玉：“《说文》：‘巫，祝也。女能事无形、以舞降神者也。象人两褎（袖）舞形，与工同意。古者巫咸初作巫。’案甲骨文作、，罗师云：‘《说

① 赵容俊：《文献资料中“巫”的考察》，《中国历史文物》2005 年第 1 期。

② 马叙伦：《说文解字六书疏证》卷九，科学出版社 1956 年影印版。

文解字》巫古文作，此从冂，象巫在神幄中，而两手奉玉以事神。许君谓从象两袞舞形，与舞形初不类也。’是巫从玉不从工。作工者，乃王之省，而形与工同。后据以传，人误为，古文犹从廾，可证。中从，象两人相对，从▽▽，象口有所祝，形略緐琐。《汗简》引作，当是写失。石经古文作。”①

周策纵先生根据甲骨文、金文、《诅楚文》与古鉢印文“巫”字字形，主张巫者与玉必有密切的关系，巫者所持道具，有可能是玉制而成：“玉应该是巫事神的主要道具，甚至可能用它发声作乐，以加告神祇。因此才把玉字略加变动整齐化，用为巫的通名。”②

直接将甲骨文“巫”字形考释为二玉相交的，是涂白圭先生。他认为：“甲文巫字作，为两Ⅰ交迭之形。在甲文中Ⅰ即玉。如一期卜辞有贞人《前编》6. 39），又写作（《后下29》）；卜辞又有字（《铁》188. 31），或写作（《京津》2807），则Ⅰ即玉是很明确的。‘工’字和玉字的关系，《说文》中亦有明显的线索。《说文·入部》有仝字，从入从工，其或体作全。许慎云：‘篆文仝从玉，纯玉曰全。’其古文作，《汗简》、《古文四声韵》皆作，也说明工即玉字。……工和玉以及巫的关系，也可于《说文》中检讨。《说文·工部》：‘工，巧饰也。象人有规矩，与巫同意。’‘巫，祝也……与工同意。’《说文·玉部》‘靈，巫也。以玉事神。’靈字或体又作靈，说明玉和巫字的原始意义是相近或相同的。如此，则工、玉和巫三者也就联系起来了。”③

2. 释巫为工即工具者

相比释玉而言，将巫释为工者，更为普遍一些。也是因为《说文解字》中有“巫”“工”转注互解，《说文·工部》：“工，巧饰也。象人有规矩，与巫同意。”“巫，祝也……与工同意。”受此影响，有学者认为“巫”字从工。1920年林义光解释“巫”字，“字形与两袖不类。从工，

---

① 商承祚：《说文中之古文考》，上海古籍出版社1983年版，第43页。

② 周策纵：《“巫”字初义探源》，《周策纵作品集》之四《经典训诂》，世界图书出版公司2014年版。

③ 涂白圭：《释“巫”》，《华夏考古》1997年第1期。

转注。象二人相向形，巫祝常以二人对列也。《说文》以为古文巫，从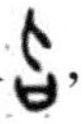，与祝从同意。”① 高鸿缙也认为：“巫字古文横直从工。工，百工百官也。故巫字横直皆为工，名词。《说文》工下谓与巫同意，巫下谓与工同意，其意可验。甲文……郭氏曰《诅楚文》巫字如是，古形可确证。周变为者，为形之变，增二∇二手者以其善舞也。”②

李孝定先生在综述了众多的甲骨文字考释成果基础上，认为许多学者受许慎就篆体来解释“巫”字的影响，而许慎说法存在不合理之处：“许君所解乃就篆文为说……语义亦殊暧昧……自来解说许书者，于巫字说解囿于许说，殊不足以厌人意……唯巫字何以作‘’，亦殊难索解，疑像当时巫者所用道具之形，然亦无由加以证明，亦为不知盖阙耳。”③即认为“巫”是一种巫师行法工具。

4. 释巫为日神符号者

还有学者认为“巫”字为太阳神符号。比如江林昌将古文字中“巫”字形与“亚”字形联系起来考察，并结合古代建筑形状，提出了“巫”字形状来源于十字形太阳纹，巫风来源于太阳崇拜④。刘鸣提出，“巫”字脱胎于太阳的神貌，是由日神崇拜之画符予以变形再造的。它经过由粗糙、杂多不一变得精巧、规则定型，把原先那些繁茂的日神形态进一步转形于简括化的卐，最终定型为甲骨文之形⑤。

5. 释巫为卐、亚与十字架者

说到甲骨文“巫”字的形状，很容易让人对其字形与一些世人熟悉的形象和符号联系在一起。赵容俊就提到，西方基督教的十字架，亦颇像甲骨文的“”字般两工形交叉。赵氏还指出来：佛教的标志“卐”之形、甲骨文和铜器铭文的“亚”字，以及甲骨文的“巫”字，三者在

① 林义光：《文源》卷六，中西书局 2012 年版，第 183 页。

② 高鸿缙：《中国字例》第四篇，三民书局 1960 年版。

③ 李孝定：《甲骨文字集释》，“中央研究院”历史语言研究所 1965 年版，第 1598 页。

④ 江林昌：《巫风观念探源》，《社会科学战线》1996 年第 1 期。

⑤ 刘鸣：《“巫”字义源及先民审美文化心态探析》，《殷都学刊》2006 年第 3 期。

形状与意义上，皆接近于颇有神灵能驱逐邪气的神圣力量。[①]

6. 释巫为四方巫术者

因为甲骨卜辞中有“四巫”与“四戈”同版（《合集》34120），用法与“四方”相关联，所以陈梦家推测“巫帝”之“巫”象“四方之形”，若为动词，则“巫帝”与“方帝”相似。[②] 甲骨文“方”与“巫”字形相近，朱芳圃认为“方”字是合“巫”“刀”为一体，是刀柄之“柄”字，“柄”或作“枋”，如《周礼·春官·内史》“八柄”作“八枋”。[③] 饶宗颐认为甲骨文中的“巫帝”“当即《周礼》所谓‘旁招’”，为望祭之类的方向之祭。[④] 艾兰、范毓周等人直接释“巫”为方。[⑤] 晁福林认为甲骨文中的“巫”字，其造字本义可能是向四方施行巫术，故而其在卜辞中或用如“四方”若“方”之义，但是这里的“四方”若“方”并非单纯的方位之义，而是指向四方或某方举行祭祀或施行巫术[⑥]。李零也认为：“中国古文字中的‘巫’，早期写法是像十字交叉而以短横加四方，表示方向。”[⑦]

7. 释巫为沟通天地之形者

也有学者认为，古时巫能沟通天地，这一点在“巫”字的字形上已经透露了出来。巫字的主干为上下两横，有如天地（《说文》“二部”曰：“二，天地也”）；中间一竖，恰似天梯（《说文》中收有“丨”字，其释文正是“上下通也”）。天梯旁加上小人，乃是十分形象的“上下于天”[⑧]。

8. 释巫为治病疗疾的医药工具

甚至有学者认为“巫”就是医。这主要是看到了《说文》“医”字

---

① 赵容俊：《文献资料中的“巫”考察》，《中国历史文物》2005年第1期。

② 陈梦家：《殷虚卜辞综述》，中华书局1988年版，第579页。

③ 朱芳圃：《殷周文字释丛》，中华书局1962年版，第159页。

④ 饶宗颐：《历史家对萨满主义应重新作反思与检讨——“巫”的新认识》，《中华文化的过去、现在与未来》，中华书局1992年版，第396—412页。

⑤ 艾兰：《龟之谜》，四川人民出版社1992年版，第82—89页；范毓周：《殷墟卜辞中的“巫”与“巫帝”》，《南方文物》1994年第2期。

⑥ 晁福林：《商代的巫与巫术》，《学术月刊》1996年第10期。

⑦ 李零：《先秦两汉文字史料中的“巫”》（上），《中国方术续考》，东方出版社2001年版，第44页。

⑧ 钟年：《巫的原始及流变》，《东南文化》1998年第2期。

引“古者巫彭初作医”，字形或作“毉”。最早将巫医结合起来考论古文字“巫”之造形者，也是唐兰先生：“巫者筮也。筮及毉同，皆巫术，故字并从巫耳。”① 受其影响，严一萍先生也把医疗当作“巫”字义项之一：“案释巫可从。卜辞之巫，非仅‘巫者’一义。唐氏又曰：‘巫者筮也。筮及毉同，皆巫术，故字并从巫耳。’此又一义。玄应《一切经音义》卷三《道行般若经》卷十‘巫’下曰：‘事鬼神曰巫’，此为事鬼神之义，其三也。本版‘巫帝一犬’，亦见于《甲编》二一六版，系第一期卜辞，意为‘事鬼神，帝以一犬也。’盖泛指鬼神，未有专属，巫殆祭名也。”② 赵容俊认为：“正如甲骨文‘壬’字考释中所陈，以此为据，金文的‘壬’字，亦可能为将附着患者身体的鬼魅驱逐除去时使用的道具。……由上述举例可知，巫者从事驱逐作祟的精灵与除去病魔的工作时，皆用某种工具施术，故可以推测中国古代的巫者，亦使用某种工具完成其医疗目的，甲骨文的‘巫’乃为其工具。”③

五 古文字“巫”为巫术工具

当然，关于“巫”字考释的成果不限于以上所举这些观点，个人所能见闻之大要者如此而已。在比较这些观点之后，我们同意释“巫”字是巫师从事巫术活动之工具的说法。但是究竟指哪一种工具，什么样的巫术工具呢？学者们在巫术工具这一大观点之下，也各有不同的解读。

邹景衡据《说文》释工“象人有规矩”，认为工字象线拐之形，巫字为“两工形器相交之形”，“女巫持女工用具工形器而舞”，④ 意为“巫”字所象是女工纺织工具。

陆思贤也是认为“巫”象工具之形，但他认为这种工具是丁字尺，巫字“象四个丁字尺聚积在一起。‘工’、‘丅’两个符号，取义于天帝

① 唐兰：《天壤阁甲骨文存并考释》，辅仁大学 1939 年版，第 12 页眉批。

② 严一萍：《美国纳尔森艺术馆藏甲骨卜辞考释》，《中国文字》第 22 册，艺文印书馆 1974 年版。

③ 赵容俊：《文献资料中“巫”的考察》，《中国历史文物》2005 年第 1 期。

④ 邹景衡：《释工、互》，《大陆杂志》1976 年第 53 卷第 2 期。

或巫师上下于天，也即[巫]字的上横表示‘天’……下横即⊥形符号应表示地。”“上横表示天，下横表示地，左右两笔表示四方，中间的十字交叉，表示贯通天地四方。”①

张日昇认为“巫”为占筮道具，即占筮所用之蓍策：“许说字形失当，甲骨文与金文并作[巫]，[巫]误作巫，乃有人两褎舞之臆说以傅会，窃疑，字象布策为筮之形，乃筮之本字。《易》（蒙卦）‘初筮告’，注云：‘筮者，决疑之物也。’筮为巫之道具，犹规矩之于工匠，故云‘与工同意’。”② 其实杨树达先生对于金文“巫”字考释，也持这样一种观点：“余按，筭字从竹从弄、而弄字从玉，今筭字从[巫]，不从玉也，诸家误释明矣。……按甲骨文有[巫]字，即今巫字也。……知[巫]之为巫，[巫]为古文巫，则筭之为筮乃确实无可疑矣。”③ 即认为“筭”字为“筮”字，[巫]字与巫者在占卜时所使用的一种道具有关。饶宗颐先生也认为“巫”就是“筮”：“予谓殷当有筮法，卜辞[巫]字，以诅楚文证之，为‘巫’字无疑。巫与筮通，《周礼》簭等人有九簭，曰巫更巫咸等，郑玄：‘巫读皆当为筮。’”④ 许进雄也认为是占筮的工具（筹策）：“甲骨文的巫字，作两工形交叉的器具形，大概是行法术时所用的工具象形。”“巫字是筮字的部分。筮字作手拿着问筮的工具从事运筭占断之状，竹则是工具的材料。知筮表示双手演筭蓍草或竹策的占筮方法，巫则是以占卜为职业的人。”⑤

张光直先生则认为这一工具是数学上画方画圆的“矩”：“实际上我们不如更直接的说巫师以‘工’为象征形的道具。……许慎似是知道巫字本义的，所以工巫互解，而工即矩，矩是木匠用来画方画圆的工具。”以此用来说明古代圣人用矩画方画圆，“巫”字所从之工为矩这种计算工具：“卜辞金文的巫字可能象征两个矩，而用矩作巫的象征是因为矩是画方画圆的基本工具，而由此可见巫的职务是通天（圆）地（方）的。古

① 陆思贤：《释甲骨文中的巫字》，《内蒙古师范大学学报》1984 年第 4 期。

② 周法高主编，张日升、徐芷仪、林洁明编纂：《金文诂林》卷五，香港中文大学出版社 1974 年版，第 2303 页。

③ 杨树达：《史懋壶跋》，《积微居金文余说》卷二，《积微居金文说》（增订本），中华书局 1997 年版，第 224 页。

④ 饶宗颐：《殷代贞卜人物通考》上册，香港大学出版社 1959 年版，第 41—42 页。

⑤ 许进雄：《中国古代社会》，台湾商务印书馆 1995 年版，第 505—507 页。

代神巫以通天地或贯通方圆为主要职务，可以以玉器中的珠为最明显最尖锐的一个象征。”①

相比工具说几个观点而言，我们更倾向于张光直先生的说法，即“巫”字所象的巫师法术工具，可能就是古代的一种工矩。因为其他两种主要的说法，都有一些解释不通的问题。

比如占筮工具的蓍草或筮策，运用于周易的占卜，我们知道这些蓍草或筮策多是平行排列的，比如乾卦（☰）、坤卦（☷）、坎卦（☵）、离卦（☲）等，而不是交叉的，更不能用卦爻之“爻”字（此是所谓数字卦之“五五”卦象，在此不赘）有交叉的笔画来说“巫”┼之字形。再者，正如李孝定先生已经指出的那样：“余疑象巫者所用道具，张日升氏谓疑象布策为筮之形，策形两端不应有两短横画，然亦可备一说。”② 也就是说，即便是蓍草或筮策可以交叉成某种卦象，也只能是“十”“×”或“爻”（爻），不该出现有“巫”字┼形纵横两个笔画四个末端的短横笔画。这是占筮工具说不能解说明白的地方。

再如另一个重要的说法即巫师玉器工具说，也是如此。中国古代的早期巫术，在某些地区比如良渚文化区域或者红山文化区域，这些出土大量玉器的地方，可能有用玉器作为巫师法术工具的可能，但是在其他没有出土玉器或者出现少量玉器的史前社会广大地域，这种巫师玉质法器就没有了考古学基础。虽然在《说文》等古籍文献中出现了“巫以玉事神”的记载，但这种记载可能没有普遍性，或许只是某一地区巫术或者巫术某一方面的情况而已。更重要的是，我们现在在史前社会的考古学材料中，没有发现象构成┼形状的玉器造型。

六 “巫”为工矩尺子交错之形

与以上诸说不同，┼为工矩尺子交错形说，则有理有据。它不仅字形相合，而且也有文献记载和考古学材料的佐证。

① 张光直：《中国青铜时代》二集，生活·读书·新知三联书店 1990 年版，第 41—43 页。

② 李孝定：《金文诂林读后记》，“中央研究院”历史语言研究所专刊 1982 年版。

1. 首先是字形相合。“巫”字甲骨文、金文都作形，是象两个形工具垂直交叉之形。而在甲骨文中，（《合集》30475、32981）正是“工”字的造形。金文中“工”字，作（史兽鼎，周早）、（免卣，周中）、（不其簋，周晚），简帛文字中的“工”字，作（上博楚简·容成氏）、（睡虎地秦简），小篆“工”字作工（《说文》），古文字时期乃至后来的隶书、楷书，其字形笔画形态有所变化，但其造字结构至今保持一致。甲骨文中未见“矩”（巨）字，金文中始见，作（伯矩盉盖，周早）、（伯矩鼎，周早）、（裘卫盉，周中）、（矩叔壶，周晚），均象人持工矩之形，也有省略人形，只作工矩形者，如（𥲅侯少子簋，春秋晚）、（燕王戎人矛，战国晚）等，简帛文字也同后者，省略了人形，直接作工尺形，如（睡虎地秦简）、（郭店楚简），到《说文》小篆作巨，古文作，都与春秋战国文字形体相类。无论“工”字，还是“矩”（巨）字，都从工具形，与“巫”字古文字形体非常契合。

而矩作为曲尺的形状，根据现存的古代矩图像可知，作└、┐等曲尺形。“巫”字和“工”字，应该是四个和两个曲尺形拼合而成。

这方面可以辅证的是《说文·工部》对“工”“矩”（巨）两个字的转注互训：“工，巧饰也，象人有规矩也，与巫同意。”就是规矩之“矩”所从之“工”，与“巫”字所从之“工”一样，即古代曲尺也。徐锴注也说：“为巧必遵规矩、法度，然后为工，否则，目巧也，巫事无形，失在于诡，亦当遵规榘。故曰与巫同意。”也以“工”“巫”一样，都要遵守规矩。而《说文·工部》：“巨，规巨也，从工，象手持之。”段玉裁《说文解字注》曰：“按，规矩二字，犹言法度。凡识其广长曰矩，故凡有所刻识皆谓之矩。按后人分别：‘巨，大也。’‘矩，法也，常也。’与《说文》字异。”“巨”字也正是从“工”成字，从“工”训义。由此可见，“巫”“工”“矩”（巨）三字之间具有密切关系。看来，许慎多少知道一些此中奥义，《说文》还是保留了一些原始的资料，很是珍贵。

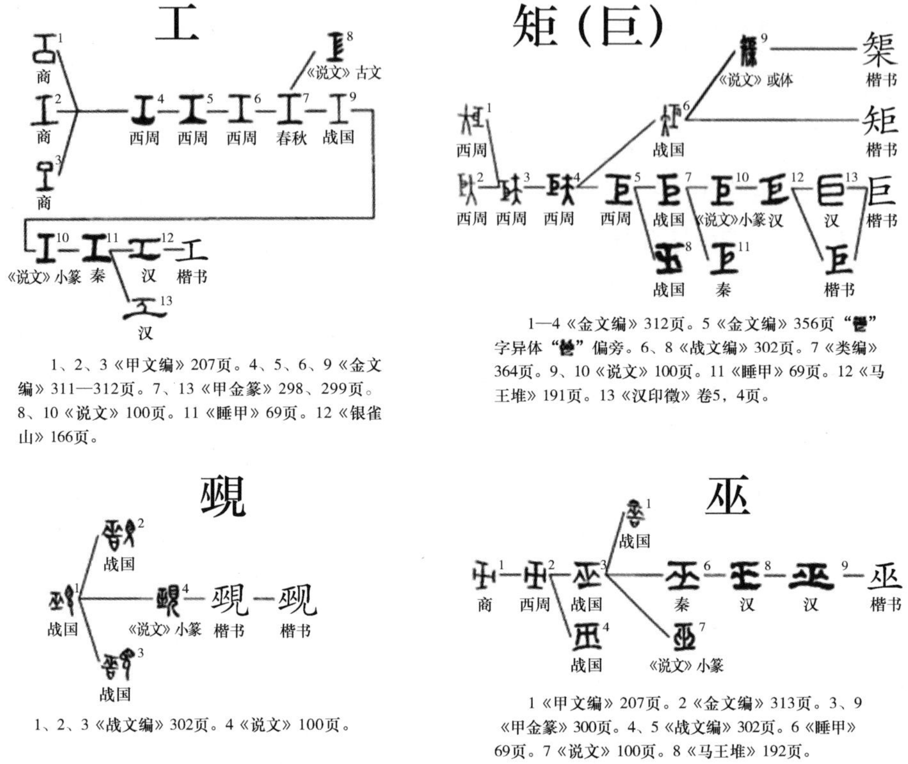

图 1 古文字工、矩(巨)、巫、覡字形对照

(字形取自《字源》①)

其次,是文献记载中相关线索非常明晰,可以指向这样一个结论。

古代所谓"矩",就是后世木工所用的曲尺。相传东周时期著名大匠鲁班就是在"矩"的基础上加工改造,创造出了后世之曲尺。由于世人尊称鲁班为木匠鼻祖,故称其曲尺为鲁班尺或木工尺。刘东瑞称:"矩尺又叫曲尺,是测量角度与长度的综合计量器具,它的前身是矩。"②

据文献记载,最早的矩尺是由上古时工匠倕创造的。倕是传说中帝喾或尧时的一位大臣,他是一位能工巧匠,发明制作的东西很多,如《荀子·解蔽》说:"倕作弓。"《世本·作篇》和《吕氏春秋·古乐》等

① 李学勤主编:《字源》,天津古籍出版社 2017 年版,第 411、412、413 页。
② 刘东瑞:《矩和矩尺》,《文史》第 10 辑,中华书局 1980 年版。

书又说他发明了许多种乐器。正因此，倕又被后人尊称为“巧倕”。《山海经·海内经》云：“帝俊生三身，三身生义均，义均是始为巧倕，是始作下民百巧。”郭璞注：“倕，尧之巧工也。”《淮南子·本经训》云：“周鼎著倕，使衔其指，以明大巧之不可为也。”高诱注：“倕，尧之巧工也。”就矩尺来讲，也是倕发明创造的。《世本·作篇》（清张澍稡集补注本）：“倕作规矩准绳。”《尸子》：“古者，垂为规、矩、准、绳，使天下仿焉。”《潜夫论·赞学》：“故圣人之制经以遗后贤也，譬犹巧倕之为规矩准绳以遗后工也。”注曰：“《事物纪原》七引《尸子》‘古者倕为规矩准绳使天下效焉。’”这在《墨子》《事物绀珠》《物原》《古史考》等史书中都详略不一的记载。

根据古代矩尺图像可知，矩尺的形状作 ㄴ、ㄱ 等形，故而又称曲尺、拐尺。这个拐尺形的矩，应该是受木杆测日影启发发明的工具。须晴日，在地上立一木杆，就有投影于地，木杆和影子正好形成 ㄴ、ㄱ 的样子。这是测量日影的圭表，就被认为是测量天地的工具了。所以最早的巫师手执矩尺，就是象征了这些巫师有可以规天矩地、沟通人神的能力。

“规”为画圆的工具，“矩”为画直角或方形的工具。在古代文献中，“规”和“矩”往往是并列使用的，将规矩与方圆结合起来，比如帛书《老子》：“黄帝曰：……左执规，右执柜（矩），何患天下？”又曰：“规之内曰员（圆），柜（矩）之内曰方。”[①]《管子·轻重已》：“清神生心，心生规，规生矩，矩生方，方生正，正生历，历生四时，四时生万物。”《孟子·离娄上》：“工输之巧，离娄之明，不以规矩，不能成方圆。”《墨子·法仪》：“百工为方以矩，为圆以规，直以绳，正以县。”《荀子·不苟》：“五寸之矩，尽天下之方也。”杨倞注：“矩，正方之器也。”《荀子·礼论》：“规矩诚设矣，则不可欺以方圆。”《礼记·经解》：“规矩诚设，不可欺以方圜。”《史记·礼书》：“规矩诚错，则不可欺以方员。”司马贞《史记索隐》：“矩，曲尺也。”《汉书·律历志上》：“矩者，所以矩方器械，令不失其形也。”也有将规矩与法度、准绳结合在一起的，比如《吕氏春秋·分职》：“巧匠为宫室，为圆必以规，为方必以矩，为平直必以准绳。”《史记·夏本纪》记载大禹治水：“左准绳，右规矩，

① 《长沙马王堆汉墓出土〈老子〉乙本卷前古佚书释文》，《文物》1974 年第 10 期。

载四时，以开九州，通九道，陂九泽，度九山。”《大戴礼记·五帝德》称鲧治水：“左准绳，右规矩，履四时，据四海，平九州，戴九天；明耳目，治天下，举皋陶与益以赞其身。”清程瑶田《考工创物小记·宣欘柯磬折句度法述》：“百工皆持矩以起度，而倨句之度法遂生于矩焉。”

《说文解字·工部》：“巨，规巨（矩）也。从工，象手持之。榘，巨或从木矢。”“矩”（巨）之本义就是画方形或直角的曲尺，一种丈量土地的工具。后来由此本义，逐渐引申出更多的义项，比如分别指方形；九十度角，即直角；法度，常规；刻画以留标志；指画为标志的度；指地；指秋季；通“距”；等等。“矩”的本义几乎都保留在它的异体字“榘”和“矩”上，而“巨”之巨大义也为其引申义。

矩尺不仅是木匠们画方测圆的工具，在最早的时代或者说在大致同时，矩尺也是天文学家测量日影的圭表，被认为是有丈量天地的神祇功能的。比如《淮南子·本经训》：“天地之大，可以矩表识也；星月之行，可以历推得也。”当然，矩尺的这种功能，是由能够沟通天地的巫师等神职人员来承担的。所以说矩尺是巫师进行巫术的工具。

关于矩尺与早期巫术之间的关系，见之于文献的明确记载，莫过于古代的数学典籍《周髀算经》：

> 昔者周公问于商高曰：“窃闻乎大夫善数也。请问古者包牺立周天历度，夫天不可阶而升，地不可得尺寸而度，请问数安从出?”商高曰：“数之法，出于圆方。圆出于方，方出于矩，矩出于九九八十一，故折矩，以为句广三，股修四，径隅五。既方其外，半之一矩，环而共盘，得成三四五，两矩共长二十有五，是谓积矩。故禹之所以治天下者，此数之所生也。”周公曰：“大哉言数！请问用矩之道。”商高曰：“平矩以正绳，偃矩以望高，覆矩以测深，卧矩以知远，环矩以为圆，合矩以为方。方属地，圆属天，天圆地方。方数为典，以方出圆，笠以写天。天青黑，地黄赤，天数之为笠也。青黑为表，丹黄为里象，以天地之位。是故，知地者智，知天者圣。智出于句，句出于矩。夫矩之于数，其裁制万物，惟所为耳。”周公曰：“善哉!”

张光直先生在引据《周髀算经》这一段话后，分析道："矩便是掌握天地的象征工具。矩可以用来画方，也可以用来画圆，用这工具的人，便是知天知地的人。"①

最后，就是考古材料中的证据。这就是在汉画像石中凡是有伏羲女娲的图像，多有手执规、矩的形象。

伏羲女娲执规矩图是我们目前所能见到的最早有关规和矩的图像资料。画像上的伏羲女娲都是人面蛇身，伏羲位于左，手执圆规，女娲位于右，手持曲尺。这是我们最常见的伏羲女娲图样式。两者手中持物两相对照，若伏羲手捧太阳，女娲则手捧月亮，或伏羲执规，女娲必执矩！当然也有一些图像是伏羲手执曲尺，女娲手执圆规的形象，比如著名的汉画像石武梁祠中的伏羲女娲图像就是如此。② 所以有如此错误，这应该是画师没有多少文化，或者一时疏忽搞反了。因为在文献记载中，应该是伏羲执规，女娲执矩的。比如《淮南子·天文训》："东方木也，其帝太昊，其佐句芒，执规而治春。"《汉书·魏相传》："东方之神太昊，乘震执规司春。"其中的太昊，也作大昊、太皞，就是伏羲的另一种称谓。《礼记·月令》："孟春之月……其帝大皞，其神句芒。"孔颖达注："皞皞，广大之意。以伏羲德能同天，故称皞。以东方生养，元气盛大……故东方之帝谓之大皞。"《吕氏春秋·孟春》："其帝太皞，其神句芒。"高诱注："太皞，伏羲氏以木德王天下之号，死，祀于东方，为木德之帝。"由此可知，执规者为伏羲（太昊）。而且伏羲（太皞、太昊、大昊）执规，伏羲为男性为阳为天，所以以规画之成圆；与女娲执矩相对应，女娲为女性为阴为地，所以是矩画之成方。这非常也符合古人男女阴阳和天圆地方的观念。

从这个意义上说，最早的巫师应该就是女性的。所以，许慎《说文》所云："巫，祝也，女能事无形。"及《国语》等文献所谓"在男曰觋，在女曰巫"的说法，多少还是保留了一些原始的古义的。

---

① 张光直：《商代的巫与巫术》，《中国青铜时代》第二集，生活·读书·新知三联书店1983年版，第42—43页。

② 瞿中溶：《汉武梁祠画像考》，北京图书馆出版社2004年版；张从军：《黄河下游的汉画像石艺术》，齐鲁书社2004年版；巫鸿：《武梁祠：中国古代画像艺术的思想性》，生活·读书·新知三联书店2006年版。

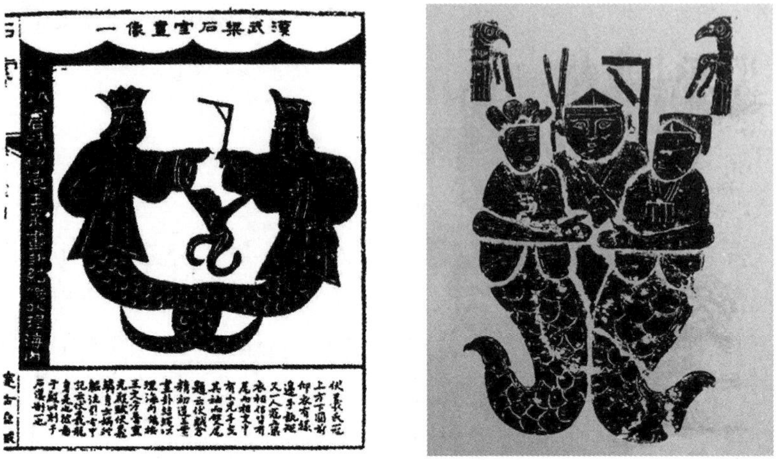

图 2　汉画像石中伏羲女娲交尾图

（山东嘉祥武梁祠、沂南北寨汉墓）

综上所述，我们通过对古文字中的“巫”字的考释，虽然众说纷纭，莫衷一是，但也基本上理清了一个头绪。那就是，甲骨文和金文中巫字十，“实际上我们不如更直接的巫师以‘工’为象征形的道具。……许慎似是知道巫字本义的，所以工巫互解，而工即矩。矩是木匠用来画方画圆的工具。为什么古代的巫以矩为基本道具呢？……而工即矩。矩是木匠用来画方画圆的工具。……矩可以用来画方，也可以画圆，用这工具的人，便是知天知地的人。巫便是知天知地又是能通天通地的专家，所以用矩的专家正是巫师”①。

甲骨文中的“巫”字，为中国古代巫觋所秉持的巫术工具之概括写照。这正如甲骨文“王”字那样，以此人所持代表其身份和地位的法器，来指代其本人，“巫”也是这样。

① 张光直:《商代的巫与巫术》,《中国青铜时代》第二集，生活·读书·新知三联书店 1983 年版，第 42—43 页。

《吕刑》的制作特征*

杜　勇
（天津师范大学　历史文化学院）

摘　要：《吕刑》本是周穆王时修订颁行的西周刑罚制度，然已失传，其主要内容在今传《尚书・吕刑》篇中略可见及。《吕刑》篇是穆王颁布新修法典时对诸侯、大臣、宗亲发表的讲话，决非吕王（吕侯）所作的诰辞。且吕王亦不可能参与法典的修订，真正主持此项工作的当是文王之子毕公高的后裔，即时为畿内封君而出任朝中执政大臣的吕伯。法典《吕刑》的重修，主要增加了赎刑方面的内容，是周穆王借此以敛民财，解决财政危机的特殊手段，从一个侧面反映了周王朝开始走向衰微的历史进程。

关键词：《吕刑》　周穆王　吕伯　赎刑

《吕刑》本是周穆王时修订颁行的西周刑罚制度，今已失传，无从窥其全貌，但其主要内容在《尚书・吕刑》篇中犹可见及。该篇是穆王颁布新修法典时对诸侯、大臣、宗亲发表的诰辞，亦名《吕刑》，以今古文用字有别，又称《甫刑》。对《吕刑》篇的作者以及法典本质特征，学者意见多有分歧。本文就此略作考析，以求教正。

* 国家社科基金重大项目“多卷本《西周史》”（项目批准号：17ZDA179）阶段性成果之一。

一 诰辞《吕刑》的作者问题

《吕刑》是今文《尚书》中的一篇，因篇中“绝地天通”的“地”字不见于金文，郭沫若以为“足知其非实录”①。后来金文、竹书多见地字，证明《吕刑》的真实性不用怀疑。然篇中作诰之“王”究系何人?仍是值得认真探讨的一个问题。《吕刑》篇首云：

惟吕命王，享国百年，耄荒，度作刑以诘四方。

此为史官叙事之辞，后文六节均为“王曰”之语。这位作诰的“王”，前人以为是穆王。《书序》云：“吕命穆王训夏赎刑，作《吕刑》。”《史记·周本纪》云：“诸侯有不睦者，甫侯言于王，作修刑辟……命曰《甫刑》。”又《三代世表》：“穆王满，作《甫刑》。”《诗·大雅·崧高》郑笺：“甫侯相穆王，训夏赎刑。”汉儒的说法得到历代学者的认同，咸无异辞。近世疑古思潮勃兴，傅斯年、郭沫若、顾颉刚等名宿大儒依据金文所见“吕王”之辞，一反成说，提出《吕刑》当为吕王之书。他们认为“吕命王”不应理解为吕命于王，当如称周昭王一样为吕王名号，② 可读作吕灵王，③ 或为吕国英明美善之王。④ 其说虽新，然不可信。一则，吕国固然有称王之事，但并无“享国百年”的名王见诸史乘。而周穆王年五十继位，在位 55 年，老迈时通计“享国百年”，可与“耄荒”相应。二则，篇中王所诰诫的对象是“有邦有土”的诸侯，或“四方司政典狱”之官，或“伯父伯兄”宗亲，他们“敬逆天命，以奉我一人”。这种君临天下、凌驾万民的身份和口吻，当不是周天子之外的区区小国之君所应有的。三则，《吕刑》所言五刑律条，是对此前周王室刑法制度的修订和损益。吕国之君不过是周天子统治下的一个诸侯，即便与周王室有甥舅

---

① 郭沫若:《金文丛考》，人民出版社 1954 年版，第 45 页。

② 傅斯年:《大东小东说——兼论鲁、齐、燕初封在成周东南后乃东迁》，《中央研究院历史语言研究所集刊》第二本第一分，1930 年。

③ 郭沫若:《郭沫若全集》（历史编 2），人民出版社 1982 年版，第 4—5 页。

④ 顾颉刚、刘起釪:《尚书校释译论》（第四册），中华书局 2005 年版，第 1909 页。

关系，亦不可自擅王命，对中央王朝的刑法制度妄加修改，颁布天下。可见《吕刑》篇绝非吕王（吕侯）所作，当为周穆王颁行新法的诰辞。

关于“吕命王”之吕，郑玄注云“吕侯受王命，入为三公”，伪孔传云“言吕侯见命为卿”，孔疏“史述吕侯见命而记王年”，均谓“吕”即吕侯。《国语·周语下》记周灵王太子晋说，虞夏之时“祚四岳国，命以侯伯，赐姓曰姜，氏曰有吕”。《史记·齐太公世家》说吕望之先祖“尝为四岳，佐禹平水土甚有功，虞夏之际封于吕，或封于申，姓姜氏”。是申、吕立国时间大致在虞夏之际。四岳作为地名亦称太岳，在今晋南霍太山一带。吕国久居于此，直到宣王时才奉命迁往南阳地区。作为畿外诸侯，吕国之君不可能入为三公，成为穆王重修周代刑法的倡导者和主持者。在周代分封制下，畿外诸侯主要负责地方政务，不能像畿内封君那样入为卿士，执掌朝政。尤其是对异姓诸侯来说，入掌王室机枢的机会更是微乎其微。人们过去不曾注意到，西周实际有两个吕国，一为畿外诸侯，姜姓；一为畿内封君，姬姓。西周吕姜簋、我簋铭文言称“吕姜”（《铭图》4075、5321），是为姜姓之吕。春秋吕𬙊钟铭文：“吕𬙊曰：余毕公之孙，吕伯之子”（《集成》225），即是姬姓之吕。毕公为文王之子毕公高，吕𬙊为毕公裔孙，吕伯之子，说明毕氏家族另有别支封于畿内，成为王室执政大臣。

据《史记·魏世家》，魏为毕公高之后，有苗裔曰毕万，晋封于魏（今山西芮城），生武子。魏武子袭封，生悼子。后悼子徙治霍（今山西霍州），又称吕氏。王国维以为，悼子徙霍，或治吕甥之邑，遂以吕为氏，故魏悼子又称吕錡，錡子亦称吕相（吕宣子），吕𬙊钟即吕锜后人所作[①]。这个见解很有启迪性，只是魏悼子徙于霍，并无材料证明他移治于吕甥之邑，何况“吕伯”早在穆王时的班簋铭文中已见其称，自不会晚至春秋才得此氏名。细味吕𬙊钟铭，毕公高或有支裔册封吕地，因称“吕伯”，其后裔以吕为氏，由来有自。春秋时毕万封于魏，其裔孙吕锜、吕相、吕𬙊等人称魏氏可，称吕氏亦可。故吕伯以国为氏，与吕甥之邑无关，其封地或在吕𬙊钟出土地（今山西万荣县宝鼎乡庙前村）一带。西周中期吕伯作为畿内封君，具备参与王室政务的条件。班簋铭文言其

---

① 王国维：《观堂集林（外二种）》，河北教育出版社 2001 年版，第 552—554 页。

配合祭公征伐东国偃戎，亦必有功可录。后为执政大臣进入权力中枢，倡修刑法，适得其宜。以此观之，《吕刑》篇“吕命王”之吕，当为畿内封君吕伯，而非畿外姜姓“吕侯”。

二　法典《吕刑》的本质特征

在新修《吕刑》颁布之前，西周王朝的刑罚制度称为“九刑”。《左传·昭公六年》云：“周有乱政而作九刑。”九刑亡佚，所指为墨、劓、剕、宫、大辟和流、赎、鞭、扑九种刑罚。吕伯受穆王之命，重修周代刑法，有关内容见于《尚书·吕刑》篇。篇中有云：“两造具备，师听五辞；五辞简孚，正于五刑。五刑不简，正于五罚；五罚不服，正于五过。五过之疵：惟官，惟反，惟内，惟货，惟来。其罪惟均，其审克之。”这是说在案件审理过程中，法官（师）要根据五刑的法律条文，认真简核原告、被告双方的证辞，证据真实可信即施以墨、劓、剕、宫、大辟“五刑”，证据不足或有疑点就降等按“五罚”治罪。“五罚”证据不具说服力，则按“五过”（五种过失）处理，予以赦免。判审“五过”尤须审慎，要防止畏权势、报恩怨、走内线、行贿赂、搞请托等流弊，否则办案者与“五罚”同罪。这说明经过修订的周代刑法，主要分成“五刑”“五罚”“五过”三个刑种，各依律条，分等治罪。

在“五刑”“五罚”“五过”的法律体系中，“五罚”是一种赎刑。《吕刑》言其罚则云：

> 墨辟疑赦，其罚百锾，阅实其罪。劓辟疑赦，其罚惟倍，阅实其罪。剕辟疑赦，其罚倍差，阅实其罪。宫辟疑赦，其罚六百锾，阅实其罪。大辟疑赦，其罚千锾，阅实其罪。墨罚之属千，劓罚之属千，剕罚之属五百，宫罚之属三百，大辟之罚其属二百，五刑之属三千。

“五刑”“疑赦”即处以赎刑，治罪方式是缴纳百锾至千锾不等的罚金。因与“五刑”配套实施，故称“五罚”。“五刑”律条总数原为2500条，此次重修增至3000条。《周礼·秋官司寇·司刑》说：“司刑掌五刑之法，以丽万民之罪。墨罪五百，劓罪五百，宫罪五百，刖罪五百，杀罪五百。”《汉书·刑法志》称此为“周之法”，“所谓刑平邦用中典者也”。重修后的《吕刑》律条，墨、劓等轻刑成倍增加，重刑略有调整合并。由于人犯轻刑者多，犯重刑者少，由此进一步扩大了社会打击面，“所谓刑乱邦用重典也”。值得注意的是，“五罚”属于新增的刑种，实际是在“五刑”基础上增加了同等数量的律条，法网由疏而密。而且在后来司法实践中，罚金的缴纳实际并不限于“五罚”，而是延伸到其他刑种。如倗匜铭文记载，牧牛告诉上司，结果败诉。主持讼事的伯扬父对牧牛的判决是：“鞭汝五百，罚汝三百锊。”（《集成》10285）牧牛既被处以鞭刑，却仍须缴纳约125斤的青铜作为罚金。以此类推，“五刑”其他律条以罚金抵罪，当为普遍现象。经过穆王重修后的周代刑法，无处不弥漫着浓厚的金钱气味。

周穆王为什么要搞这样一部刑法？《史记·周本纪》言其背景是“诸侯有不睦者”。所谓“不睦”是指诸侯对朝政现状不满，产生离心倾向。《盐铁论·诏圣篇》说：“故奸萌而《甫刑》作。”《论衡·非韩篇》：“周穆王之世可谓衰矣，任刑治政，乱而无功，甫侯谏之。”这是说穆王统治之时，社会矛盾激化，作奸犯科频发，民心不附，治而无功，故新增法条，重典以治乱邦。然所采取的主要手段却是大兴赎法，结果除了罚金增多，可弥补财政短缺外，恐难产生更多积极的治国效能。朱熹说：“古人赎金，只是用于鞭扑之小刑而已，重刑无赎。到穆王好巡幸，无钱使，遂造赎法，五刑皆有赎。”① 朱子以赎法敛财为《吕刑》本质特征，洵为卓见。穆王巡游挥霍无度，更兼战事连年，军费开支巨大，致使国匮民劳，财政面临危机，故不惜开利路，伤治化，为此赎法“以敛民财”②。

赎刑是否源于夏朝，今不可考。但周代司法诉讼中交纳罚金却是早就有的。如成康时期的师旂鼎铭文记载，师旂的属官众仆不愿随王征方雷，众仆被告到伯懋父那里，伯懋父判处众仆罚金“三百锊”（《集成》2809）。穆王对周代刑法的改制，形成更加规范和系统的“五罚”制度，

---

① （宋）黎靖德编，王星贤点校：《朱子语类》卷七十八《舜典》，中华书局1986年版，第2002页。

② （宋）蔡沈：《书经集传》卷六《吕刑》，中国书店1983年版，第132页。

以罚金充实国库，其敛财意图非常明显。所以《吕刑》篇对文武成康“明德慎罚”的刑制原则只字不提，反而从遥远的虞夏时代去寻找实行赎刑的依据，足见其机巧用心。对于这部新修的刑法，穆王自我标榜为“祥刑”，认为是治理国家的祥善之刑，实际不过是为了应对当时尖锐的社会矛盾、动荡的政治时局、严重的财政危机，所采取的一种非理性应对措施，算不上富有积极意义的法制改革。清人崔东壁说：“盖周之衰自穆王始，故录此篇以志文、武、成、康之法之所由变，为后世变祖宗之法以聚敛者之戒。”① 可谓一针见血，得其真谛。

三 结语

穆王是西周时期在位时间最长的一位天子。在他统治的半个多世纪里，虽多所兴革，但师心自用，并无励精图治的善政。他即位之初，不顾治国理政的基本职责，肆其私欲，游行天下，后世以“不恤国事”言之，是对其国家元首资格的质疑。继之改变既定民族政策，加重对边地部族的政治控制和经济索取，致使“荒服不至”不说，还引起犬戎和淮夷的大规模反叛，西周国家开始受到边地部族不断发起的军事进攻，乃至危及王朝腹心地带。穆王晚年针对日益严重的社会矛盾和财政危机，修改刑法，广收罚金，亦非治国良策。一个国君不以国家发展为己任，而是肆其私欲，极尽骄奢，滥用武力，巧取民财，既不能有效缓解日益尖锐复杂的社会矛盾，也不能有效应对周边少数部族的军事侵扰，西周王朝从此走上“衰微”之途也就势不可免了。

附记：谨以此文纪念刘宝才先生逝世一周年！先生为人低调，治学精深，道德文章受人景仰。长期担任中国先秦史学会副理事长和学术顾问，谦和待人，奖掖后进，颇具大家风范。哲人其萎，感纫不忘！

① （清）崔述：《崔东壁遗书》，上海古籍出版社 1988 年版，第 233 页。

德译《正蒙》译介研究

——兼论其对张载哲学“虚气关系”的诠释*

李腾飞

（西北大学　中国思想文化研究所）

摘　要： 1996年于费利克斯·迈纳（Felix Meiner）出版社出版的德译《正蒙》（*Rechtes Auflichten. Cheng-Meng*）是《正蒙》的第一部欧洲语言的全译本，受到了西方汉学界极大的重视。经过初步考察，可以发现：第一，德译本对《正蒙》的版本问题进行了典范性地研究，在多处都与国内最新研究成果相互印证；第二，在哲学术语的翻译上，德译本拒绝用西方形而上学概念进行对译，而是通过字源学上的溯源，巧妙地“仿制”了张载的哲学概念，其翻译策略具有革命性的效果；第三，译者们在他们所撰写的注释中对《正蒙》的每一章都进行了论证分析，尤其是以“天参”作为《正蒙》的根本模式对张载研究的难题——虚气关系——作了令人信服的诠释。德译《正蒙》不只是一部译作还是张载哲学研究的新成果，堪称中西哲学交汇的优秀范本，值得国内学界关注和进一步研究。

关键词：《正蒙》底本；翻译策略；虚气关系

* 项目基金：2020年国家社科基金后期资助重点项目传统儒家心灵哲学研究（项目号：20FZXA005）阶段成果。

由傅敏怡（Michael Friedrich）、朗宓榭（Michael Lakner）与弗里德里希·莱曼（Friedrich Reimann）迻译，1996 年出版，收入著名的费利克斯·迈纳出版社哲学文库（Philosophische Bibliothek）的德译《正蒙》（*Rechtes Auflichten. Cheng-meng*）是张载《正蒙》第一部欧洲语言的全译本①。此前，明清之际利玛窦（Matteo Ricci）为代表的欧洲耶稣会传教士在翻译《性理精义》时曾将《正蒙》的部分篇章一同迻译②；比利时东方学家哈勒兹（Charles de Harlez）在《中国近代哲学学派抑或本性（性理）的体系》［*L'école philosophique moderne de la Chine ou système de la nature*（*Singli*）］一书中对《正蒙》（*Tcheng-Meng*）进行了法文选译③；陈荣捷（Chan，Wing-tsit）的《中国哲学资料读物》（*A Sourcebook in Chinese Philosophy*）④ 以及英译《近思录》⑤ 也对《正蒙》的部分段落进行了选译。但这些都不是《正蒙》的完整译本。除了对原文进行翻译，德译者还在译本中附加了内容丰富的导论（Einleitung）和补遗（Anhang）。导论中既有对张载生平、《正蒙》语言与文风以及历史流传的介绍，也有对《正蒙》各章节主要内容的概括性论述。在补遗中，译者们解释了《正蒙》中常用的几个易学概念，讨论了《正蒙》的版本问题，检讨了张载对于佛道二教的批判并进一步讨论了“三教合一说”（die Doktrin von der Vereinbarkeit der Drei Lehren）。更难能可贵的是，德译本还为《正蒙》的所有章节配有详细的解析性评注（analytische Kommentare）。可以说，无论是译文的完整性、可靠性还是注释和引用的详尽性上，德译《正蒙》都是可圈可点的。

依照陈俊民先生于 1988 年为该译本所写的中文序言，《正蒙》德译的完成归功于傅敏怡、朗宓榭和“他俩主持的《正蒙》翻译小组全体成

---

① 参见 Chang Tsai, *Rechtes Auflichten. Cheng-meng*, Hamburg: Felix Meiner, 1996, S. V。

② 参见陈俊民《中德文化哲学交融的新篇章——德文译本张载〈正蒙〉序》，深圳大学国学研究所编：《中国文化与哲学（1988）》，生活·读书·新知三联书店 1990 年版，第 464 页。

③ Charles de Harlez, *L'école philosophique moderne de la Chine ou système de la nature*（*Singli*）, Bruxelles: F. Hayex, 1890, pp. 33 –76.

④ Chan, Wing-tsit, *A Sourcebook in Chinese Philosophy*, Princeton: Princeton University Press, 1963, pp. 497 –517.

⑤ Chan, Wing-tsit（trans.）, *Reflections on Things at Hand: The Neo-Confucian Anthology Compiled by Chu Hsi and Lü Tsu-chien*, New York: Columbia University Press, 1967.

员五年来共同的辛勤劳作，慕尼黑大学 Wolfgang Bauer 教授领导的东方研究所，为他们的研究和翻译工作提供了良好的条件”[①]。在这一耗时数年的工作过程中，“他们既要靠自己的中国哲学史知识和汉语技能，将古文《正蒙》先译成今文，同时又要依据《正蒙》特有的哲学范畴系列和结构原则，准确地找到相应的德国哲学概念。经过反复推敲，三易其稿，最后才形成了今天这样一本德文《正蒙》书”[④]。对于这一译本，亲身经历翻译工作的陈先生不无赞赏地说：“这不只是世界上第一个德文译本，而且是今年中国哲学研究在欧美的一个最新成果。”[⑤]考虑到目前国内学界对这一译本关注甚少，本文将从翻译所选的底本以及翻译策略这两方面初步介绍这一译本。在此基础上，本文将分析和重构该译本对张载研究中的难题——虚气关系——所作的诠释和论证，由此我们将看出这一部西方的汉学研究著作对于中国哲学的自身理解所具有的意义。

一 《正蒙》底本的选择

在《正蒙》的版本问题上，《正蒙》德译本的序言提到他们受惠于陈俊民先生指点。由于翻译工作主要完成于20世纪80年代，当时由章锡琛点校并收入中华书局“理学丛书”的《张载集》于1978年刚刚出版，这一版本的《正蒙》理所当然地成了德译者翻译时的重要参考。在中文序言中，陈先生也说：“他们的唯一依据，只有中华书局点校整理的《正蒙》原本。”[②] 章锡琛点校的《张载集》一直以来都是张载研究中常用的通行本，曾有学者认为这是“目前最好的版本”[③]。但据近来林乐昌先生的研究，通行本《正蒙》有近七十处的文字讹误，而这些错误的原因主要由于两点。其一，通行本以明万历四十八年（1620）凤翔府沈自彰《张子全书》官刻本的清初翻刻本为底本，并用清眉县本、朱轼刻本以及张伯行《张横渠先生文集》（正谊堂丛书）等所收《正蒙》互校。[④] 选本

① 陈俊民：《中德文化哲学交融的新篇章——德文译本张载〈正蒙〉序》，第461、464、463页。

② 陈俊民：《中德文化哲学交融的新篇章——德文译本张载〈正蒙〉序》，第463页。

③ 萧萐父：《中国哲学史史料源流举要》，武汉大学出版社1998年版，第221页。

④ 参见（宋）张载著，章锡琛校《张载集》，中华书局1978年版，第1页。

囿于清代版本，未能据宋、明古本进行校对。其二，在校勘方法上通行本主要采用了他校法，引他书之说校改本书，出现了大量淆误。[①] 通行本的这些问题显然为德译者所警觉，有评论者中肯地指出："在这方面，翻译者比中华书局在1978年出版的现代版《正蒙》的编者更加谨慎。"[②] 德译者认为，通行本《正蒙》虽可作为读本（Leseausgabe）使用，但由于以下三个理由不适合进一步的研究工作。第一，袁应泰作序的万历戊午本并没有出版（publiziert），通行本所用的是它的清初翻刻本，德译者无法据原本作进一步校勘；第二，通行本在校勘上往往将沈本与《横渠易说》和《周易系辞精义》对校。然而，据《横渠易说》来改订会造成编辑工作的倒退（rückgängig），因为张载是先写作《易说》等书，后完成《正蒙》。[③] 此外，《周易系辞精义》是吕祖谦所辑的一本集注，在部分引文的归属（Zuschreibung einzelner Zitate）以及所属《正蒙》的文字上存在许多错误[④]，以之作对校是可疑的；第三，通行本的标点和断句在涉及引文时非常轻率（grob fahrlässig）。如在《正蒙·至当篇》中，张载原文应为："盖大者器则出入，小者莫非时中也。""礼器则大矣，修性而非小成者欤!"这里张载是在"借'礼器''礼运'以明'大德''小德'体用之分"[⑤]。通行本没有理解这一点，错标为："盖大者器则出入小者莫非时中也"与"礼，器则大矣，修性而非小成者欤!"（《张载集》，第33页）出于这三方面的考虑，通行本《正蒙》没有被采用为翻译的底本。

德译本在《正蒙》版本问题的学术贡献还不止于这一点。通行本在校勘时以沈自彰《张子全书》刻本为据，学术界曾认为沈自彰刻本是《张子全书》的最早版本，在汉语学界，胡元玲于2004年较早指出此说之误。[⑥] 德译本则早在1996年就据《四库全书总目提要》、邵懿辰《增订

---

① 参见林乐昌《张载理学与文献探研》，人民出版社2016年版，第167—179页。

② Hans van Ess, "Rechtes Auflichten / Cheng-meng (review)", *China Review International*, Volume 5, Number 2 (1998), p. 389.

③ 林乐昌先生也认为，通行本的这一校勘策略"无视张载不同时期著述及思想之间存在的差异"。参见（宋）张载著，林乐昌编校《张子全书·前言》，西北大学出版社2015年版，第25页。

④ 参见 Chang Tsai, *Rechtes Auflichten*, *Cheng-meng*, S. 293。

⑤ 林乐昌：《正蒙合校集释》，中华书局2012年版，第504页。

⑥ 参见胡元玲《张载易学与道学》，学生书局2004年版，第234、237页。

四库简明目录标注》[①]、阳海清《中国丛书综录补正》[②] 等书断定沈自彰刻本不是最早版本，沈本基于万历三十六年（1606）徐必达所辑的《合刻周张两先生全书》（后文简称徐本），徐本是后来《张子全书》各版本的祖本[③]。《正蒙》词义简奥，往往增添一字则意思大变，因而校勘版本的好坏可以影响张载的研究水准。为了保证翻译时所据底本的可靠性，德译者们在广收历代各版《正蒙》以及其注本、选本达43本之多[④]的基础上，选择1675年日本京都翻印的徐本[⑤]作底本。值得一提的是，由林乐昌先生编校，于2012年出版的《张子全书》也是选择明徐必达刻本为框架。（见《张子全书·前言》，第26—27页）虽然在翻印时，日本学者安井真祐（Yasui Sanesuke）受出版商所托于徐本原文添加了日文“训点”（Kunten）并将徐必达所撰的《正蒙释》插入《正蒙》原文中，但由于安井真祐对其进行了文本批判（textkritisch）式的校订，德译者认为这是目前可见的最好版本。[⑥] 此外，由于译文应当保持翻译的“可重演性”（Nachvollziehbarkeit），而朱轼刻本通过德国图书馆较易获取，朱轼刻本在翻译时被选为参照（Bezugspunkt）。总之，对于德译者在《正蒙》版本问题上的研究，即使是最严苛的评论者，也不得不称赞其具有“典范性”（exemplarisch）的意义。[⑦]

二　革命性的翻译策略

学界一般认为，张载之学“思理精微，表之为难”[⑧]，而这种难处首

① 参见邵懿辰、邵章续录《增订四库简明目录标注》，上海古籍出版社1979年版，第387页。

② 参见阳海清、蒋孝达校订《中国丛书综录补正》，江苏广陵古籍刻印社1984年版，第82页。

③ 参见 Chang Tsai, *Rechtes Auflichten. Cheng-meng*, S. 301 – 303。

④ 其中包括南宋理宗端平二年（1235）《诸儒鸣道》浙刻本所收《横渠正蒙书》八卷，林乐昌先生认为这是现存《正蒙》的最早版本。参见林乐昌《张载理学与文献探研》，第167—178页。

⑤ 参见 Chang Tsai, *Rechtes Auflichten. Cheng-meng*, S. 301。

⑥ 参见 Chang Tsai, *Rechtes Auflichten. Cheng-meng*, S. 301。

⑦ 参见 Florian C. Reiter, “Reviewed Work (s): Rechtes Auflichten Cheng-meng. (Philosophische Bibliothek. Bd. 419)”, *Zeitschrift der Deutschen Morgenländischen Gesellschaft*, Vol. 149, No. 2, 1999, p. 443。

⑧ 牟宗三：《心体与性体（一）》，《牟宗三先生全集》第5册，联经出版事业有限公司2003年版，第438页。

先表现为张载的写作（语言）风格遵循着一种“诠注 - 学究的信条”(exegetisch-pedantischen Credo)[①]。《正蒙》思想深奥，时有推陈出新之义，但其用语十分古朴（alttümlich），大都源自儒家和道家的经典。因而，无论是对《正蒙》的理解还是翻译都必须妥善地处理这种诠释学张力。德译者在翻译时有意地模仿张载的这种风格，他们以“询问几乎每个词的古义（archaischer Bedeutung）”[②] 的方式尝试理解张载之新意，而以往西方汉学界在翻译中国经典时常用的欧洲形而上学词汇几乎被舍弃。这种堪称革命性的（revolutionär）翻译原则在很多时候非常奏效。例如，在处理张载的“气”“理”“心”等概念上，译者们打破了以往西方汉学界的惯例，没有使用具有浓厚西方形而上学背景的“materielle Kraft”（材料的力）或“Energie”（能量）、“Prinzip”（原则）和“Bewusstsein”（意识）等等，而是以这些概念的古义为准，采用了德语日常用语中意蕴丰富、包含性极大的概念：“Luft”（气）、“Muster”（模式）和“Herz”(心灵)。这种谨慎的边界意识避免了“以己度彼”式的比附，既能展现出张载思想的本来意蕴，又留出了进一步“裁量经义”的诠释（格义）空间。

然而，对传统的打破一方面固然可以说是革命性的；但另一方面则有着挑衅性（provozierend）的意味，有些时候还会过犹不及。例如，读者在译文中很容易发现几乎所有中国经典的书名或篇章名都进行了重译。如《易经》在卫礼贤（Richard Wilhelm）那里被译为“*Das Buch der Wandlung*”，即变化之书的意思，而德译者将其新译为“*Das Buch des Einfachen*”，即简易（或纯一）之书，与卫礼贤的译名有所冲突。当然，“易”在中文里本来就具有多种含义，此外，正如译者所言，“对于张载来说，‘简易’的一面处于前台”[③]，就《正蒙》的语境而言，新译名确实更为贴切[④]。但也有一些争议就很大了，如《正蒙》第十六篇《王禘

① Wenchao Li, “Buchbesprechung: Die Übersetzung liest sich schwer-das Original auch,” *Philosophisches Jahrbuch*, Vol. 105, No. 1, 1998, p. 236.

② Wenchao Li, “Buchbesprechung: Die Übersetzung liest sich schwer-das Original auch,” *Philosophisches Jahrbuch*, Vol. 105, No. 1, 1998, p. 236.

③ Chang Tsai, *Rechtes Auflichten. Cheng-meng*, S. 147.

④ 这一点存在争论。有的评论者针锋相对地说：卫礼贤的译名“实质上是正确的，我的意思明显是即使在张载的语境中也这样，我认为这是不言而喻的”。参见 Reiter, *op. cit.*, S. 439。

篇》被译为“Das Gottesopfer des König”（王之祀神）。许多评论家都指出该译名的怪异以及其所引起的“一神论想象”（monotheistische Vorstellung）。[①] 对于《正蒙》书名的翻译也是如此。“*Rechtes Auflichten*”直译过来是“正确地照亮”，该译名虽不算错，但显然不够直接。与之相比，陈荣捷在《中国哲学资料读本》中的译法“*Correcting Youthful Ignorance*”[②]以及葛艾儒（Ira Kasoff）[③] 的“*Correcting the Unenlightened*”显然更加平实。总地来看，德译者的翻译策略足够讲究（anspruchsvoll），“很少有翻译错误”，“只是有些复杂”[④]。

其实，译者们选择这种翻译策略并非出于学术上的叛逆心理，主要是因为在他们看来，对于《正蒙》，“将其内容脱离形式，并从德语语言观出发改换措辞（Paraphrase）来复述”[⑤] 是不可能的，必须利用德语的可锻性（Geschmeidigkeit）才能尽量克服中国古代经典与现代德语读者之间的文本和思想距离。因此，张载的术语在翻译时不能被德语化（eingedeutscht），只能以巧妙的方式仿制（nachgebildet）。通观整个译文可以发现，译者们非常擅于利用德语的变形能力来构造具有相同词干的概念组，如果选择恰当的话，这种方式就能展现出它的优势，即可以将一个概念的不同含义和用法在保持形式的统一性的情况下区分开来。例如，《正蒙》中经常出现“体”这个术语，而“体—用”这一概念对也是宋明理学中的常用术语，它在德语汉学界往往用西方形而上学传统中的“Substanz-Funktion”（实体—功能）来对译。为了避免对汉语文本产生误解，德译者们回溯“体”的古义，选择了新的表达，即以“Glied”为词干进行变形，从而构造出一组相互关联的术语：“Gliederung”“Glieder”“gliedern”，分别对应“体”的三层含义：体段，部分（或形体），将……作为部分或划分，“体—用”则被译为“Gliederung-Wirkung”（体段—效用）。体用关系构成了一个由被分（gliedert）为两个互补的个别部

---

① 参见 Li, *op. cit.*, S. 237；Reiter, *op. cit.*, S. 441。

② 参见 Chan, *op. cit.*, p. 500。

③ 参见 Ira Kasoff, *The Thought of Chang Tsai* (1020 – 1077), Cambridge: Cambridge University Press, 1984。

④ 参见 Ess, *op. cit.*, pp. 390 – 391。

⑤ 参见 Chang Tsai, *Rechtes Auflichten. Cheng-meng*, S. LVI。

分（Einzelglieder）所组成的整体（Ganze）。以《正蒙》中的四个句子为例（各附德文译文，涉及“体”的译文以粗体标明）：第一，“太虚无形，气之本体，其聚其散，变化之客形尔”（《正蒙·太和篇第一》，《张载集》第 7 页）（Größte Leere hat keine Gestalt – so ist die Grundgliederung der Luft; ihre Ansammlung, ihre Zerstreuung sind nur Gastgestalten der Wechselwandlung①）；第二，“两体者，虚实也，动静也，聚散也，清浊也，其究一也”（《正蒙·太和篇第一》，《张载集》，第 9 页）（Die paarigen Glieder sind Leere und Fülle, sind Bewegung und Ruhe, sind Ansammlung und Zerstreuung, sind Durchsichtiges und Trübes – letztlich sind sie nur Eines②）；第三，“神易无方体”（《正蒙·太和篇第一》，《张载集》，第 9 页）（Geist und Einfaches haben weder Ort noch Glieder③）；第四，“大其心则能体天下之物，物有未体，则心为有外”（《正蒙·大心篇第七》，《张载集》，第 24 页）（Macht einer sein Herz groß, dann kann er die Dinge unter dem Himmel gliedern; sind unter den Dingen noch solche vorhanden, die er nicht gegliedert hat, dann ist für das Herz ein Außen vorhanden④）。对于第一句，正如张岱年先生所指出：“本体犹言本来的实体。”⑤ 太虚是气的本来状态，即其根本体（Grundgliederung）。与作为“至静无感，性之渊源”（《正蒙·太和篇第一》，《张载集》，第 7 页）的太虚本体相对，虚—实（Leere-Fülle）、动—静（Bewegung-Ruhe）是对立的两体（Glieder）。两体以“感”（Erregung）的方式相互作用，形成了“进程性实在”（prozessuale Wirklichkeit），即气化过程，太虚与对立两体形成的气化过程是体用关系。“易”之无“体”说的是太虚本体作为“一”不能被分割为部分，因而不具有形体。对于第四句，所谓“体天下之物”，其实际含义是将天下之物作为部分和我融为“万物一体”式的整体，正如德译者在注释中所言：“此处的‘体’应理解为一种认知，它与感官的认知不同，不是关

① 参见 Chang Tsai, *Rechtes Auflichten. Cheng-meng*, S. 3。

② 参见 Chang Tsai, *Rechtes Auflichten. Cheng-meng*, S. 8 –9。

③ 参见 Chang Tsai, *Rechtes Auflichten. Cheng-meng*, S. 9。

④ 参见 Chang Tsai, *Rechtes Auflichten. Cheng-meng*, S. 40。

⑤ 张岱年：《张岱年文集（四）·张载——十一世纪中国唯物主体哲学家》，清华大学出版社 1992 年版，第 81 页。

联于一直在外的对象，而是将其‘整合’（eingliedert）到与意识的联系中。”[①]

德译者对“体”的翻译在评论者那里赢得了喝彩。[②] 此外，复合词（Komposita）也是非常有用的办法，如“神化”“性命”等术语以复合词的方式译为“Geistwandlung”“Wesensruf”就非常贴切。然而，受概念创造上“刹不住的兴致”（ungebremsten Lust）[③] 的影响，译者们偶尔也会“用词不当”，如《太和》篇在规定“神”与“太虚”的关系时，说：“神者，太虚妙应之目。”考虑到这句的前半句为“圣者，至诚得天之谓”（《张载集》，第9页），“目”在这里应当是名称或称谓的意思，如冉觐祖所言：“目，名也，名之为神也。”[④] 德译者们认为“目”在这里表达了“神（之）明”的意思，将其译为：“Der Geist ist es, was ins Auge faßt: in der Größten Leere fruchtbar entsprechen.（神是将……纳入目中者：在太虚中富有成效地应和）”[⑤] 这种译法虽不违背义理，但显然属于过度诠释。还有一些地方属于明显的误译。例如，《太和篇》有这样一句话：“气聚则离明得施而有形，气不聚则离明不得施而无形……文理之察，非离不相睹也。”（《正蒙·太和篇第一》，《张载集》，第8页）张载显然有取《易传·说卦》“相见乎离”与“离也者，明也”之义，如王夫之解释道：“离明，在天为日，在人为目，光之所丽，乃著其形。有形则人得而见之，明也。”[⑥] 德译者似乎没有看出这一点，将“离明”译为“abgesondertes Licht”（分离的光明），将后面一句的“非离”译为“ohne Absonderung”（没有分离），这显然是不该有的误译。

尽管存在这些问题，德译《正蒙》仍然是一部精心构造的哲学译本。它的革命性的翻译策略虽然一定程度上让译文比较难读，不过，译者也可以这样为自己辩护：“原本也一样（das Original auch）。”[⑦]

---

① Chang Tsai, *Rechtes Auflichten. Cheng-meng*, S. 185.

② 参见 Ess, *op. cit.*, p. 389。

③ 参见 Li, *op. cit.*, S. 237。

④ 林乐昌：《正蒙合校集释》，第70页。

⑤ Chang Tsai, *Rechtes Auflichten. Cheng-meng*, S. 8.

⑥ 林乐昌：《正蒙合校集释》，第46页。

⑦ 参见 Chang Tsai, *Rechtes Auflichten. Cheng-meng*, S. LX。

三 “天参”:德译《正蒙》对张载虚气关系的把握

不同于理学和心学，张载哲学常常被学界归为气学。横渠固然重气，但区别于一般以可见事物为真实存在的经验实在论，张载也重视不可见的太虚。太虚与气这一充满张力的两端构成了张载哲学的核心。然而，在虚气关系的问题上，目前已有的研究却难以达成共识。以往学者或将张载哲学看作是一种唯气论，将太虚等同为气的精微状态，以气的聚散关系说虚气，聚则为（有形之）气，散则为太虚，二者为宇宙论的前后相继关系①；或将聚散之事归于气，把太虚等同于区别于气的“不可象之神”②，虚气关系是非等同但相即的关系③。就对太虚的理解来说，前者强调太虚于气的内在性——太虚等同于气；后者一定程度上则彰显了太虚对气的超越性——太虚超绝于气但与之相即。这两种观点于《正蒙》原文各有所本，但都失之全面，于是，有学者在诠释张载哲学时坚持二者并重④，太虚同时具备超越性和内在性。德译者们也认为虚气关系既非单一的等同关系，也非单一的相即关系，与国内目前已有的研究有所不同，译者们试图找到张载哲学中一以贯之的“根本模式”（Grundmuster）来解释虚气关系。根本模式既是存在论方面实在（Wirklichkeit）自身气化流行的方式，还是知识论上“知”（Erkennen）的发生以及方法论上体—用关系所遵循的框架，即使是人的“伦理关系”（sittliche Verhältnisse）也符合这一模式。⑤ 这一根本模式在德译者看来就是“天参”，即张载所说的

---

① 这里列举几位代表性的研究：冯友兰《中国哲学史新编》下册，人民出版社 1999 年版；张岱年《张岱年文集（四）·张载——十一世纪中国唯物主体哲学家》，清华大学出版社 1992 年版；陈来《宋明理学》，辽宁教育出版社 1991 年版。

② 如牟宗三认为：“‘太虚’一词，是由‘清通而不可象为神’而说者。吾人即可以‘清通无象之神’来规定‘太虚’。”（参见牟宗三《心体与性体·一》，第 466 页）

③ 这里列举几位代表性的研究：牟宗三《心体与性体·一》；丁为祥《虚气相即——张载哲学体系及其定位》，人民出版社 2000 年版。

④ 如林乐昌《20 世纪张载哲学研究的主要趋向反思》，《哲学研究》2004 年第 12 期；李晓春《张载哲学与中国古代思维方式研究》，中华书局 2012 年版。

⑤ 参见 Chang Tsai, *Rechtes Auflichten. Cheng-meng*, S. 148。

"一物两体，气也；一故神，两故化。此天之所以参也"（《正蒙·参两篇第二》，《张载集》，第10页）。

"天参"涉及"一"和"两"的关系。德译《正蒙》对"天参"模式的发掘是从阐明"易"义开始。易除了有变易（verändern）之义外更重要的是简易（einfach）之义。变易指明了因气之升降、聚散而事物不断变化的进程（Prozess）。变易必须由虚实、聚散、动静、清浊"两体"相互交替而成，但就这一进程本身或者说"进程性"（Prozeßhaftigkeit）而言，虚必成实，实必归虚，两相感而后有通，有无、幽明、虚实等两体"其究一而已"（《正蒙·太和篇第一》，《张载集》，第9页）。此"一"即是变易中所蕴含的简易。我们可以将"其究一"区分为"本一"与"合一"，在《正蒙·大易篇》中张载提到了这两层意蕴："感即合也，咸也。以万物本一，故一能合异；以其能合异，故谓之感；若非有异则无合。"（《正蒙·乾称篇第十七》，《张载集》，第63页）也就是说，二者的关系是："本一"使"合一"成为可能，而"两不立则一不可见"（《正蒙·太和篇第一》，《张载集》，第9页），"合一"反过来彰著了"本一"。德译者敏锐地注意到这两种"一"的不同，他们将"本一"勾连到"湛一，气之本"（《正蒙·诚明篇第六》，《张载集》，第22页）上。太虚与虚实两体之虚不同，是至静无感不与动静两体相杂处的"绝对同一性"[1]（absolute Identität）。"合一"之"一"只是差异中的两体所形成的"关系同一性"（relationale Identität），绝对同一性与关系同一性是体用的关系。在德译者看来，上述"体"的三层含义可以与"体—用"结构完美地嵌套在一起，从而构成两层三项的"三一体"（Dreieinigkeit），图示如下：

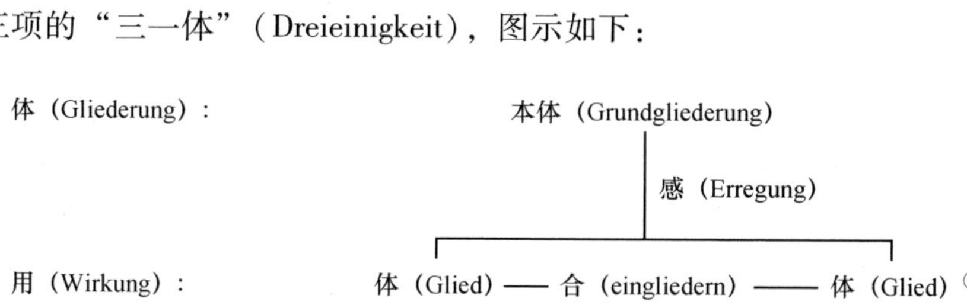

[2]

① 张载说："言虚者未论阴阳之道……静者善之本，虚者静之本。静犹对动，虚则至一。"（《张子语录·中》，《张载集》，第325页）由此可见，从太虚自身的规定性或太虚之为本体自身来看，太虚要超越于由阴阳两端所组成的气化活动。

② 根据原图略作修改，原图参见 Chang Tsai, *Rechtes Auflichten. Cheng-meng*, S. 150。

"气本之虚则湛一无形，感而生则聚而有象。"(《正蒙·太和篇第一》，《张载集》，第10页）这是由体发用，纯一的本体（根本体段）(Grundgliederung）通过"感"而发用（Wirkung）并由此区分（gliedern）为差异的两体（Glieder)。"两不立则一不可见，一不可见则两之用息。""感而后有通，不有两则无一。"(《正蒙·太和篇第一》，《张载集》，第9页）这是说"一"并没有消失在差异之"二"中，而是在"二"中保持自身，并在两体的"感"中将两体重新"合"(eingliedern）为一。因此，"天参"不是三方并立的静态结构而是一生二，二又通为一辩证的动态过程。

"天参"是"体—用"上下两层，超越的绝对同一性（至静无感之太虚）与内在的关系同一性（阴阳相感之气），一与两构成的三一体，是"由'天'所主导的、天与阴阳之气关联互动的，具有结构性的宇宙根源"[①]。这一"根源"具有两层三项的结构。在《正蒙》首章《太和》篇，张载以"借《易》之词"[②] 的方式说太虚创生之道，展示了三项之间的关系，其云："起知于易者，乾乎！效法于简者，坤乎!"(《正蒙·太和篇第一》，《张载集》，第7页）历来注家往往依从朱熹的理解，训"知"为"主"，如高攀龙注云："起，犹始也；知，犹主也。效，犹呈也；法，谓造化之详密可见者。此气一鼓，初无形迹，而万物化生不见其难者，为乾之易。及庶物露生，洪纤毕达，有迹可见亦不觉其劳者，为坤之简。乾以之始物，坤以此成物。"[⑤]实际上，这里的"知"当以本义作解，这一点观《横渠易说》"太始者语物之始，乾全体之而不遗，故无不知也"(《横渠易说·系辞上》，《张载集》，第178页）可知。历代注家中唯有王夫之与王植在这一点上能不"以朱解张"。[⑥]在这个问题上，德译者显然葆有足够的细心。他们并不以诠释学的见解——任何翻译都是一种解释（Deutung）——为借口，而是立足于对翻译者角色的明确意识，致力于遵循"将解释保持在经文给出的框架内"[③] 的原则，在面对这句话时没有依从一般理解，而是能与王植一样，通过张载原文的相互指

① 林乐昌：《张载理学与文献探研》，第49页。

② 林乐昌：《正蒙合校集释》，第10、12、15页。

③ Chang Tsai, *Rechtes Auflichten. Cheng-meng*, S. LX.

明，保留了“知”的本义。德译本将这句话译为：Als das，was Erkennen im Einfachen erstehen läßt，ist er Ch’ien！Als das，was das Gesetz im Offenen in Verkehr bringt，ist er K’un！①（作为那种让知从简易者产生的东西，它就是乾！作为那种将法则带入敞开中来运行的东西，它就是坤！）乾、坤二者构成了易道创生进程的基本结构，具体来说，“乾是‘易’指向自身，在自身中设立对立的‘知’的一面，其在‘知’中产生了特定的实在。坤作为与‘知’对立的敞开，将经由乾而来的‘所知’（Erkannte）作为法则来接受并将其作为特定实在产出”②。“知”是乾所表示的创生进程生之又生、不断规定的模式（Modus der unendlichen Fortbestimmung），其带来了处于源初差异——“几”（Ansatz）——中的“象”（Bild）。“象”居于“形而下者”（Was unter Gestalt ist）之先，“形而下者”是“象”作为源初差异的进一步“殊化”（Besonderung），即作为接受性的坤所完成的“法”或“造化之详密可见者”③。乾生坤成，阳主阴从，乾至健而易，可以看作是简易之易在变易之易中的本己作用，是超越者贯通于内在性中。为了强调这一点，除了音译之外，德译者也将乾译为“Einfach”（简易），乾坤与易三者展现出“天参”的结构：

超越的简易之“一”以“知”的方式下贯为乾坤“两体”中的乾⑤，并借乾为“自性力”与坤“合一”，因此，“天参”模式不只是超越性与内在性的二重唱，还必须补充超越性与内在性的贯通为第三个环节。《正

① Chang Tsai，*Rechtes Auflichten. Cheng-meng*，S. 3.

② Chang Tsai，*Rechtes Auflichten. Cheng-meng*，S. 148.

③ 林乐昌：《正蒙合校集释》，第 12 页。

④ 根据原图略作修改，原图参见 Chang Tsai，*Rechtes Auflichten. Cheng-meng*，S. 148。

⑤ 现代新儒家熊十力先生的体用论也遵循了这样的结构。熊十力指出，心既为“恒转本体”，即“本心”，也为“恒转之动而辟”，即本体在发用中的显现——翕辟对待之“辟”，“辟”是“恒转”本体“显其自性力”。[参见熊十力《新唯识论（文言文本）》，《熊十力全集》第 2 卷，湖北教育出版社 2001 年版，第 79—80 页]

蒙》中提到的两体，如虚实、鬼神、清浊、动静都可以拓展为类似结构的三一体，如（太）虚兼虚实、神兼鬼神、（至）静兼动静，清兼清浊，这里的“兼”指示了超越者对出于关系中的“两体”的主导作用。

余 论

作为《正蒙》的首个欧洲语言的全译本，德译本将宋明理学的一大经典文本带给欧美汉学界和哲学界，而费利克斯·迈纳出版社将其收入于经典的“哲学文库”出版可以说表达了对中国思想的重视以及翻译工作的肯定。李文潮在德译《正蒙》的书评中这样说道：“这是一本雄心勃勃，要求很高且具有挑衅性的书，不能否认其具有一定的革命性和叛逆性。”[①] 诚如其言！由于译者翻译策略上以词源学追溯为主，偏好“古义”，导致译文一定程度上难读难懂，不过，哲学翻译本来就应当以“硬译”为主，这一点凡是留心西方哲学翻译工作的人自然可以理解。稍有遗憾的是，这样一部高质量的译作迄今为止并未引起国内学界足够的关注。可以肯定的是，探讨德译者的翻译策略与对张载哲学思想的诠释以及进一步考察“历代海外东西方学者对它的真诚研究”将有助于我们“从世界哲学的宏观视野来探究张载哲学”。[②]

---

① Li, *op. cit.*, S. 236.

② 参见陈俊民《中德文化哲学交融的新篇章——德文译本张载〈正蒙〉序》，第 462 页。

试论朱熹的五伦观念

李胜垒

（西北大学　中国思想文化研究所）

摘　要： 五伦是由孟子提出来的。朱熹对孟子的五伦非常重视，对其进行了解说和阐发。首先，朱熹以五伦统合了《尚书》“五典”“五品”“五教”“五常”、《中庸》“五达道”以及“纲纪”等有关人伦的种种说法。同时，朱熹又以精致、深刻的方式阐释了五伦所具有的普遍必然性的特征，给五伦赋予权威性。经过朱熹的诠释和发挥，五伦成了一个表述人伦关系上的绝对性、普遍性的话语，给后世产生了深远的影响。

关键词： 朱熹；孟子；五伦

贺麟在《五伦观念的新检讨》一文中指出：“五伦观念是几千年来支配了我们中国人的道德生活的最有力量的传统观念之一。它是我们礼教的核心，它是维系中华民族的群体的纲纪。”① 的确，五伦观念确实是中国传统文化中重要的观念之一，在中国历史上发挥着重要的影响力。

五伦最早是由孟子提出来的，孟子最早对人伦关系进行了界定：“契为司徒，教以人伦——父子有亲，君臣有义，夫妇有别，长幼有序，朋友有信。”② 问题在于，孟子提出五伦说之后，是否在历史上得到普遍接受和重视呢？潘光旦曾对中国的人伦关系进行了考察。他认为，尽管五

① 贺麟：《文化与人生》，商务印书馆2015年版，第54页。

② 杨伯峻：《孟子译注》卷五《滕文公上》，中华书局2010年版，第114页。

伦说法最早由孟子提出，但从孟子所处的战国时代，直至汉唐，鲜有人采取或继承他的这种说法。直到宋代，由于孟子地位的突然抬高，五伦之说受到宋儒的重视，并得到进一步的解释和发挥，在此基础之上，五伦之说才逐渐成为用于界说人与人关系的普遍话语。① 潘光旦所述是符合历史事实的。在五伦成为表述人与人关系的普遍化语的过程中，朱熹是绕不开的人物。孟子不仅受到朱熹的推崇，而且他的五伦说也得到了朱熹极大的重视，成为他思想体系中不可忽视的一环。而五伦之所以能成为一个表述人伦关系普遍性话语，朱熹发挥着极其关键的作用，有着不可磨灭之功。②

一　以五伦统合关于人伦的其他说法

潘光旦指出，在中国古代思想中，关于社会中的人际关系的表述，除了孟子五伦的说法之外，还有《尚书》中的“五典”“五品”“五教”“五常”、《中庸》的“五达道”以及“纲纪”等多种提法。但在历史的演变中，存在着“五典”“五品”“五教”“五常”“五达道”“纲纪”等

---

① 参见潘光旦《说“五伦”的由来》，《潘光旦文集》第10卷，北京大学出版社2000年版，第206—208页。

② 对于这个问题，目前学界已有涉及。由于三纲与五伦存在密切关联，学界对朱熹思想中三纲探讨较多，如：张立文的《朱熹思想研究》（中国社会科学出版社2001年版）；方朝晖的《试论三纲的两种含义及其历史演变》（《文史哲》2020年第6期）；衷鑫恣的《朱子的“三纲五常”与角色间的有限尊卑》（《孔子研究》2019年第4期）；乐爱国的《儒家“三纲五常”的本义、演变及其辨正》（《学习与实践》2018年第12期）；魏敏、彭丹琴的《浅析朱熹的三纲五常思想》（《法制与社会》2014年第6期）；等等。以朱熹思想中五伦为主题进行的探讨的成果为数不多，潘光旦的《说“五伦”的由来》（《潘光旦文集》第十卷，北京大学出版社2000年版）一文，指出了朱熹在五伦成为表述人际关系绝对话语过程中的重要作用，但并没有充分对其进行展开。江求流的《朱子哲学的结构与义理》（中国社会科学出版社2020年版），主要从五伦秩序的普遍必然性层面对朱熹的五伦观进行了探讨。徐公喜、万红的《宋明理学“三纲五常”向“四德五伦”结构性转变》（《上饶师范学院学报》2012年第5期），谈到朱熹对五伦进行了义理化阐释。李禹阶的《论朱熹对儒家伦理思想的再造》[《重庆师院学报》（哲学社会科学版）1992年第2期]，探讨了朱熹思想中四德与五伦的关系，认为朱熹伦理体系是由四德和五伦构成。一方面，四德是决定意义的上层构成，五伦是其外在表现；另一方面，四德与五伦是道德伦理与具体规范、德目的关系。总的来看，学界虽对朱熹的五伦从一些方面进行了探讨，但对朱熹在五伦成为表述人伦关系的绝对话语过程中的作用而言，却显得薄弱，而这正是本文所要论证和说明的问题。

等学说向五伦汇合的过程。① 其实，在这个过程中，朱熹所起的作用是十分重要的。

首先，朱熹以五伦整合了《尚书》中“五典”“五品”“五教”“五常”等提法。

“五典”“五品”“五教”出现于《尚书·舜典》，“五常”出现于《尚书·泰誓》。所谓“五典”“五品”“五教”“五常”具体指的是什么，《尚书》并没有给出明确说明。汉唐注疏多依据《左传·文公十八年》的“五教”之说，即“父义，母慈，兄友，弟共，子孝”②，作为自己的解释。如孔安国释《舜典》“慎徽五典”：“五典，五常之教，父义、母慈、兄友、弟恭、子孝。”③ 释《舜典》“百姓不亲，五品不逊，汝作司徒，敬敷五教”：“五品，谓五常也。布五常之教，务在宽，所以得人心。亦美其前功。”（《尚书正义》卷三《舜典》，第 100 页）孔颖达疏曰：“品，谓品秩。一家之内，尊卑之差，即父、母、兄、弟、子是也。教之义、慈、友、恭、孝，此事可常行，乃为五常耳。……文十八年《左传》云：‘布五教于四方，父义、母慈、兄友、弟恭、子孝。’是布五常之教也。”（《尚书正义》卷三《舜典》，第 100 页）可见，汉唐注疏家对“五典”“五品”“五教”“五常”的解释，只包含了父子与兄弟二伦。《淮南子·人间训》在父子、兄弟二伦的基础上增加了君臣和夫妇二伦，“百姓不亲，五品不慎，契教以君臣之义，父子之亲，夫妻之辨，长幼之序”④。《淮南子》虽然将其增加至四伦，但仍缺少朋友一伦而未足五伦。

北宋的程颐曾以孟子的五伦对“五典”进行阐释，他释《尚书·舜典》“慎徽五典”：“五典谓父子有亲，君臣有义，夫妇有别，长幼有序，朋友有信也。五者人伦也，言长幼则兄弟尊卑备矣，言朋友则乡党宾客备矣。孔氏谓父义、母慈、兄友、弟恭、子孝，乌能尽人伦哉？夫妇人伦之本，夫妇正而后父子亲，而可遗之乎？孟子云‘尧使契为司徒，教

---

① 参见潘光旦《说“五伦”的由来》，《潘光旦文集》第 10 卷，第 198—211 页。

② 杨伯峻：《春秋左传注·文公十八年》，中华书局 2016 年版，第 698 页。

③ （汉）孔安国传，（唐）孔颖达正义，黄怀信整理：《尚书正义》卷三《舜典》，上海古籍出版社 2007 年版，第 73 页。

④ 何宁：《淮南子集释》卷十八《人间训》，中华书局 1998 年版，第 1254 页。

以人伦。’五者人伦大典，岂舜有以易之乎?”[①] 程颐以五伦对“五典”进行了解释，并对孔颖达的说法表示不满，认为其不足以概括社会中所存在的人际关系，表明了他对孟子五伦说的重视。程颐虽然以五伦对“五典”进行解释，但是对“五品”“五教”“五常”却没有提及。

朱熹则以更为广阔的立场，将“五典”“五品”“五教”“五常”都以五伦进行解释，使“五典”“五品”“五教”“五常”都汇合于五伦之中。

朱熹注《尚书·舜典》“慎徽五典”:

> 五典，五常也。父子有亲、君臣有义、夫妇有别、长幼有序、朋友有信是也。[②]

又注《尚书·舜典》“百姓不亲，五品不逊，汝作司徒，敬敷五教”:

> 五品，父子、君臣、夫妇、长幼、朋友五者之名位等级也。(《晦庵先生朱文公文集》卷六十五《杂著·尚书·舜典》,《朱子全书》第 23 册，第 3170 页)
>
> 逊，顺也。司徒，掌教之官敷，布也。五教，父子有亲，君臣有义，夫妇有别，长幼有序，朋友有信，以五者当然之理而为教令也。(《晦庵先生朱文公文集》卷六十五《杂著·尚书·舜典》,《朱子全书》第 23 册，第 3170 页)

可见，对于“五典”“五品”“五教”“五常”，朱熹皆以孟子的五伦进行解释，摆脱了汉唐时期只有父子、兄弟二伦或父子、兄弟、君臣、夫妇四伦，而不足五伦的传统注解。

其次，将《中庸》所说的“五达道”统摄于五伦之下。《中庸》说:

---

① (宋) 程颢、程颐著，王孝鱼点校:《二程集·河南程氏经说》卷二《尚书·舜典》，中华书局 1981 年版，第 1040 页。

② 朱杰人等主编:《晦庵先生朱文公文集》卷六十五《杂著·尚书·舜典》,《朱子全书》第 23 册，上海古籍出版社、安徽教育出版社 2002 年版，第 3161 页。

“天下之达道五，所以行之者三。曰君臣也，父子也，夫妇也，昆弟也，朋友之交也，五者天下之达道也。”《中庸》所说的“五达道”与孟子所讲的五伦比较相近，其不同就是孟子说的是长幼，而《中庸》说的昆弟。其实长幼的范围更广，长幼是昆弟的推广，包括了昆弟，所以从这个意义上说，孟子的提法更为恰当。钱穆就认为，孟子所说的长幼比“五达道”的昆弟更为妥帖：“人有独生，无兄弟姐妹，则昆弟一伦不遍赅，孟子举长幼，兄弟亦已在内，此亦较中庸为允。”①

汉唐时期，《中庸》所讲的“五达道”为大多数学者所认同，公孙弘说：“臣闻天下通道五。”② 扬雄说：“天下之通道五”③。其表述的内容与《中庸》的“五达道”基本相同。到宋代，因为“四书”地位逐渐抬升，普遍受到学者重视，而《中庸》作为“四书”之一，其所讲的“五达道”其内容虽然与孟子的五伦略有不同，但实质并无二致，所以也不时为学者所提到，如张载说：“天下之达道五，其生民之大经乎？”④

《中庸》“五达道”说法，也被朱熹提及，例如，“天下之达道五，所以行之者三。君臣、父子、兄弟、夫妇、昆弟、朋友，古今所共底道理”（《朱子语类》卷四十五，《朱子全书》第15册，第1604页）。在认可“五达道”提法的同时，朱熹更认为，“五达道”就是孟子所讲的五伦，以五伦来统摄“五达道”，“达道者，天下古今所共由之路，即《书》所谓五典，孟子所谓‘父子有亲，君臣有义，夫妇有别，长幼有序，朋友有信’是也”（《四书章句集注·中庸章句》，《朱子全书》第6册，第45页）。朱熹这里首先将“五达道”认为同为《尚书》中的“五典”。在朱熹的解释中，“五典”本就指五伦，所以这就给“五达道”赋予了五伦的含义。同时，他又直接指出，“五达道”就是孟子所说的五伦之意，就将“五达道”统摄于五伦的观念之下。以五伦统摄“五达道”，显示了他对孟子五伦观念的重视。

最后，将“纲纪”与五伦统合起来。“纲纪”也是表示人伦关系的一

① 钱穆：《晚学盲言》，广西师范大学出版社2006年版，第205页。

② （汉）班固：《汉书》卷五十八《公孙弘传》，中华书局1962年版，第2621页。

③ 汪荣宝撰，陈仲夫点校：《法言义疏·孝至》，中华书局1997年版，第536页。

④ （宋）张载撰，章锡琛点校：《张载集·正蒙·至当》，中华书局1978年版，第34页。

种。《尚书·伊训》："先王肇修人纪。"（《尚书正义》卷八《伊训》，第304页）《礼记·月令》："毋乱人之纪。"（《礼记集解》卷十五《月令》，第419页）《礼记·乐记》："圣人作，为父子君臣，以为纪纲。"（《礼记集解》卷三十八《乐记》，第1015页）这都是把"纲纪"作为人与人关系的指称。《庄子·盗跖》有"五纪"之说："子张曰：'子不为行，即将疏亲无伦，贵贱无义，长幼无序；五纪六位，将何以为别乎？'"[①] 这里所提及的"亲疏""贵贱""长幼"，似乎包含了父子、君臣、兄弟三伦。汉代《白虎通》提出的"三纲六纪"最有代表性："三纲者，何谓也？谓君臣、父子、夫妇也。六纪者，谓诸父、兄弟、族人、诸舅、师长、朋友也。……何谓纲纪？纲者，张也。纪者，理也。大者为纲，小者为纪，所以张理上下，整齐人道也。"[②]《白虎通》这里突出君臣、父子、夫妇三伦在人伦中的重要性，将其称之为"三纲"，而将地位次之的"诸父""兄弟""族人""诸舅""师长""朋友"称之为"六纪"。

朱熹将"纲纪"的说法与"五伦"统合，是借助于"三纲五常"的说法来完成的。

"三纲"的说法，《白虎通》已经明确提了出来。有研究表明，《白虎通》中所说的"三纲"，有狭义和本义之别。其狭义是指"君为臣纲、父为子纲、父为妻纲"，前个角色是后个角色的纲领；其本义是指君臣、父子、夫妇三种主要人伦，它们是社会秩序的纲领，意寓人伦之纲，故曰"三纲"[③]。朱熹经常使用"三纲"的本义，将君臣、父子、夫妇三种人伦称之为"三纲"，并强调其在人伦中的重要地位，例如他说："然而仁莫大乎父子，义莫大于君臣，是谓三纲之要。"（《晦庵先生朱文公文集》十六《垂拱奏劄二》，《朱子全书》第20册，第633页）"夫人道莫大于三纲，而夫妇为之首。"（《晦庵先生朱文公文集》卷二十《论阿梁狱情劄子》，《朱子全书》第21册，第917页）关于"纪"的说法，朱熹

---

① （清）郭庆藩撰，王孝鱼点校：《庄子集释》卷九《盗跖》，中华书局2012年版，第998页。

② （清）陈立撰，吴则虞点校：《白虎通疏证》卷八《三纲六纪》，中华书局1994年版，第373页。

③ 参见方朝晖《试论"三纲"的两种含义及其历史演变》，《文史哲》2020年第6期；袁鑫恣《朱子的"三纲五常"与角色间的有限尊卑》，《孔子研究》2019年第4期。

则以“五常”称之，“宇宙之间，一理而已，天得之为天，地得之为地，而凡生于天地之间者，又各得之以为性。其张之为三纲，其纪之为五常，盖皆此理之流行，无所适而不在”（《晦庵先生朱文公文集》卷七十《读大纪》，《朱子全书》第23册，第3376页）。在朱熹的思想中，“五常”本来就有五伦的含义，这在他对“五常”的解释中就已清楚地表明。所以，朱熹以“五常”作为“纪”的内容，这就给“纪”赋予了五伦的意义。朱熹以“五常”来指称“纪”，同时又强调“三纲”，这样一来，“三纲五常”便成为“纲纪”的一种表述，如他说：“天下国家之务莫大于恤民，而恤民之实在省赋，省赋之实在治军。若夫治军省赋以为恤民之本，则又在夫人君正其心术以立纪纲而已矣。”（《晦庵先生朱文公文集》卷十一《庚子应诏封事》，《朱子全书》第20册，第581页）“纲纪不振于上，是以风俗颓弊于下。”（《晦庵先生朱文公文集》卷十一《戊申封事》，《朱子全书》第20册，第603页）“天下国家之所以长久安宁，唯赖朝廷三纲五常之教有以建立修明于上，然后守藩述职之臣有以秉承宣布于下，所以内外相维，大小顺序，虽有强猾奸宄之人，无所逞其志而为乱。”（《晦庵先生朱文公文集》卷二十三《乞放归田里状》，《朱子全书》第21册，第1041页）可见，在朱熹那里，“三纲五常”其实就是“纲纪”的一种表达。

在把“三纲五常”作为“纲纪”的一种表达之后，朱熹说：

> 夫君臣之义，父子之恩，天理民彝之大，有国有家者所以维系民心、纪纲政事本根之要也。（《晦庵先生朱文公文集》卷二十四《与陈侍郎书》，《朱子全书》第21册，第1086页）
>
> 昔者帝舜以百姓不亲，五品不逊，而使契为司徒之官，教以人伦，父子有亲，君臣有义，夫妇有别，长幼有序，朋友有信。又虑其教之或不从也，则命皋陶作士，明刑以弼五教，而期于无刑焉。盖三纲五常，天理民彝之大节，而治道之本根也。（《晦庵先生朱文公文集》卷十四《戊申延和奏劄一》，《朱子全书》第20册，第656页）

从以上的表述可以发现的是，五伦就是“三纲五常”，这就把将五伦与

“三纲五常”统合了起来。而“三纲五常”作为“纲纪”的一种表述，朱熹统合了五伦与“三纲五常”，也就是把五伦与“纲纪”也进行了统合。

总之，经过朱熹的阐释，《尚书》中的“五典”“五品”“五教”“五常”、《中庸》中的“五达道”以及“纲纪”，都被朱熹统合到五伦之下。这样一来，孟子提出的五伦，便成为朱熹思想中表述人与人之间关系的绝对话语。

> 人之大伦有五：父子有亲，君臣有义，夫妇有别，长幼有序，朋友有信是也。(《四书章句集注·论语集注》,《朱子全书》第6册，第229页)
>
> 父子有亲，君臣有义，夫妇有别，长幼有序、朋友有信，此人之大伦也。(《四书章句集注·孟子集注》,《朱子全书》第6册，第311页)

朱熹以孟子的五伦统合了关于人际关系的各种说法，这样就使五伦摆脱了自提出后地位不显的历史状况，从而超越其他说法占据主流，拥有绝对的话语权。

二　论证了五伦的普遍必然性

孟子的五伦说，概括出了人与人之间五种具有典型意义上的社会关系。孟子提出五伦，是他对现实社会关系的概括。朱熹继承孟子的五伦说，不仅以五伦统合了其他关于人伦的提法，使五伦成为一个表示人伦关系的绝对话语，而且又以精致、深刻的方式说明了五伦的普遍必然性特征，给五伦赋予了权威性。

(一) 五伦是天理之义

朱熹在论证五伦时，首先是用理（天理）的权威来进行说明的。理或天理是朱熹理学思想的最高哲学范畴。① 朱熹认为，理或天理是宇宙的本体和万物的本原，“合天地万物而言，只是一个理”（《朱子语类》卷一，《朱子全书》第 14 册，第 114 页）。“未有天地之先，毕竟也只是理。有此理，便有此天地；若无此理，便亦无天地。无人无物，都无该载了。有理便有气流行，发育万物。”（《朱子语类》卷一，《朱子全书》第 14 册，第 114 页）可见，理是宇宙的根本，天地万物都是由理所产生的。理具有永恒性和绝对性，“未有天地之先，毕竟是先有此理”（《朱子语类》卷一，《朱子全书》第 14 册，第 113 页）。“万一山河天地都陷了，毕竟理却只在这里。”（《朱子语类》卷一，《朱子全书》第 14 册，第 116 页）理是无始无终的，未有天地之先，已有此理，天地陷了之后，理依然存在，理是不依赖于天地而永恒独立存在的。

按照朱熹所说，理是宇宙万物的本原，那么人类社会中的人伦秩序自然也是理的实际内容，他说：

> 未有君臣，已先有君臣之理；未有父子，已先有父子之理。不成元无此理，直待有君臣父子，却旋将道理入在里面！（《朱子语类》卷九十五，《朱子全书》第 17 册，第 3204 页）
>
> 君臣、父子、兄弟、夫妇、朋友，岂不是天理？（《晦庵先生朱文公文集》卷五十九《答吴斗南二》，《朱子全书》第 23 册，第 2837 页）
>
> 父子、君臣、夫妇、长幼所不能无者……即日用而有天理，则于君臣、父子、夫妇、长幼之间，应对、酬酢、食息、视听之倾，无一而非理者，即无一之可紊。一有所紊，天理丧矣。（《晦庵先生朱文公文集》卷四十五《答廖子晦三》，《朱子全书》第 22 册，第 2083 页）

朱熹借助理的权威性论证了五伦的天经地义。五伦是按照先验的天理、准则建立起来的，是天理的应有之义，人生而有。五伦具有先天的特点，

① 侯外庐、邱汉生、张岂之主编，张岂之修订：《宋明理学史》，西北大学出版社 2018 年版，第 355 页。

并非是出于特定目的、需要而后天人为建构的结果，因此具有普遍的必然性。

（二）五伦出于“天叙”

朱熹不仅以天理的权威去说明五伦的普遍必然性，而且以“天叙”来阐述五伦的这种特征，他说：

> 天降生民，厥有常性。仁义礼智，父子君臣。爰及昆弟、夫妇、朋友。是曰天叙，民所秉彝。(《晦庵先生朱文公文集》卷七十八《徽州婺源县学藏书阁记》,《朱子全书》第 24 册，第 3734 页)
>
> 臣又尝窃谓自天之生此民，而莫不赋之以仁、义、礼、智之性，叙之以君臣、父子、兄弟、夫妇、朋友之伦，则天下之理，固已莫不具于一人之身矣。(《晦庵先生朱文公文集》卷十五《经筵讲义》,《朱子全书》第 20 册，第 691 页)

朱熹以“天叙”的作为五伦存在方式的表达，正是表明五伦这样一种存在秩序并不是出于后天人为作用的结果，而是一种本源性的存在秩序，具有普遍性、必然性的特点。

以五伦作为一种先天必然的普遍性存在，会在一定程度上会受到常识的质疑。父子兄弟二伦由于血缘关系，说它们是出于“天叙”，当然容易为人所接受，但如果说君臣、夫妇和朋友也是出于“天叙”，就容易引起人们的质疑，因为这三伦都有后天人为结合的特征，对此，朱熹也承认：“人之大伦，其别有五，自昔圣贤皆以为天之所叙，而非人之所能为也。然以今考之，则惟父子、兄弟为天属，而以人合者居其三焉。是则若有可疑者。”(《晦庵先生朱文公文集》卷八十一《跋黄仲本朋友说》,《朱子全书》第 24 册，第 3836 页）父子、兄弟之伦是出于血缘，在现实社会中，谁也不能选择自己的父母、兄弟，说父子、兄弟是出于“天属”，是“非人之所能为”，自当没有疑问。但如果说君臣、夫妇、朋友也是属于“天属”，就显得令人费解，因为君臣、夫妇、朋友是出于“人合”组成的，确有人为的因素在其中。但是，朱熹进一步指出：

然夫妇者，天属之所由以续者也。君臣者，天属之所赖以全者也。朋友者，天属之所赖以正者也。是则所以纪纲人道，建立人极，不可一日而偏废。虽或以人而合，其实皆天理之自然有不得不合者，此其所以为天之所叙而非人之所能为者也。(《晦庵先生朱文公文集》卷八十一《跋黄仲本朋友说》,《朱子全书》第24册，第3836页)

在现实之中，君臣、夫妇、朋友三伦都有个体进行选择的空间，从这个层面上被理解为“人合”，当然有其一定的合理性。但在朱熹看来，君臣、夫妇、朋友三伦从根本上说仍是“天之所叙”的关系。其依据正在于：夫妇关系是人类存在得以接续的保障，君臣关系是人类生存的制度保障，朋友关系是人类存在正当有序的保障。所以，夫妇、君臣、朋友对于人的存在而言，都是不可或缺的，是一种必然的存在秩序。正是从这个意义上说，夫妇、君臣、朋友三伦也是“天之所叙”。朱熹以夫妇、君臣、朋友使出于“天叙”的关系，并不是生活的经验认识出发，而是从夫妇、君臣和朋友对于整个人类社会生存、存在的意义进行思考，揭示其“天叙”的存在特征。

（三）人与动物共享五伦

为了突出五伦的普遍存在，朱熹还认为在动物界也存在着和人类社会一样的人伦秩序：

世间自是有父子，有上下。羔羊跪乳，便有父子；蝼蚁统属，便有君臣；或居先，或居后，便有兄弟；犬马牛羊成群连队，便有朋友。(《朱子语类》卷二十四，《朱子全书》第14册，第867页)

以至于父子兄弟夫妇朋友君臣，亦莫不皆然。至于物，亦莫不然。但其拘于形，拘于气而不变。然亦有他一角子又发见处：看他也自有父子之亲；有牝牡，便是有夫妇；有大小，便是有兄弟；就他同类中各有群众，便是有朋友；亦有主脑，便是有君臣。只缘本来都是天地所生，共这根蒂，所以大率多同。(《朱子语类》卷十四，《朱子全书》第14册，第427页)

人类和动物在本源上都是天地所生，都共存于天地之间。所以，君臣、父子、兄弟、夫妇、朋友等关系并非为人类所特有，动物界也存在类似于人类的这种存在秩序。五伦秩序不仅是人类社会的最高法则，也是自然界的最高准则。这种说法在今人看来有些荒诞无稽，但在朱熹那里，正是表明了五伦所具有的普遍必然性的特征。

（四）五伦不可泯灭

五伦作为普遍必然的社会秩序，人类不仅不能出于自己的目的、需要而进行建构，而且不能将这种社会秩序消除、泯灭，这也是朱熹所强调的一点，他说："秦之绝灭先王礼法，然依旧有君臣，有父子，有夫妇，依旧废这个不得。"（《朱子语类》卷二十四，《朱子全书》第 14 册，第 865 页）"虽衰乱大无道之世，亦即在。但如继周者秦，是大无道之世。毕竟是始皇为君，李斯等为臣；始皇为父，胡亥为子。"（《朱子语类》卷二十四，《朱子全书》第 14 册，第 868 页）作为普遍必然的社会秩序，个体虽然可以在一定程度上对其加以破坏，但这只能改变人伦秩序的具体形态，而社会秩序本身是不可泯灭的，即使是"大无道之世"，人伦秩序也是坚强地存在下来。朱熹对佛教的评论中也反映了这一点，"天下之事这道理，终是走不得。如佛老虽是灭人伦，然自是逃不得。如无父子，却拜其师，以其弟子为子；长者为师兄，少者为师弟。但是只护得个假底，圣贤便是存得个真底"（《朱子语类》卷一百二十六，《朱子全书》第 18 册，第 3932 页）。佛教尽管主张"灭人伦"，但其宗教生活仍然是以父子、兄弟等人伦作为基础，这正说明了五伦之道是牢不可破、坚不可摧的。人类个体虽然能对人伦秩序造成一定程度上的冲击，但人伦秩序却能无比坚固地存在下来，这正如黑格尔所言："伦理性的规定就是个人的实体性或普遍本质，个人只是作为一种偶性的东西同它发生关系。个人存在与否，对客观伦理来说是无所谓的，唯有客观伦理才是永恒的，并且是调整个人生活的力量。因此，人类把伦理看作是永恒的正义，是自在自为地存在的神，在这些神面前，个人的忙忙碌碌不过是玩跷跷板罢了。"①

① 黑格尔：《法哲学原理》，范扬、张企泰译，商务印书馆 1961 年版，第 165 页。

总之，经过朱熹的论证和阐发，五伦成为一种普遍、必然的社会秩序。对于人的存在而言，君臣、父子、兄弟、夫妇、朋友这五种社会关系是任何人都无法摆脱的，人人都存在于这五种基本的社会人际关系之中，“君臣、父子、兄弟、夫妇、朋友，皆人所不能无者”（《朱子语类》卷十五，《朱子全书》第14册，第464页）。“盖民有是身，则必有五者，而不能以一日离；有是心，则必有是五者之理，而不可以一日离也。”（《晦庵先生朱文公文集》卷七十九《琼州学记》，《朱子全书》第24册，第3761页）在儒家的思想中，人是社会性动物，人是存在于社会之中的，而五伦关系就是人所存在的具体的社会环境。朱熹对于五伦普遍必然性的说明，深刻地揭示了人所具有社会性特征。

结　语

由孟子提出的五伦之所以会受到朱熹的重视，当然跟孟子在宋代地位的抬升有着密切关系。汉唐时期孟子地位不显，逮至宋代，孟子受到宋代社会的重视，受到学者普遍推崇，朱熹本人是更是如此，这就使孟子的学说，包括五伦在内，得以出现在学者的视野，从而得到重视。当然，孟子的五伦说受到朱熹重视，也跟五伦本身有关。孟子点明了父子、君臣、夫妇、长幼、朋友这五种人际关系，但事实上，五伦并没有涵盖社会中所有的人际关系，因为除五伦之外，还有大量的人际关系存在。有学者认为，五伦以外大量的人间关系，它们主要出现在先秦至唐，以后几乎很少被提及了。至于后来为何不再探讨，主要是因为它们基本上都能被五伦的表述所覆盖。[①] 五伦虽然不能统摄所有的人际关系，但的确是儒家最基础，也是最重要人际关系，正如瞿同祖所说：“君臣、父子、父子、夫妇、兄弟、朋友五种社会关系，只是从千万种社会关系中提纲挈领归纳所得的五种最重要的范畴而已。人与人的社会关系，皆不能秩出此种范围，家族的、政治的、社会的关系皆在其中。”[②] 五伦本身蕴含着合理性，它是对中国古代社会的合理总结和概括。五伦基本上比较客

---

① 翟学伟：《伦：中国人之思想与社会的共同基础》，《社会》2016年第5期。

② 瞿同祖：《中国法律与中国社会》，中华书局2003年版，第301页。

观地概括了人与人之间的五种典型意义的社会关系，它完善了人伦构建和伦理实体的设计，解决了客观伦理的主观内化问题，建立了中国伦理的基本结构和体系，它是中国伦理精神的典范。①

朱熹对孟子的五伦的重视和发挥，在学术史上是极其重要和关键的。朱熹不仅以孟子的五伦统合了其他关于人伦各种提法，使五伦成为表示人与人关系的绝对话语，而且赋予了五伦普遍必然性的特征，增强了五伦的权威性。也正是在朱熹的阐释之下，五伦才成为一个定型的话语，才能在明清时期得以普遍流行。例如，明初一位名叫沈易的学者作《五伦诗》，不但用到五伦，并以五伦做书名，“《五伦诗》五卷，明沈易编。尝编五伦诗集，俾知人之所以为人在乎此五者”②。罗钦顺直接使用了五伦的说法：“仰而日月星辰，俯而山河大地，近而君臣父子，兄弟夫妇朋友，远而飞潜动植……”③《明史·艺文志》还列有《五伦书》一种，共六十二卷，是明宣宗采经传子史嘉言善行辑成。这反映出五伦已经是当时通行的观念。

① 周兴茂：《孟子“五伦”的历史演变和现代价值》，《湖北民族学院学报》（哲学社会科学版）1999 年第 1 期。

② （清）永瑢等：《四库全书总目提要》卷一百九十一《总集类·存目一》，商务印书馆 1933 年版，第 105 页。

③ （明）罗钦顺撰，阎韬点校：《困知记》续卷上，中华书局 1990 年版，第 56 页。

如何理解王阳明的“一体之仁”*

路传颂
（西北大学　中国思想文化研究所）

摘　要：当前的学术界主流要么把王阳明的“天地万物一体之仁”等同于“万物一体”，要么把“一体之仁”解释为本体论意义上的本体。这两种解释把一体之仁混同于形而上事实或本体，颠倒了仁爱与万物一体之间的关系，遮蔽了“一体之仁”概念的哲学史意义。“一体之仁”不是“万物一体”，而是“以天地万物为一体”，即主体对世界的态度。王阳明用“一体之仁”揭示“仁”在本质上是一种普遍之爱。通过澄清这些误解，文章指出“一体之仁”的概念不仅意味着对儒学传统的扩充善端说的革命，还提供了一种不依赖形而上学前提的伦理学。

“一体之仁”是王阳明哲学中的一个重要概念，王阳明试图通过这个概念表明仁的本质就是“以天地万物为一体”，亦即将一切事物视同一体的博爱。在王阳明看来，这种以万物为一体的博爱，就是《大学》所谓“明明德”的“明德”，即崇高显明的德性。然而，有许多学者把作为“明德”的“天地万物一体之仁”混同于作为形而上学命题的“万物一体”，或是把它解释为本体论意义上的本体，例如，吴震认为“天地万物一体之仁”是“万物一体”的完整表述、一体之仁是万物一体论的本体

* 本文系陕西省社会科学基金项目“元伦理学视域下的阳明心学研究”（立项号：2019C005）阶段性成果。

依据；[①] 陈来强调要从“客观的方面”、从“实体的方面”去把握一体之仁。[②] 根据这种解释，“一体之仁”概念使仁学获得了本体论意义，形成了仁学形态的万物一体论。

本文将要证明，尽管有着紧密的内在联系，一体之仁和万物一体并不是一回事。无论是混淆一体之仁与万物一体，还是将一体之仁理解为本体，都是范畴错误。澄清这种错误，不仅有助于我们准确理解一体之仁与万物一体的关系，还能帮助我们理解王阳明究竟为什么用“天地万物一体”修饰“仁”。

一 “一体之仁”不是万物一体

本节想要说明两个论点。第一，“天地万物一体之仁”与“万物一体”是不同的语言表达式，分别指称不同类型的实在。第二，“万物一体之仁”中的“万物一体”，与作为形而上学命题的“一体之仁”仅具有言辞上的相似性，表达的内容并不相同。首先来看第一点。

一体之仁就是万物一体这种看法隐含在许多著述的字里行间，如：“儒学‘一体之仁’的思想就是：在‘本体’的层级上，万物本来一体；在‘工夫’的层级上，我们应当重新回归万物一体。”[③] 王阳明的确继承了以“一气流通”为基础的万物一体观念，他说：“五谷禽兽之类，皆可以养人；药石之类，皆可以疗疾：只为同此一气，故能相通耳。”[④] 但是，如果因此而宣称气的概念使一体之仁的实体化成为可能，[⑤] 并把一体之仁与万物一体等同起来，就是犯了范畴错误。所谓范畴错误，从语言的角度看，就是把适合于表述一种范畴的词语用来表述另外一种范畴，从形而上的角度看，就是把本来属于一种范畴的事物归属于另外一种范畴。

---

① 吴震：《论王阳明“一体之仁”的仁学思想》，载《哲学研究》2017 年第 1 期。

② 陈来：《仁学本体论》，生活 · 读书 · 新知三联书店 2014 年版，第 288 页。

③ 参见黄玉顺《论“一体之仁”与“爱的共同体”——儒学与情感现象学的比较》，载《社会科学研究》2007 年第 6 期。

④ 《王阳明全集》，上海古籍出版社 1992 年版，第 107 页。下文引用王阳明，均出自该版本。

⑤ 参见陈来《仁学本体论》，生活 · 读书 · 新知三联书店 2014 年版，第 301 页。

一体之仁与万物一体分别从属于不同的范畴。从语言的角度看，“万物一体之仁”是以名词为中心词的偏正短语，“仁”是被修饰的中心词，“万物一体之仁”中的“万物一体”是起修饰作用的定语，而不是一个完整而独立的陈述句。名词性短语在语法功能相当于名词，用于指称事物（things），所以，“万物一体之仁”指称仁这一事物（暂且不论它是什么类型的事物）。

但是，作为一个独立语句，“万物一体”是一个完整的陈述句，翻译成现代汉语就是“万物是一体的”或“万物是一个整体”。陈述句用于表达命题（propositions），如果一个陈述句表达的命题为真，我们就可以说这个陈述句“指称”了一个事实（facts）。“万物一体”指称万物是一体的这一事实（假定万物一体是一个真命题）。

因此，“万物一体之仁”之中的“万物一体”是作为定语的修饰词或形容词，并不表达独立事实，“万物一体之仁”这一表达式指称“仁”这种事物。而作为独立语句的“万物一体”，“指称”一个形而上事实。简言之，“万物一体之仁”中的“万物一体”与作为独立语句的“万物一体”具有不同的语法功能，一个用于修饰某个事物，一个用于表达某个事实。事物和事实是截然不同的本体论范畴。

世界是由事物构成的，还是由事实构成的，这是形而上学领域内的一个根本分歧。我们这里无须涉足这场形而上学纷争，仅需指出事物与事实的区别。事实具有命题结构，也就是说，一个事实或者告诉我们什么事物具有什么特征，或者告诉我们哪些事物之间具有什么关系；事物虽然可以出现在一个命题中，但其本身不具有命题结构。事实是真命题与之符合的东西，事实能够决定一个语言表达式是真还是假，但事物仅与名称相呼应，而名称或是空洞的，或是实有所指的，但本身无所谓真假。因此，混淆了事物与事实，把万物一体之仁等同于万物一体，就是在说万物一体之仁既不具有又具有命题结构；既是又不是真命题与之符合的东西；既是又不是与真值相关的东西，这是明显的自相矛盾。

事物和事实在本体论上的差异通过语言上的差异而对思想施加了一种基于意义的限制。比如：说出一个名称，例如“苹果”，并没有表达任何思想，而仅仅是从实在中挑选出某个对象，只有说出一个陈述句的时候，例如“苹果是可食用的”，才表达了一个完整的思想。又如：事物是我们能够拥有或抛弃的东西，而事实却不是，“我有一个苹果”是一个有意义的语句，而“我有一个苹果是可食用的”（请不要与“我有一个苹果，是可食用的”相混淆）却是毫无意义的。再如：事实可以是知道、相信、否认、害怕的对象，但事物却不是，因此，除非是知道苹果是可食用的、苹果是植物果实等关于苹果的事实，单纯地说“知道苹果”是空洞的。“我相信万物一体”和“我有万物一体之仁”表达了有意义的思想，而“我有万物一体”是无意义的，“我相信万物一体之仁”是缺乏实质内容的。同样，《传习录》中的“以达吾一体之仁”翻译成“以实现我的万物是一体的”或“以实现我的万物是一个整体”，既不合乎语法，也毫无意义。

一旦明白事物与事实之间的分别，我们马上就会意识到在“万物一体之仁”这个偏正短语中充当修饰语的“万物一体”，与作为独立、完整语句的“万物一体”仅具有言辞上的同一性，两者既不具有相同的语法结构，更不表达相同的逻辑类型。作为修饰语的“万物一体”只能被视为句子成分，而不能被视为完整的句子，也就是说，它表达的不是具有完整思想结构的命题，也不能指称具有完整命题结构的事实。我实在想不出一个用事实修饰事物的例句。或许有人会说，我们可以合乎语法地说：“万物一体之观念”，其中“万物一体”表达的正是万物一体这个命题。但是，这里的“万物一体”充当的是限定语而不是修饰语，即把谈话对象限定在这个观念而不是其他观念，而不是用“万物一体”修饰“观念”。但是，既然事物与事实有别，仁与万物一体有别，“万物一体之仁”中的“万物一体”不是限定语，不能像理解“万物一体之观念”那样理解“万物一体之仁”，也就是说，我们不能把“万物一体之仁”中的“万物一体”的含义理解为“万物是一体的”或“万物是一个整体”。

那么，我们该如何理解“万物一体之仁”呢？其实，“万物一体之仁”中的“万物一体”是“以万物为一体”的简便表达：

> 大人者，以天地万物为一体者也，其视天下犹一家，中国犹一人焉。(《王阳明全集》，第 54 页。着重号为笔者所加。)
>
> 夫圣人之心以天地万物为一体，其视天下之人，无外内远近，凡有血气，皆其昆弟赤子之亲，莫不欲安全而教养之，以遂其万物

一体之念。(《王阳明全集》，第968页。着重号为笔者所加。)

“以天地万物为一体”和“以苦为乐”一样，是“以……为……”结构，和“视……犹……”结构一样，是表达一种心理态度、情感倾向以及由此产生的行为倾向，而不是表达事实。

事实独立于人的认知、态度、情感和欲望，而“以天地万物为一体”只有被置于主体性中才是可理解的，这是因为“以万物为一体”是一个缺乏主词的不完整表达式（或用弗雷格的话来说，是不饱和的表达式、是概念、是函项），也就是说，只有在被归属于一个主词之后，它才能与主词一起构成一个完整的语句，表达一个完整的思想，例如“大人之能以天地万物为一体”。“能以天地万物为一体也”这个说法已经说明“以万物为一体”不能等同于“万物一体”，因为形而上事实是独立于人的实践能力的。

因此，“万物一体之仁”中的“万物一体”不是在表达一个形而上学真理、客观事实，而是在表达某种属于主体性的东西。“万物一体之仁”与“万物一体”也不是一回事，后者指称的是事实，而前者指称的是事物，即“以万物为一体”之“仁”。但是，万物一体之仁究竟是什么类型的事物？是本体论意义上的本体吗？我们现在就来讨论这个问题。

二　一体之仁不是本体

一体之仁是本体论意义上的本体吗？本文的回答是：不是！本文甚至认为这个问题在很大程度上只是一个纯粹的言辞之争，而不是实质论争。实质论争是“不能通过定义或任何简单的语言调整来解决”的论争，纯粹的言辞之争则是根源于语言的误解或误用。[①] 日常对象是本体还是知觉束，这是亚里士多德主义者与休谟主义者之间的实质论争；最复杂的事物（如自然）是本体还是最简单的事物（如单子）是本体，这是一元论者（如斯宾诺莎）和多元论者（如莱布尼茨）之间的实质论争；气是

① ［美］欧文·M. 柯匹、卡尔·科恩：《逻辑学导论（第11版）》，张建军、潘天群等译，中国人民大学出版社2007年版，第117页。

本体还是理是本体，甚至物是本体还是气的本体，都是实质论争。但是，一体之仁是不是本体，我相信这是可以通过澄清“本体”的含义就能解决的问题。

“本体”一词在古代汉语中可以表示本然状态、本质的含义，在现代语境下则是用于对西方哲学术语的翻译。但是，这个词既被用来翻译与“现象”相对立的 noumenon，又被用来翻译与“属性”相对立的 substance。我们先看前者。

与其说 noumenon 是一个本体论概念，不如说它是康德用来证明本体论的不可能性的概念。为了说明这个问题，我们需要从现象与实在的分别谈起。现象是事物看起来之所是；实在是事物本来之所是。我们通常会认为现象就是实在，例如此刻我面前的东西看起来是一个电脑显示屏，除非有特殊的理由，我们不会怀疑它的真实性。然而，一旦我发现我此刻是在做梦，那么现象与实在的区别就变得重要起来：现象是虚假的，而实在是真实的。随着近代表象主义认识论的盛行，现象与实在之别不再只是真实与否的区别。根据表象主义，我们直接知觉到东西不是事物自身，亦即不是事物的本体，而是主观的私人感觉，即不能独立于心灵的观念或感觉材料。理性主义者认为我们只能通过理智认识事物自身，而经验主义者开始怀疑私人感觉之外是否真的有一个本体。康德同时否定了理想主义和怀疑主义。他把理性主义者所谓的本体改造成思维的主观形式，而用 noumenon 指称客观实在。康德承认事物自身的存在，但否认我们能够认识事物自身，他认为我们所能认识的只是事物在心灵中的显象。如此一来，现象与实在的区分有了新的意义：实在是独立于心灵的“作为存在的存在”，而现象是依赖于心灵的“作为显象的存在”。以作为存在的存在为研究对象的本体论是不可能的，因为它是不可知的。

受西方哲学的影响，近世中国学者喜欢用本体与现象这对概念解读中国传统哲学，同时，学者们也非常清楚，中国哲人没有以真实与虚幻区分世界的不同构成部分（从印度传入的以大千世界为虚妄的观点也是中国哲人批评的对象）。中国古代更没有表象主义认识论传统，即使是王阳明的“心外无物”，也绝非将客观世界理解为感觉材料的逻辑建构物。既然如此，为什么还要用本体与现象这对概念解读中国古代哲学思想?

毕竟，中国古代哲人并没有区分实在与现象①、独立于心灵的物自身与依赖于心灵的经验世界，哪里会有本体与现象的区别呢？

因此，我赞同张岱年以本根与事物之分——而不是以本体与现象之别——来表述中国古代哲学关于世界根本结构的理论。他说：

> 印度哲学及西洋哲学讲本体，更有真实义，以为现象是假是幻，本体是真是实。本体者何？即是唯一的究竟实在。这种观念，在中国本来的哲学中，实在没有。中国哲人讲本根与事物的区别，不在于实幻之不同，而在于本末、源流、根支之不同。万有众象同属实在，不惟本根为实而已。②

既然本根与事物都是实在，就都可以称之为本体，却没有与之相对的现象，只有与现象相对，本体概念才是可理解的。

让我们回到阳明哲学。一体之仁是与现象对立的本体吗？不是。王阳明绝没有这样的看法：一体之仁是真实的存在，一体之仁之外的其他事物，如孺子、鸟兽、草木、瓦石都是不真实的。王阳明也没有这样的看法：一体之仁是独立于心灵的客观实在、作为存在的存在，或不可知的物自身，而孺子、鸟兽、草木、瓦石都是感觉材料或一体之仁的逻辑建构物。那么，一体之仁是与属性相对的本体吗？

与属性相对本体是一个血统更加纯正的本体论概念，可以追溯到亚里士多德的《范畴篇》。《范畴篇》讨论实在的范畴结构③，亦即讨论实在的不同类型以及不同类型的实在之间的关系。何物存在这个问题是讨论范畴结构的简便入手处，以我的办公室为例，这里有办公桌、电脑、

---

① 这不是说中国古代哲人无法区分看起来像是蛇的草绳与一条真正的蛇，而是说中国古代哲人没有从原则上怀疑可感世界的真实性。

② 张岱年：《中国哲学大纲》，江苏教育出版社2005年版，第40页。

③ 西方传统本体论就是关于实在的范畴理论，既不是许多中国学者所理解的关于本体的理论，也不是一些分析哲学家所理解的关于何物存在的理论。关于传统本体论研究主题的讨论，可以参看路克思《当代形而上学导论》的前言（［美］路克思：《当代形而上学导论（第二版）》，朱新民译，复旦大学出版社2008年版）。路克思用的是“形而上学”一词，但他指的是与理性主义所谓的理性宇宙论、理性心理学、理性神学三个特殊形而上学分支相对的一般形而上学，即本体论。

打印机、咖啡、盆栽等物。但是哲学家会提醒说，这里还有办公桌具有的形状、敲击电脑键盘发出的声音、打印机所处的状态、咖啡具有的味道、盆栽散发出来的气味、各个物品彼此之间的关系，等等。形状、声音、味道等也是真实存在的事物，但又与桌子、电脑、打印机等物截然不同。多数哲学家会把桌子等物归入本体范畴，而把形状等归入属性范畴。本体与属性的区别显而易见，本体是能够独立存在的东西，而属性只能寄生于本体。判定一个事物是否是本体的一个主要标准就是看其是否具有本体论或范畴论上的独立性。

我们对本体与属性概念的介绍省略了一大堆复杂的形而上学论争，甚至没有涉及亚里士多德在《形而上学》中因引入“质料—形式”之分而导致的难题，但对于本文的目的来说已经足够了。一个属于本体范畴的事物具有本体论或范畴论上的独立性。如果从最浅显的意义上来理解这种独立性，那就是我们可以离开其他范畴而设想一个本体。有人可能会说，当我们设想一个苹果的时候，总会设想它的形状、颜色，因此不可能离开其他范畴而设想一个苹果。的确如此，但是，我们总可以设想一个苹果改变了颜色而仍然是同一个苹果。我们可以把本体论上的独立性理解为一个事物就其同一性而言独立于其他事物。但是，“……的颜色”这种表达式是不饱和的，通过它我们似乎并没有设想任何具有同一性的东西，如果这个表达式真的指称的某种东西，也一定是“寄生”于其他事物的东西，例如寄生于一个苹果的“这个苹果的颜色”。同理，一体之仁是以万物为一体的心理倾向，它在语言中真正表达式是“……以万物为一体”，也就是说它总要依附于某个智慧生物，而不是能独立存在的东西。

王阳明也用“万物一体之念”来表达一体之仁，有谁会认为“念”是能够独立存在的本体呢?

三　一体之仁与万物一体的关系

一体之仁不是本体，也不是万物一体，而是“以天地万物为一体之仁”。所谓“以天地万物为一体”，按照王阳明自己的解释，就是对他人遭受的痛苦感同身受的情感共鸣、视人犹己、视物如己。这种“一体感”

就是现代心理学所谓的共情（Empathy）[①] 以及由此产生的利他的行为倾向。将一体之仁等同于万物一体、本体，妨碍了我们全面而正确地认识一体之仁、万物一体及两者的关系。

第一，一体之仁不仅与万物一体这个形而上论题相关，也与心身一体论、心物一体论这两个形而上论题有关，而这一点往往被遮蔽了[②]。从北宋程颢开始，一体之仁就与心身一体论、万物一体论、心物一体论这三个形而上论题密切相关。程颢说：

> 医书言手足痿痹为不仁，此言最善名状。仁者，以天地万物为一体，莫非己也。认得为己，何所不至？若不有诸己，自不与己相干。如手足不仁，气已不贯，皆不属己。[③]（着重号为笔者所加）
>
> 学者须先识仁。仁者，浑然与物同体。[④]
>
> 若夫至仁，则天地为一身，而天地之间，品物万形，为四肢百体。（《宋元学案·明道学案》）

"手足痿痹为不仁"，就是说仁首先体现在心身关系上，心能知身体之疾痛；"天地为一身"在王阳明那里就是基于"一气流通"基础上的万物一体；在心能知身体之疾痛、天地为一身的基础上，"浑然与物同体"实质上就是说仁是一种心物关系：心与"宇宙大身体"之间的一体性，心能知物之疾痛。王阳明也说：

> 人的良知，就是草、木、瓦、石的良知。……盖天、地、万物与人原是一体，其发窍之最精处，是人心一点灵明。（《王阳明全集》，第 107 页）

---

① 参见陈四光《儒家"万物一体"思想探析：来自共情心理研究的启示》，载《南京大学学报》2017 年第 5 期。陈四光用共情概念解释"仁"的概念，但没有区分"万物一体之仁"与"万物一体"。

② 韩振江的文章探讨了"万物一体"中心物关系问题，参见韩振江《试论王阳明"万物一体"观中的心物关系——从存在本体论视域出发》，载《大连理工大学学报》2011 年第 1 期。

③ 《二程集》（上），中华书局 1981 年版，第 15 页。

④ 《二程集》（上），中华书局 1981 年版，第 16 页。

夫人者，天地之心，天地万物本吾一体者也。生民之困苦荼毒，孰非疾痛之切于吾身者乎？(《王阳明全集》，第79页)

如果将上述两段材料中的“一体”替换成“一身”，似乎更加顺理成章。万物一体是物质上的一体性，是不依赖于良知的客观事实。只有经过心身一体论的中介，万物一体与心发生联系而有了心物关系，才关涉主体对物的情感、态度。

第二，将“天地万物一体之仁”中的“天地万物一体”理解为形而上论题，会导致我们错误地理解一体之仁与万物一体之间的关系，亦即错误地理解道德范畴与形而上学论题之间的关系。

错误之一是把一体之仁理解成一种道德义务，并把万物一体理解成这种道德义务的证成根据。很多人想当然地认为，因为我与万物是一体的，所以我应该爱万物。朱熹早已指出不能把一体作为爱的根据，他在答林安卿问时说：“若爱则是自然爱，不是同体了方爱。惟其同体，所以无所不爱。所以爱者，以其由此心也。所以无所不爱者，以其同体。”① 爱是自发的心理倾向，爱的根据是心。与物同体是（部分地）解释了人何以能爱物，而不是证成了人应该爱物。解释是解除疑惑，使某事成为可理解的，证成的是使某事或某项义务成为可接受的。

林安卿以为一体之仁说是要以万物一体为爱的根据，但其实并非如此。我们来看关于杨时的一段材料：

李似祖、曹令德问何以知仁，曰：“孟子以羞恶之心为仁之端，平居但以此体究，久之自见。”因问似祖：“令尊寻常如何说隐？”似祖云：“如有隐忧，勤恤民隐，皆疾痛之谓也。”曰：“孺子将入于井，而人见之者，必有恻隐之心。疾痛非在己也，而为之疾痛，何也？”似祖曰：“出于自然不可已也。”曰：“安得自然如此？若体究此理，知其所自来，则仁之道不远矣。”二人退，余从容问曰：“万物与我为一，其仁之体乎？”曰：“然。”②

① 《朱子语类》，中华书局1986年版，第852页。

② 《杨时集》（第二册），中华书局2018年版，第283页。

如果不留心的话，就会以为杨时是以“万物与我为一”解释仁的本质，但其实“万物与我为一”是回答“安得自然如此”，回答为什么爱物会是“出于自然不可已”。

前面之所以强调与物同体只是部分地解释了人何以能爱物，是因为单纯万物一体这一事实并不能激发我们关怀万物的同情心，也不能赋予我们关怀万物的规范性理由。是万物的痛苦处境激发了人的同情心，而这又首先依赖于心灵是宇宙“发窍之最精处”，有知痛痒、知是非的良知良能。顺便提及一点，一个人是否具有一体之仁，甚至不依赖于他是否认识到或相信万物一体的形而上论题。人们不是首先从认知上通达万物一体的事实，才有一体之仁，因此不能认为我们帮助他人的意愿是“基于天地万物一体这样一种信念”①。

错误之二是把一体之仁解释成使万物成为一体的本体根据，进而把万物一体解释为主观境界。但是王阳明从来没有说是仁使得人与天地万物成为一体，反而多次强调天地万物与人“原是一体”“本是一体”。我们或许可以把“万物一体的信念”看作认知境界，把“以物为一体”看作人生境界，但是万物一体是不依赖于人的主观看法、情感、态度、欲望的客观事实，而所谓“境界”，在我看来就是人的思想、情感、态度、行为的体现出来的精神的深度、广度、层次。所以，万物一体不是境界。

作为道德范畴的“一体之仁”与作为形而上学论题的“万物一体”究竟是什么关系？首先，万物一体不是一体之仁的证成根据，换句话说，万物一体不是爱物的前提。但万物一体是一体之仁的解释根据或存在根据，因为万物一体部分地解释了人何以能对生民之困苦荼毒感同身受。其次，一体之仁不是万物一体的存在根据，因为万物一体是不依赖于人的主观认识与情感的客观事实。

第三，混淆作为形而上学论题的“万物一体”与作为“以天地万物为一体”的简便表达方式的“万物一体”，会妨碍我们准确理解王阳明为何要用“与天地万物为一体”来概括仁的本质。要理解这个问题，我们需要首先澄清朱熹对一体之仁的误解。朱熹在批评杨时的“万物与我为一”时说：

① 吴震：《王阳明“一体之仁”思想的当代意义》，载《贵州学院学报》2017年第2期。

此不是仁之体，却是仁之量。……仁者固能与万物为一，谓万物为一为仁，亦不可。譬如说屋，不论屋是木做柱，竹做壁，却只是说屋如此大，容得许多物。①

朱熹认为“以天地万物为一体”只是仁之量，而不是仁的本质，似乎是说我们先有了仁，再向外扩充以至于万物，因此他又说“与天地万物为一体，是仁之后事”。② 所以，朱熹对仁的理解仍然是孟子扩充善端的传统。当代学者也有类似的看法，如吴震说“一体”就是整体义、全体义。③ 根据这种观点，与天地万物为一体，就是与宇宙整体为一体。这种观点也与境界说相符：与宇宙整体为一体是工夫所至的境界。但这不是王阳明的本意。

王阳明认为小人和大人一样具有一体之仁，他说：

岂惟大人，虽小人之心亦莫不然，彼顾自小之耳。是故见孺子之入井，而必有怵惕恻隐之心焉，是其仁之与孺子而为一体也；孺子犹同类者也，见鸟兽之哀鸣觳觫，而必有不忍之心焉，是其仁之与鸟兽而为一体也；鸟兽犹有知觉者也，见草木之摧折而必有悯恤之心焉，是其仁之与草木而为一体也；草木犹有生意者也，见瓦石之毁坏而必有顾惜之心焉，是其仁之与瓦石而为一体也；是其一体之仁也，虽小人之心亦必有之。是乃根于天命之性，而自然灵昭不昧者也，是故谓之“明德”。(《王阳明全集》，第 968 页)

根据这段材料，“天地万物”固然意味着一切事物，但这个“一切”不是“全部”，而是“每一个”“任何一个”。“任何”是“无论什么”之意，是对“特定”的否定。根据王阳明的观点，我们对任何事物怜爱顾惜之情，都是万物一体之仁的直接体现；仁本质上就是对任何事物的怜悯之心。把仁局限于特定的对象、范围，无论是局限于一己之私，还是一家

① 《朱子语类》，中华书局 1986 年版，第 118 页。
② 《朱子语类》，中华书局 1986 年版，第 117 页。
③ 吴震：《论王阳明“一体之仁”的仁学思想》，载《哲学研究》2017 年第 1 期。

一体之仁、一国之一体仁，抑或更加普遍的人类之爱，都是“彼顾自小之耳”。

不管王阳明是否有清醒的自觉，“一体之仁”都意味着对传统的扩充善端说的理论反叛。仁本质上就是以天地万物为一体的普遍之爱、博爱，而不是由特定之爱经由扩充逐渐达到的对宇宙整全体之爱。这种一体之仁“根于天命之性”，是每个人都当下具足，本来圆满的，而非后天工夫所致。意识到对任何事物的怜悯之心都是一体之仁的直接体现，当下回复本心，就是“一悟本体即是工夫”。

综上所述，执着于在阳明心学中挖掘形而上学意义，混淆一体之仁与本体、万物一体，使我们忽视了一体之仁与心身一体、心物一体的理论关联；使我们误解了一体之仁与万物一体的关系；使我们没有准确理解“一体之仁”的哲学史意义。但“一体之仁”概念被遮蔽掉的哲学史意义不止于此。

结语：“一体之仁”的哲学史意义

上文说过，本文赞同以本根与事物之别而不是以本体与现象之别解释中国古代形而上学关于世界基本结构的认识，但是本文不赞同把心学的“心体”解释成本根。按照通常的说法，宋明理学分为气本论、理本论和心本论三支。气本论和理本论分别以气和理为世界的本根，人们自然会把心学的心体解释为作为宇宙原理的实体。然而，这种诠释和把一体之仁混淆于万物一体一样，遮蔽了“一体之仁”对传统哲学的另一种革命，即对“推天道以明人事”传统的背离。

从心学立场来看，无论是将道德义务诉诸乾父坤母的宇宙论，还是诉诸客观天理的本体论，都是心外求理。所谓“心外求理”，用传统术语说就是推天道以明人事，用现代哲学术语来说就是从试图事实推导出价值。而“一体之仁”概念和康德的“善良意志”一样，都是把道德原理直接诉诸人的主体性。“一体之仁”提供了一个不依赖于形而上学而仅基于“共情心”的伦理学，它提醒我们不要对人间疾苦变得麻木，要如“疾痛之切于吾身”。

综上所述，“万物一体之仁”既不是指实现万物一体之后具有的仁，也不是指使万物成为一体的仁，更不是“万物一体”的另一种表达式，而是“以万物为一体之仁”。“万物一体之仁”是“明德”，指对世间一切痛苦感同身受的博爱、共情（Empathy）。量词“万”不是“全部”之意，而是“任何”之意，即对“特定”的否定。因此，“万物一体之仁”一方面意味着对特殊之爱的否定，即不能把仁爱局限于特定的对象上；另一方面意味着对特殊之爱的扬弃，即任何特殊之爱本质都是普遍之爱（“万物一体之仁”）的具体体现，任何特殊之爱都是我们借以发现普遍之爱的契机。因此，万物一体之仁在规范性上并不依赖于万物一体这一形而上学事实，我们只需要从爱的具体表现出发，反求本心，就能明白万物一体之仁当下具足。

刘宗周慎独说解析

——从本体与工夫的角度来考察

郑　熊

（西北大学　中国思想文化研究所）

摘　要： 刘宗周慎独说，不仅涉及了本体与工夫，还涉及了对二者关系的探讨。慎独说所蕴含的本体，指的就是“独体”。“独体”是一个模糊的概念，刘宗周对其的探讨最终落实到了心体上。慎独说所蕴含的工夫，主要指静坐、慎独等具体的修养方法。刘宗周认为本体与工夫之间存在相即关系，这种相即关系还体现在心与性、理与气等关系上；他还以此为基础，对《中庸》相关问题进行阐述，并对佛、老进行批判。刘宗周慎独说是对儒家经典阐发以及对宋明理学家思想继承与发展的结果，是对时人思想反思的结果；其关于本体与工夫的相即关系，在明代本体与工夫关系史上具有承上启下的作用。

关键词： 刘宗周；慎独说；本体；工夫

作为明末大儒的刘宗周（1578—1645），在宋明理学史上具有重要的地位。对刘宗周的研究，主要集中在其学术宗旨——“慎独”上。[①] 对刘

① 对于刘宗周的学术宗旨，目前学界有不同看法。归纳起来，大概有三种：第一种认为刘宗周学术宗旨为“诚意”，以其子刘汋为代表。他说：“先君子学圣人之诚者也。始致力于主敬，中操功于慎独，而晚归本于诚意。”（《蕺山刘子年谱》，《刘宗周全集》第九册《附录二》，浙江古籍出版社 2012 年版，第 168 页）第二种认为刘宗周的学术宗旨为“慎独”，（接下页）

宗周慎独说的研究，前人取得了许多成果。本文就从本体、工夫以及二者关系的角度，来解析刘宗周的慎独说。①

一 本体:独体—心体

对于慎独，刘宗周说："圣学之要，只在慎独。独者，静之神、动之机也。动而无妄，曰静，慎之至也。是谓主静立极。"②这就把"慎独"同"圣学""主静立极"等联系起来讨论的，认为圣学的核心就是慎独，慎独指的就是主静立极，也就是说圣学就是"慎独之学"或"主静立极之学"。对于把圣学的核心看成是慎独，来源于刘宗周对儒学内涵的总结。他明确指出："自昔孔门相传心法，一则曰慎独，再则曰慎独"（《人谱续编一·证人要旨》，《刘宗周全集》第三册，第 4 页），"孔门之学，其精者见于《中庸》一书，而'慎独'二字最为居要，即《太极图说》之张本也"（《圣学宗要·阳明王子〈拔本塞源论〉》，《刘宗周全集》第三册，第 229 页）。这就认为自孔子开创以来的儒学传授的就是慎独之

（接上页）以黄宗羲为代表。黄宗羲明确指出："先生之学，以慎独为宗，儒者人人言慎独，唯先生始得其真。"（《明儒学案》卷六十二《蕺山学案》，《黄宗羲全集》本，浙江古籍出版社 2005 年版）第三种认为刘宗周的学术宗旨为"诚意"与"慎独"相提并论，以东方朔为代表。东方朔采用折中的方法，认为刘宗周的"诚意即慎独"（《刘宗周评传》，南京大学出版社 1998 年版，第 202 页）。笔者倾向于"慎独说"。

① 对刘宗周慎独说的研究，目前学界主要考察了其产生的思想渊源、发展历程、内涵及历史地位等。从本体、工夫的角度来考察刘宗周慎独说的内涵，可以归纳为三种：第一种，把慎独说仅仅看成是修养工夫论。如，张申认为："'慎独之说'的中心议题是讲'工夫'，把工夫放在第一位。……'慎独之说'实际上是一种修养方法论，即所谓'事心之功'。"（《刘宗周"慎独之说"浅议》，载《社会科学》1990 年第 1 期）第二种，把慎独说看成是讨论本体的。如，余群认为："刘宗周一直视'慎独'为一个本体的概念。"（《刘宗周"慎独"与"诚意"之辨》，载《船山学刊》2016 年第 8 期）第三种，把慎独说看成是本体与工夫的统一。持这种观点的有黄宗羲，以及衷尔钜、蔡方鹿、王凤贤、李振纲、张瑞涛等人。如，张瑞涛认为："蕺山'学'虽'三变'。然其'不变'的是工夫论的实质，即能够认定本体做工夫，且于工夫中体证本体，坚持即工夫证本体，达致'工夫与本体'合一的'真工夫'境界。"（《心体与工夫——刘宗周〈人谱〉哲学思想研究》，人民出版社 2014 年版，第 41—42 页。）笔者趋向从本体与工夫一体关系的角度，来探讨刘宗周的慎独说。需要指出的是，学界虽然也有从此角度来探讨刘宗周的慎独说，但是他们并没有真正从本体、工夫以及二者关系的角度来解析。

② （明）刘宗周著，吴光主编：《学言下》，《刘宗周全集》第三册，浙江古籍出版社 2012 年版，第 325—326 页。下文出处相同。

学，并且慎独之学在《中庸》中表现得尤为显著，《太极图说》等后学就是在慎独之学的基础上发展以来的。

对于主静立极之学，刘宗周首先讨论了周敦颐、程颢等理学家对其的传承情况。他说：

> 周子之学，以诚为本，从寂然不动中抉诚之本，故曰："主静立极。"(《学言上》，《刘宗周全集》第三册，第329页)
>
> 伯子发明主静立极之说，最为详尽而无遗也。……主静之说，本千古秘密藏，即横渠得之不能无疑。向微程子谁克发明至此，几令于千古长夜矣。(《圣学宗要·明道程子〈定性书〉》，《刘宗周全集》第三册，第212—213页)

在刘宗周看来，主静立极之学贯穿整个宋明理学，周敦颐的学说就是"主静立极"之说，后来的宋明理学家一定程度上就是对周敦颐主静立极学说的发展，只不过在这个过程中，各位理学家对此的情况有所不同。比如，刘宗周认为张载对于儒学一直传承的是否是主静立极之说就有所怀疑；认为程颢对主静立极之说则发挥得最为详尽，一定程度上说如果没有程颢的发挥，主静立极之说就不会得到延续。其次，刘宗周说："伊、洛拈出敬字，本《中庸》戒慎恐惧来。然敬字只是死工夫，不若《中庸》说得有著落。以戒慎属不睹，以恐惧属不闻，总是为这些字讨消息，胸中实无个敬字也。故主静立极之说，最为无弊。"(《学言上》，《刘宗周全集》第三册，第357页)通过比较，刘宗周认为"敬"工夫是"死工夫"且很难落实，之所以认为"敬"是死工夫，是由于"敬"没有像《中庸》那样有"著落"，也就是说作为工夫的"敬"没有本体作依据，而"主静立极"之学则规避了以上缺点，它是最为完美的。或者说"主静立极"，不仅包含了工夫，还包含了本体。"慎独"说或"主静立极"之学包含了本体和工夫两部分，"独"和"立极"是针对本体而言的；"慎"和"主静"则是针对工夫而言的。

刘宗周"慎独"说中所指的本体，指的就是独体。对于独体，有学者研究指出："刘宗周所说的'独'或'独体'至少具有以下两种含义：第一，'独'具'喜怒哀乐'四气，即便是'不可见'之'独体'，其结构乃‘以阳为内’，此处‘阳’即‘阳之动’，故而‘独说不得个静字’，这种界定可以救正虚无之弊。第二，‘独’即‘一’，其规范、理想状态可用‘体用’范畴来界定，其‘过不及’（与‘中’相对）的状态则用‘形而下’（与‘形而上’相对）范畴来界定；但即便是‘过不及’的状态，仍在‘独’之掌控中，其典型表征则是‘天理人欲，同行而异情’、‘暴气亦浩然之气所化’，绝不可以其为‘截然二分’。”① 还有学者认为：“‘独体’概念涉及到心与性、性与情、性与理、理与气、气与物等一系列宋明理学的核心范畴，它融合心、知、意、物，将工夫与本体打合为一。”② 这两种说法分别从不同的角度来定义“独体”，前者主要是从独体与气的关系以及独体的外化表现来凸显的，后者则是从独体所涉及的心与性等范畴以及它对心、知等的融合等来探讨的。这些定义具有一定的合理性，独体也的确涉及以上的相关内容，不过这些定义实际上是从独体的外在表现来讨论的，并没有揭示出独体的内涵。

对于“独体”，刘宗周阐述说：

> 莫见乎隐，亦莫隐乎见；莫显乎微，亦莫微乎显，此之谓无隐见、无显微。无隐见、显微之谓独，故君子慎之。
>
> 不睹不闻，天之命也；亦睹亦闻，性之率也；即睹即不睹，即闻即不闻，独之体也。(《学言上》,《刘宗周全集》第三册，第353 页)

这两段话体现出了对“独体”的界定，一方面认为独体是“无隐见、无显微”的，也就是说作为本体的独体不存在隐见、显微，因为它是先验的、超验的，是先天客观存在的，而隐见、显微是针对具体事物而言的；另一方面则通过与天命“不睹不闻”率性“亦睹亦闻”相比较，认为独体是“即睹即不睹”“即闻即不闻”的，或者说天命是看不见也听不见的、率性而产生的具体之道是能看见也能听见的，而独体则是既能看见也是不能看见的、既能听见也是不能听见的。刘宗周还探讨了独体的具

① 陈畅：《论刘宗周晚年思想中的“独体”概念》,《哲学动态》2008 年第 9 期。

② 李丽：《刘宗周“独体”概念辨析》,《孔子研究》2016 年第 4 期。

体作用。他说："独体惺惺……惟其本是惺惺也，故一念未起之中，耳目有所不及加，而天下之可睹可闻者，即于此而在。冲漠无朕之中，万象森然已备也，故曰'莫见莫显'。"（《中庸首章说》，《刘宗周全集》第三册，第270页）天下可睹可闻的具体事物都是来自独体，也正是在独体的作用下，万物才出现的。那么，万物是如何产生的呢？刘宗周说："独体不息之中，而一元常运，喜怒哀乐四气周流，存此之谓中，发此之谓和，阴阳之象也。四气，一阴阳也。阴阳，一独也。其为物不贰，则其生物也不测。"（《易衍》，《刘宗周全集》第三册，第123页）万物的产生就是独体与气相结合的结果，而且独体与气之间存在相即关系，独体产生万物的过程体现出不贰（不重复）、不测（不可预知）的特点。独体还是仁义礼智等道德的来源，"独中具有喜怒哀乐四者，即仁义礼智之别名"（《圣学宗要·阳明王子〈拔本塞源论〉》，《刘宗周全集》第三册，第229页）。

需要指出的是，独体实际上是一个模糊的概念，它具体指什么呢？在刘宗周看来，独体有众多的表现。"'喜怒哀乐之未发谓之中'，此独体也，亦隐且微矣"（《中庸首章说》，《刘宗周全集》第三册，第270页），"独便是太极"（《遗编学言》，《刘宗周全集》第三册，第432页）。独体是中、太极。刘宗周还说："夫人心有独体焉，即天命之性，而率性之道所从出也"（《人谱续编一·证人要旨》，《刘宗周全集》第三册，第4页），"'鬼神之为德，其盛矣乎'，指独体也，天命之性也"（《学言上》，《刘宗周全集》第三册，第345页）。独体又是"天命之性"。对此，有学者评价说："直接将'独'字训为最高本体——天命之性，则属刘宗周独创。"[①] 把独体解释为天命之性的确是刘宗周独创的，不过把"天命之性"看成是刘宗周的最高本体则值得商榷。因为对于本体来说，不存在最高以及最低之分。"独是虚位，从性体看来，则曰莫见莫显，是思虑未起，鬼神莫知时也。从心体看来，则曰十目十手，是思虑既起，吾心独知时也。然性体即在心体中看出。"（《学言上》，《刘宗周全集》第三册，第343页）刘宗周一方面再次指出独体是模糊的概念；另一方面则把独体看成是性体、心体，且认为心体为性体之本。

① 李丽：《刘宗周"独体"概念辨析》，《孔子研究》2016年第4期。

刘宗周对本体的探讨，最终由独体落实到了心体上。刘宗周对心体的阐述，首先表现在对心体的论证上。他说：“尧舜之道，尧舜之心为之也。尧舜之心，即吾人之心。同此心，同此觉也，吾亦觉其同者而已矣。”（《证学杂解·解二十五》，《刘宗周全集》第三册，第 247 页）从空间上来看的，尧舜之心就是众人之心，也就是天下之人的心应该是相同的，同时天下之万心又都来源于一心。刘宗周又说：“心只是万古同然，所以千圣千贤都打得合同印过，但起见处则微有不同，即尧、舜一堂，亦有手轻手重，何况后之君子！”（《学言下》，《刘宗周全集》第三册，第 420—421 页）从时间上来看，心也是千古相同的，后来君子与千圣千贤的心都是一样的。可见，刘宗周实际上把心作为了本体。

其次，讨论了心体与天地万物的关系。刘宗周认为：“勿贰以二，勿参以三，而尝足以妙万物之变者，其惟圣人之心乎。”（《易衍》，《刘宗周全集》第三册，第 121 页）天地万物的变化，来自心体，人所具有的知、能同样来自心体。同时，刘宗周又说：“一心耳，外辟之则为聪明，周彻之曰睿，极深之曰知，而气机通复之候，生长收藏，各尽其妙，是谓宽裕温柔、发强刚毅、斋庄中正、文理密察之德。”（《学言下》，《刘宗周全集》第三册，第 416 页）人具有的聪明睿智能力以及宽裕温柔等道德，同样也是来源于心体。刘宗周还从其他方面来论述心体与万物的关系。刘宗周指出：“讲究物理合当如此，而吾遂如此，正是此心判断处。不可谓离却物理，另有本心也。”（《问答上·秦履思问致知之说》，《刘宗周全集》第三册，第 296 页）对物认知的根据在于心体，物理来源于心体。刘宗周还进一步说：

> 物有时而离心乎？曰：“无时非物。”心在外乎？曰：“惟心无外。”（《学言上》，《刘宗周全集》第三册，第 343 页）
>
> 人心原合天地万物为一体，只是有一个把柄，才收摄得来。（《会录》，《刘宗周全集》第三册，第 489 页）

这两段话包含了两层含义：第一，刘宗周针对有人所问的万物与心体有时是否会分离的问题，认为心体无时不是与万物紧密结合在一起的，心体不可能独立万物之外；第二，刘宗周在此上进一步指出心体与万物是一体，也就是指出了心物一体。

最后，探讨了心体与性、道、太极等的关系。刘宗周认为："夫性何物也，而可以明之？只恐明之之尽，已非性之本然矣。为此说者，皆外心言性者也。外心言性，非徒病在性，并病在心。"（《原旨·原性》，《刘宗周全集》第三册，第253页）如何来阐明性？这必须要从心体的角度来阐明，如果不从心体的角度来进行，当然也就不可能明性。之所以得出这个结论，就是因为性来源于心体，从外心，即不从心体的角度来诠释性，当然也就不可能真正认识性。为此，刘宗周再次强调："惟天下无心外之性，所以天下无心外之理也。惟天下无心外之理，所以天下无心外之学也。而千古心性之统可归于一，于是天下有还心之人矣。"（《原旨·原学中》，《刘宗周全集》第三册，第256页）心外是无性的，即性来源于心体，且心体与性是同一的。对于心体与道的关系，刘宗周说："道，其生于心乎"（《原旨·原道上》，《刘宗周全集》第三册，第253页）、"盈天地间，皆道也，而归管于人心为最真，故慈湖有'心易'之说。太极、阴阳、四象、八卦而六十四卦，皆人心之撰也"（《学言中》，《刘宗周全集》第三册，第367页）。这就明确指出道来源于心体，比如从太极、阴阳到六十四卦以及万物产生所体现出的道都是心体外化出来的。对于太极与心体的关系，刘宗周则说："无善而至善，心之体也。即周子所谓'太极'。"（《人谱正篇·人极图说》，《刘宗周全集》第三册，第2—3页）这也是把太极看成是心体。

二　工夫：静坐、慎独等

刘宗周的慎独说，包括本体、工夫以及二者关系的探讨。上文讨论的就是本体部分，具体表现为独体，最终落实在心体上；对于工夫部分，主要体现为一些具体的工夫。①

① 注：对刘宗周的工夫论，可以参见罗国杰《刘宗周的"慎独"思想及其在道德修养上的重要意义》（《齐鲁学刊》2013年第1期）、张立文《刘宗周慎独诚意的修己之学》（《江南大学学报》2012年第2期）等。

刘宗周对工夫论是非常重视的，而他之所以重视，就在于本心由于经常受到众多原因的影响而被遮蔽，这就有必要通过具体工夫的践履从而使本心被涵养以及省察。至于这些众多的原因，刘宗周说：“天命流行，物与无妄。人得之以为心，是谓本心，何过之有？惟是气机乘除之际，有不能无过不及之差者。有过而后有不及，虽不及，亦过也。过也而妄乘之，为厥心病矣。”（《人谱续编二·改过说一》，《刘宗周全集》第三册，第 15 页）在气大化流行的过程中，天命在人身上的体现为本心；不过由于气大化流行过程中所体现的“气机”（即规律）的变化，必然会带来对本心的影响，表现出外在的过与不及情况。另外，刘宗周又说：“盖本心常明，而不能不受暗于过，明处是心，暗处是过。”（《人谱续编二·改过说二》，《刘宗周全集》第三册，第 16 页）这又指出由于受“过”的影响，带来了本心的“暗”。“过”主要指的就是欲望。也正是由于欲望，才带来了本心的不明。刘宗周为此说：

> 然则人心果有时放外耶？即放外，果在何处？因读《孟子》上文云“仁，人心也。”乃知心有不仁时，便是放……仔细检点，或以思维放，或以卜度放，或以安排放，或以知故放，或以虚空放，只此心动一下，便是放。所放甚微，而人欲从此而横流，其究甚大。盖此心既离，自家便有无所不至者。(《求放心说》，《刘宗周全集》第三册，第 273—274 页)

刘宗周解释了何为“求放心”，认为“放心”就是“不仁”，而且“放心”有“思维放”等诸多表现形式，之所以出现“放心”就是由于欲望，因而“求放心”实际上就是要从“灭人欲”入手。

如何来摆脱欲望的控制，关键在于对心体的涵养，这就涉及了具体工夫。对于具体工夫，刘宗周就其类型进行了概述和评判。他说：

> 时时存养，时时体验，体验在践覆上做工夫。(《会录》，《刘宗周全集》第三册，第 467 页)
>
> 就性情上理会，则曰“涵养”；就念虑上提撕，则曰“省察”；就气质上销镕，则曰“克治”。(《学言下》，《刘宗周全集》第三册，

第 413 页）

这里涉及的工夫有“存养”“体验”“涵养”“省察”“克治”等。这些具体工夫主要是修养工夫，对致知工夫涉及不多，这也说明刘宗周的工夫论侧重于对心体的涵养。刘宗周对修养工夫的重视，还可以体现在他对前人工夫论的评判上。刘宗周说：“看来诸公总以未发之中认作已发之和，故谓工夫只在致知上，而却以语言道断、心行路绝，上一层唤作未发之中，此处大段著力不得，只教人致知著力后，自然黑窣地撞著也。”（《学言下》，《刘宗周全集》第三册，第 411 页）这就认为儒者们在未发与已发上，只注重已发，因而其工夫论也只注重致知工夫，而对于已发之前的未发关注不够，也就是说并没有注重未发时的涵养、省察等，没有注重修养工夫。此外，刘宗周强调对心体的认知应该重向内寻求，而非向外驰求。他说：“特其所谓读书者，盖将因此以得吾之心，为求道计耳。”（《读书说》，《刘宗周全集》第三册，第 267 页）读书就是要得心，就是要得吾心。不过，读书是向外来求吾心。人们应该向内寻求，因为只有向内越用功越能体认本心，反之向外驰求越用功越不能认清楚本心，只会使本心逐渐消亡。为此，他明确说：“道体本无内外，而学者自以所向分内外。所向在内，愈寻求，愈归宿，亦愈发皇。……所向在外，愈寻求，愈决裂，亦愈消亡。”（《向外驰求说》，《刘宗周全集》第三册，第 279 页）

对于刘宗周的修养工夫，涉及了静坐、慎独、诚、敬、觉等具体方法，其中以静坐、慎独为核心。对于静坐，刘宗周首先把它同心体联系起来探讨。他说：“静中养出端倪，端倪即意，即独，即天”（《会录》，《刘宗周全集》第三册，第 466 页），“日用之间，除应事接物外，苟有余刻，且静坐。坐间本无一切事，即以无事付之。既无一切事，亦无一切心。无心之心，正是本心”（《静坐说》，《刘宗周全集》第三册，第 274 页）。在刘宗周看来，人们通过静坐达到的目的就是实现对独体或本心的涵养。其次，分析了静坐与养气的关系。刘宗周指出：“先儒论静坐有得云：‘此是气静，非心静也。’予谓气静亦好，气静正得涵养法，孟子工夫全在养气，以此”（《学言下》，《刘宗周全集》第三册，第 393 页），“静坐是养气工夫，可以变化气质”（《会录》，《刘宗周全集》第三册，第456页)。静坐指的是气静，而不是心静，也就是说静坐是在进行养气，就像孟子的养浩然之气，或者说静坐并不是枯坐、没有作为，而是在静坐中来涵养浩然之气，从而使人的气质发生变化。最后，讨论了静坐达到的境界。他形象地描述道："方会平旦以后，一躬就坐，交趺齐手，屏息正容。……顷之，一线清明之气徐徐来，若向太虚然，此心便与太虚同体。乃知从前都是妄缘，妄则非真"(《人谱续编二·讼过法》,《刘宗周全集》第三册，第13—14页),"吾日来静坐小菴，胸中浑无一事，浩然与天地同流，不觉精神之困惫。盖本来原无一事，凡有事，皆人欲也。若能行其所无事，则人而天矣"(《会录》,《刘宗周全集》第三册，第492页)。前者描述了如何静坐，同时也再次强调静坐就是在养气，当养气达到一定程度时，心体就进入虚灵的状态，此时对外在的认识都十分透彻；后者则认为人通过静坐，达到一种忘我状态，此时不会被任何外在的人欲所困扰，人彻底与心体融合。

对于慎独工夫，刘宗周也进行了详细阐述。第一，讨论了如何进行慎独。刘宗周说："心体本自圆满，忽有物以撄之，便觉有亏欠处。自欺之病，如寸隙当堤，江河可决。故君子慎独。慎独之功，只向本心呈露时随处体认去，便得全体荧然，与天地合德，何谦如之!"(《证学杂解·解三》,《刘宗周全集》第三册，第234页)圆满的心体受到外物的侵扰从而产生了不足，如果不及时回归就会带来进一步的危害。在这种情况下，就必须要慎独，即慎重地对待独体——心体，认真地去体认心体，也只用通过这种方式才能够使天地万物与心体相融合。第二，确定了慎独的地位。刘宗周明确指出：

> 慎独是学问第一义。言慎独，而身、心、意、知、家、国、天下一齐俱到，故在《大学》为格物下手处，在《中庸》为上达天德统宗，彻上彻下之道也。(《学言上》,《刘宗周全集》第三册，第357页)
>
> 或曰："慎独是第二义，学者须先识天命之性否?"曰："不慎独，如何识得天命之性!"(《学言上》,《刘宗周全集》第三册，第336页)

在刘宗周看来，慎独是为学中最关键的，即慎独是学问中的“第一义”，因为通过慎独，即在获悉独体之后，对由独体外化而出的身、心乃至天下的认知就迎刃而解，这也为《大学》的格物提供了目标，也为《中庸》打通天人关系提供了前提。也正是由于慎独是第一义的，所以在慎独之后才谈得上认识“天命之性”，因为天命之性实际上就是独体。由外，他直接说：“慎独之外，别无工夫，此所以为《中庸》之道也。”（《中庸首章说》，《刘宗周全集》第三册，第270页）这把“慎独”工夫的地位提高到了无以复加的程度。

三 本体与工夫的相即

“独”与“慎”、“立极”与“主静”之间存在什么关系呢？也就是说作为独体、心体的本体与作为工夫的静坐、慎独等之间存在什么关系呢？这也是刘宗周慎独说必须要探讨的问题。

对于本体与工夫的关系，《年谱》中有：“是时先生用慎独功夫。独体只是个微字。慎独之功，只于微处下一著子，故专从静中讨消息。久之，始悟独说不得个静字，曰：‘一独耳，指其体，谓之中；指其用，谓之和。’”（《刘宗周年谱》，《刘宗周全集》第九册《附录三》，第348页）有学者评价说：“刘宗周此解之意在于强调不能分言以未发为静、已发为动，更不能以未发属性、而已发属情，其旨在于表明本体与功夫的统一性，在功夫之中指认本体。”[①] 这实际上就认为本体与工夫之间具有统一性。刘宗周对此进行了详细的阐述。他认为独体与慎独工夫是不可分的，二者是一体的。本体与工夫的一体关系，指本体与工夫存在相即关系，本体即工夫，工夫即本体，也就是说“本体工夫，委是打合”（《学言下》，《刘宗周全集》第三册，第408页）。刘宗周针对有人问“学者须认识本体，识得本体，则工夫在其中。若不识本体，说甚工夫”，回答说：“不识本体，果如何下工夫？但既识本体，即须认定本体用工夫。工夫愈精密，则本体愈昭萤。”（《会录》，《刘宗周全集》第三册，第458页）

① 张慕良：《刘宗周“慎独”思想对周敦颐思想的继承与发越》，《学术探索》2015年第4期。

本体与工夫之间存在着互相促进作用，本体为工夫明确了对象，工夫为本体能够被认知提供了可能，而且工夫越高深，本体被认识越清楚。此外，刘宗周还进一步说："本体只是这些子，工夫只是这些子，并这些子，仍不得分此为本体，彼为工夫。既无本体工夫可分，则亦并无这些子可指，故曰：'上天之载，无声无臭。'至矣！"（《学言上》，《刘宗周全集》第三册，第 364 页）从涉及的指定对象来看，本体与工夫都是一样的，在这种情况下，不必把本体和工夫严格区分，本体和工夫都是同一个，本体就是工夫、工夫就是本体。归纳起来，刘宗周本体与工夫的关系包含了三层意思：第一，本体与工夫存在相即关系，本体即工夫，工夫即本体，即本体与工夫是一体的；第二，本体与工夫之间是相互促进的；第三，本体就是工夫，工夫就是本体，本体与工夫的实质是一样。在这三层意思中，谁才是刘宗周本体与工夫关系的核心呢？有学者认为："蕺山关于本体与工夫关系的基本看法是本体是工夫的主脑，或曰以本体提领工夫；工夫是本体的落实，或曰于工夫中见本体。本体与工夫是体用一源、显微无间的关系，故曰即工夫即本体。"① 这实际上是把第一层和第二层意思结合起来说的，且认为本体与工夫的相即关系才是核心。的确，本体与工夫的相即关系是核心，本体与工夫之间的相互促进关系一定程度上来源于二者的相即关系。至于第三层意思，虽然有所涉及，但是把工夫上升为本体，这是刘宗周后学完成的，下文将有所讨论。

慎独说所体现的本体与工夫的相即关系，即一体关系，还体现在心与性、理与气等关系上。刘宗周认为圣学、性学的不明，还与人们对心与性、理与气关系的认识存在问题有关。他说："后之人必曰心自是心，性自性，一之不可，二之不得，又展转和会之不得，无乃遁已乎？……后之人必曰理自理，气自气，一之不可，二之不得，又展转和会之不得，无乃遁已乎？呜呼，此性学之所以晦也！"（《原旨·原性》，《刘宗周全集》第三册，第 252—253 页）这就认为人们把心与性、理与气之间看成一是一、二是二，也就是说把心与性、理与气之间看成相分的，并没有真正认识二者的统一关系。那么，心与性、理与气等之间到底是什么关

① 李振纲、李超英：《刘宗周"本体与工夫"的语境分析》，《河北大学学报》（哲学社会科学版）2006 年第 4 期。

系呢？刘宗周认为：“盖有心而后有性，有气而后有道，有事而后有理。故性者心之性，道者气之道，理者事之理也”（《会录》，《刘宗周全集》第三册，第464页），“形而下者谓之气，形而上者谓之性，故曰‘性即气，气即性’。人性上不可添一物，学者姑就形下处讨个主宰，则形上之理即此而在”（《证学杂解·解十五》，《刘宗周全集》第三册，第240页）。这就认为心与性、理（性）与气之间存在体用一源的关系，即心与性、理（性）与气等之间存在相即关系、不离关系，它们是二而一、一而二的合一关系。为了进一步说明，刘宗周又说：“不二不测，只是一个。不二言实有是理，体即用；不测言本无是事，用即体。”（《学言下》，《刘宗周全集》第三册，第414页）体与用虽然是不同的两者，它们是二，但是二者又不是二，体用是紧密结合在一起的，二者又是一，即体是寄存在用当中的；当然，体用之间还是不测的，即从用中可以发现体。对心与性、理与气之间的这种关系，有学者评价说：“此合一思想之底蕴实为‘形下即形上’的思维，其说旨在表达人心是即理即气、即性即情的超越本体。本体不是抽象的、光晶晶的‘只是理’，而是具体的动用之心，没有脱离形象的形而上者。”[①] 这就从形而上者必须依靠形而下者来体现的角度进行评价，实际体现的就是本体与工夫合一关系。

刘宗周在本体与工夫相即以及心与性、理与气之间存在着体用一源、体用不二关系的基础上，对《中庸》相关问题进行阐述，并对佛、老进行批判。对《中庸》相关问题的阐述，主要体现在对“道不远人”“道心”与“人心”关系等方面的理解上。比如，对“道不远人”，刘宗周说：“三十年来胡乱走，而今始知道不远人。”（《遗编学言》，《刘宗周全集》第三册，第429页）刘宗周感叹地说，几十年来自己一直没有真正理解“道不远人”的含义。何谓“道不远人”呢？刘宗周说：“学者须是见道分明，见道后方知所谓道不可离者，不是我不可须臾离道，直是道不能须臾离我。”（《学言中》，《刘宗周全集》第三册，第387页）这就认为道我是一体的，即道我不离，道必须在人身上体现出来。此外，刘宗周还指出：“今之言道者，高之或沦于虚无，以为语性，而非性也。卑之或出于功利，以为语命，而非命也。非性非命，非人也，则皆远人

---

① 秦峰：《刘宗周对“十六字心传”的诠释》，《中国哲学史》2014年第2期。

以为道者也。”(《人谱·自序》,《刘宗周全集》第三册,第 1 页)道离不开人,它必须要落到实处;道落到实处,就是对道既不能拔高,也不能贬低,拔高和贬低都是“远人”表现。

刘宗周对佛、老的批判,主要是从本体的角度来批判的,当然也从体用一体的角度来进行。他指出:

> 心体浑然至善。以其气而言,谓之虚;以其理而言,谓之无。至虚,故能含万象;至无,故能造万有。而二氏者虚而虚之,无而无之,是以蔽于一身之小而不足以通天下之故,逃于出世之大而不足以返性命之原,则谓之无善也亦宜。(《学言中》,《刘宗周全集》第三册,第 370 页)

刘宗周认为心体是至善的,它与气结合时虽然体现出虚空的特点,但是它蕴含着天地万物,它以理的形式显现虽然体现出不可见的特点,但是它能创造出天地万物。而佛、老没有认识到一点,分别持天地万物为虚幻以及无中生有的观点,这就显现出以一己之私来观天地万物,当然也就不可能从天地万物来追寻心体。刘宗周又具体阐述了儒家与佛教在心体上的差别。他说:“释氏之学本心,吾儒之学亦本心,但吾儒自心而推之意与知,其工夫实地却在格物,所以心与天通。释氏言心便言觉,合下遗却意,无意则无知,无知则无物。其所谓觉,亦只是虚空圆寂之觉,与吾儒体物之知不同;其所谓心,亦只是虚空圆寂之心,与吾儒尽物之心不同。”(《学言上》,《刘宗周全集》第三册,第 333 页)刘宗周认为儒家所讲的本心与具体的意、知会联系起来,并通过格物等具体工夫来凸显,最终会与天道同一;而佛教所讲的本心完全与外物相脱离,其采取的工夫“觉”也是与外物想脱离。总之,佛教的本心与现实相脱离,而儒家的本心则是与现实紧密相连。针对这一点,刘宗周进一步指出:“佛氏止言一心,心外无法,万法归空,依空立世界,何等说得高妙!乃其教门,则忍情割爱,逃亲弃君,事事落边际见,此又何等执著,乃言空耶?”(《学言中》,《刘宗周全集》第三册,第 384 页)佛教的本体与外在的世界是相脱离的,这与儒家体用一源、体用不离的思维模式也是格格不入的。儒家与现实紧密相连,必然会带来儒家重实践。为此,刘宗周感叹说："吾儒学问，只见在作揖打拱、开口措足处，无非此道"（《会录》，《刘宗周全集》第三册，第 481 页），"吾儒学问在事物上磨炼。不向事物上做工夫，总然面壁九年，终无些子得力。此儒、释之分也"（《会录》，《刘宗周全集》第三册，第 482 页）。儒家的学问就是来源于现实，同时也是在现实中来体现。在此基础上，刘宗周还进一步探讨了儒佛心体的不同特点。他说："吾儒言心，佛氏亦言心。佛氏之言心也曰空，其进而言性也曰觉，而究竟归其旨于生死……此言心而幻者也，吾请言吾常心焉。常心者何？日用而已矣，居室之近，食息起居而已矣。"（《原旨·原道下》，《刘宗周全集》第三册，第 254 页）与佛教的心相比，儒家心体具有"常"的特点，即心体蕴含在食息起居等日常生活当中。此外，针对有人问"禅家参话头，亦是求放心否"，刘宗周回答说："他是死心法，此中是一股死气。吾这里纯是生生不已之机。"（《会录》，《刘宗周全集》第三册，第 483 页）儒家的心是活泼泼的，即生生不已的，而佛教的心由于与现实相脱离，因而它为死心。对此，刘宗周还说："佛氏以镜喻心，只说尝照尝寂。镜是死物，此为佛氏之偏。若是吾儒，以日喻心，光明尝照，内中自有生生不已之机。"（《会录》，《刘宗周全集》第三册，第 488 页）佛教的心就像镜子一样是寂然不动的，而儒家之心则像太阳一样蕴含着不息的生机。

四 评价

综上所述，刘宗周慎独说是由"独"说与"慎"说等组成的，它不仅涉及了刘宗周思想体系中的本体、工夫，还探讨了本体与工夫的关系。具体来说，刘宗周慎独说构建的本体是独体，独体有众多的表现，最终落实在心体上；蕴含的主要是修养工夫，且以静坐、慎独为核心；作为本体的心体与静坐、慎独等具体工夫之间存在着相即关系，即本体与工夫是一体的。如何来评价刘宗周的慎独说，这是值得探讨的一个问题。

刘宗周慎独说是对儒家经典阐发以及对宋明理学家思想继承与发展的结果。"慎独"二字，来源于《中庸》《大学》。"独"在《中庸》《大学》那里的含义指"独见"，而刘宗周将其引申为"独体"，并与心学结合起来，最终将"独体"明确化为心体。刘宗周还以"慎"与"独"一体的思维模式为基础，对“道不远人”等进行了新诠。对于刘宗周慎独说与宋明理学家之间的关系，有学者就具体研究了其与周敦颐思想的关系，指出：“刘宗周以‘独’为本体即是对周敦颐‘太极’本体的继承；进而其又于周敦颐《通书》中‘几’字体认出‘诚意’功夫之入手处；而其一生最重要的著作《人谱》亦是对《太极图说》思想的进一步完善。刘宗周‘慎独’思想包含了其对周敦颐无极而‘太极’思想的继承与发越。”① 这都说明刘宗周慎独说的构建脱离不了对前人思想的继承和发展。不过，需要说明的是，前人思想在一定程度上只是为刘宗周慎独说的构建提供素材，之所以能够构建，主要还是取决于刘宗周对时代主题的反思。

刘宗周慎独说是对时人思想反思的结果。刘宗周是宋明理学的殿军，他所处的时代是王学后学大行其道，且逐步走向狂禅，学术与现实进一步脱离的时代。在这种情况下，学术应该何去何从，成为时人思考的问题。有学者研究认为，宋明理学内部存在着“气学→理学→心学”的逻辑发展历程，也就是说在阳明心学之后会产生气学，而气学之所以会取代心学，就是因为“心学思想的不足，就在于不重视现实经验，不重视现实的实际情况”②。刘宗周也明确认识到了阳明后学存在的以上问题，但是他并没有从心学向气学转变，而是针对心学存在的问题进行反思。具体来说，他不仅重视“独”体，同时也重视“慎”工夫；且注重体用合一，把学术与现实实践相结合。这就是希望从心学内部进行完善，使心学适应当时的社会需要。刘宗周的慎独说，一定程度上也实现了这个目的。

刘宗周慎独说所蕴含的本体与工夫关系在明代本体与工夫关系史上具有承上启下的作用。刘宗周慎独说中本体与工夫的关系，侧重于二者的合一，本体即工夫，工夫即本体。虽然刘宗周也有把工夫提升为本体、工夫就是本体的看法，但是本体与工夫的这种关系是其后学黄宗羲才完成的。有学者就评价说：“如果说刘宗周以‘独’取代‘良知’成为本

---

① 张慕良：《刘宗周“慎独”思想对周敦颐思想的继承与发越》，《学术探索》2015 年第 4 期。

② 张茂泽等：《孔孟学述》，三秦出版社 2003 年版，第 374 页。

体的话，那么黄宗羲就以‘工夫’取代了‘独’而成为本体。从阳明的‘良知’到阳明后学有关本体、工夫的争论，再经刘宗周的‘独体’说，终于在黄宗羲这里使争论画上了句号，‘工夫’上升为本体范畴，‘工夫即本体’之命题得以完善。”① 这就以“工夫即本体”（笔者注：“即”指“是”）命题的完成为考察对象，揭示出刘宗周在王阳明及后学与黄宗羲之间所起的作用。具体来说，王阳明在高扬本体的同时，也抬高工夫的地位，刘宗周有把工夫等同于本体的倾向，而黄宗羲则直接把工夫上升为本体范畴。

① 王凤贤、丁国顺：《“工夫即本体”命题的形成及其时代意义》，《孔子研究》1995年第4期。

清代思想史专题

论王夫之人性“日生而日成”说的内涵和特点

李万进
（西北大学　中国思想文化研究所）

摘　要： 王夫之提出人性“日生而日成”，不再纠缠于性善与性恶的争辩，在中国思想史上独树一帜。他提出了“习与性成”的观点。与之相应，王夫之专门引入“气”范畴，以气的运行与变化为基础，讨论人性的生成，于此建构了气化的人性论模式。在引入“气”范畴时，王夫之还引入了情、才、几等概念，以此去分析与论证人性的善恶问题，认为不存在先天的性善与性恶，人之性善与性恶是在后天因素中形成的。这样王夫之主张通过后天的道德修养，不断充实与巩固人性中善的因素，进而达到人性至善的境界。

关键词： 性；习；气；善恶

王夫之的人性论，以主张“性者生也，日生而日成之也”为其重要内容。王夫之对于人之性的阐述，着重于强调后天众多因素的作用，从而不再纠缠于先天之性的争论之中。关于王夫之的人性论，学术界已经有众多的研究成果。在论述后天之性的问题上，王夫之首先引入了习这一概念，对习这一概念的解释，学术界已有一些研究成果，但并没有将习这一概念从王夫之人性论的整体发展意义上去进行分析。同时，与习这一概念相关，王夫之还引入了“天”这一概念，这也是学术界关注的一个焦点。[①] 从王夫之人性论的整体结构来看，习与天的关系，似乎还没有引起足够的重视。王夫之的人性论不仅引入了习与天的概念，还专门论述了性与气的关系，这之中就牵涉宋明理学的一个重要范畴，即气质之性。王夫之论述气质之性与人性的关系，在学术界的研究中，也到得了一定的重视。[②] 这种气质之性与人性的关系，还可以进一步扩展到从王夫之重视的气这一概念中去进行分析与论述。在论述了性与气的关系后，王夫之的人性论自然免不了会涉及性善与性恶的问题，这与儒家的道德修养论有密切的联系。[③] 如何通过人性的善恶之辨，以此来彰显性日生而日成的问题，这是王夫之人性论研究中，需要进一步拓展的内容。

就王夫之人性论所提出的“性者生也，日生而日成之也”这一学说的内涵与特点而言，需要将王夫之在论述其人性论时，涉及的习、气、善、恶等概念的整体性做一个综合的分析与研究。通过这种整体性的研究，才能够更为深入地理清王夫之尊生与主动为其特征的人性论。

一　习与性成

王夫之主张的人性论，集中体现在“习与性成”及“性者生也，日生而日成之也”两个方面。在王夫之看来，个人的人性不是天生而就、一成不变的，而是在后天各种习气与环境等因素的影响下，不断地发生着变化。因此从这种意义上而言，王夫之提出了“夫性者，生理也，日生则日成之也”的观点，之所以是“日生则日成”，关键在于“习与性成”，习成了王夫之人性思想的重要范畴。与之相应，王夫之也讨论了命在自我人性形成过程中的重要作用，命这一范畴与习这一范畴，都是王夫之人性论思想体系中极为重要的概念，王夫之正是通过习与人之性

---

① 以上可以参见章启辉、申健《王夫之“习与性成”人性论之补见——论“习”字的“习行”义》，《船山学刊》2015 年第 1 期；王泽应《试析王夫之人性论的基本特征》，《衡阳师范学院学报》1988 年第 4 期。

② 陈来：《王船山〈论语〉诠释中的气质人性论》，《中国哲学史》2003 年第 3 期；李舒尧：《王夫之人性论探析》，《宝鸡文理学院学报》（社会科学版）2017 年第 5 期。

③ 肖起来：《王船山的道德修养观》，《衡阳师范学院学报》1991 年第 4 期；谭明冉：《王夫之是如何解释不善之性的产生的——以〈易传〉“继善成性”为视角》，《周易研究》2014 年第 5 期。

关系的分析与论证，从而完成了人性是“日生而日成”的理论建构。他说：

> “习与性成”者，习成而性与成也。使性而无弗义，则不受不义；不受不义，则习成而性终不成也。使性而有不义，则善与不善，性皆实有之；有善与不善而皆性气禀之有，不可谓天命之无。气者天气，禀者禀于天也。故言性者，户异其说。今言习与性成，可以得所折中矣。①

王夫之对于个体之性的分析与论述，首先引入了习这一范畴，习是后天的因素与内容，习这一概念被王夫之高度关注，并认为这种后天因素的习是影响个体之性形成的重要原因，所以可以说“习成而性与成”，习与性是相互影响并相互作用的。正因为习对于性的这种影响作用的存在，所以王夫之超越了纠缠于性善与性恶之争，得出了“善与不善，性皆实有之”的结论。这样王夫之摆脱了个体的先天人性是善是恶的争论，更注重于个体后天因素的习这一范畴，王夫之认为“今言习与性成，可以得所折中矣”。习即是后天习性之义，个人之性因为有后天习性因素的参与，从而人之性就呈现出发展变化而变动不居的状态。

王夫之提出的“习与性成”人性论，是对孔子所说的“性相近、习相远”命题的继承与发展。“人在初生之时‘性’本来是一样（或者说‘相近’）的，但因‘后天之习’而千差万别了，这就是孔子所说的‘性相近也，习相远也’。王夫之对‘习与性成’的解释，与孔子的意思是一致的。”② 这就意味着，王夫之提倡的“习与性成”这一命题，直接回到了孔子的先秦儒学那里，这也表明王夫之本人不太赞同宋明理学家们主张有一个一成不变的人性论。

王夫之之所以会提出“习与性成”的人性论命题，关键在于在人性论中，引入了天这一范畴，认为个体之性禀受于天而产生与形成，天道是生生不息、变化不已的，从这一角度而言王夫之明确反对“一受其成

---

① 《尚书引义》卷三，《船山全书》第 2 册，岳麓书社 2011 年版，第 299—300 页。

② 周兵：《王夫之四书学思想研究》，科学出版社 2018 年版，第 115 页。

形，而无可损益矣”（《船山全书》，第2册，第300页）的观点。因为在王夫之看来由于天道是“其化不息”的，个体的人性在初生之时，是没有一成不变地被定形，然而没有一成不变地被定形，就会“年逝而性亦日忘也”（《船山全书》，第2册，第300页），这样王夫之才主张个体的人性是日新之性，需要不断调节去适应后天因素的变化。这种日新而变化不已的后天因素，同时也就决定了人之性也是随之日新变化、生生不已的，于是王夫之进一步得出了“一日生而一日受之”（《船山全书》，第2册，第300页）的结论，以此去分析与论证了人性与天道、人道的关系：“故天日命于人，而人日受命于天”（《船山全书》，第2册，第300页）。天道与人道可以在日新之性中寻得结合之点，性是变化不已的天人关系的体现，所以王夫之最终得出了“性者生也，日生而日成之也”的结论。这一结论表明，王夫之主张的人之性，“随‘习’之所成，亦不断处于发展与变化之中，此即后天日成之性”①。王夫之所说的“习与性成”的命题，在习与性之间，以成这一动词来予以连接。成显示出的正是发展变化与变动不居的状态，因此习与性由于都处于发展变化的状态，这样就决定了在王夫之的人性论之中，不会承认有一个先天永恒之性。

王夫之认为，“性者天道，习者人道，性与习两者应该统一起来，强调习与性成。王夫之所谓的习，既指外部环境和社会的教育状况、风俗习惯，也指个人的学习和实践。人性不是在真空或虚无中形成的，而是在具体的社会历史环境和人们客观实在的习行中形成的。这种‘习’，直接影响着人性的发展方向和最终结果”②。如果说，性即天道，习即人道，王夫之的人性论体现了儒家“天人合一”的观念，天道与人道都是处于生生不已的状态，这样王夫之自然主张不断变化与流动的人性。

从这种变化与流动的意义上而言，必然会得出日生而日成，日新而日成的生成变化的人性论。特别是习、天等范畴的引入，为王夫之建构生成变化的人性论提供了有力的理论支撑，这也决定了王夫之人性论的特征：强调与注重后天因素的作用，不再纠缠于先天性善与性恶的争辩之中。

---

① 陈明：《王船山〈尚书引义〉之德性论与治道思想》，中国社会科学出版社2016年版，第52页。

② 王泽应：《试析王夫之人性论的基本特征》，《衡阳师范学院学报》1988年第4期。

二 性与气

王夫之论人性，还引入了气这一范畴。气作为健生而顺布流行之体，是充塞四周、流布于宇宙自然之间的，它作用于人之身，即气质之性，是构成人之性的重要因素。由于王夫之的人性论是基于天道与人道的相互作用这一角度而展开的，故而气这一范畴在王夫之的人性论之中也具有宇宙自然与人伦道德的双重意义。气是不断变动与发展的，而与气密切相关的人之性自然也就处于不断生成变化的状态之中。王夫之人性论在引入气这一范畴时，首先从宇宙自然的角度分析与论证了性与气的关系：

> 夫所取之精，所用之物者，何也？二气之运，五行之实也。二气之运，五行之实，足以为长养，犹其足以为胎孕者，何也？皆理之所成也。阴阳之化，运之也微，成之也著。小而滴水粒粟，乍闻忽见之物，不能破而析之，以画阴阳之畛，斯皆有所翕合焉。阴为体而不害其有阳，阳为用而不悖其有阴，斯皆有所分（则）［剂］焉。川流而不息，均平专一而韵合。二殊五实之妙，翕合分剂于一阴一阳者，举凡口得之成味，目得之成色，耳得之成声，心得之成理者，皆是也。是人之自幼讫老，无一日而非此以生者也，而可不谓之性哉！(《船山全书》，第 2 册，第 300 页)

二气即阴阳，阴阳与五行相配合作用，就“足以为长养”，这种二气与五行相资而相成的模式，形成了“所取之精，所用之物”的天道运行生生不已的现象。透过现象而追究其根本就会发现，这些“皆理之所成也”，理即是法则、根本及宇宙自然运行的规律。阴阳二气的运行与作用，虽然看似起初时是十分微而不可见的，而一旦作用于宇宙自然万物则其效验十分显著，所以王夫之认为“阴阳之化，运之也微，成之也著”。阴阳作用于宇宙自然的法则，在王夫之看来不是截然分离的，而是通过阴中有阳、阳中有阴的阴阳互为合一、互为作用的模式而完成的。因此阴阳的作用是十分平衡而适中的，不会出现阴阳失调的状况，这就是“斯皆有所分（则）［剂］焉”与“均平专一而韵合”的状态。阴阳五行在对天道发生作用时，也对人道发生了影响，人禀受了“二殊五实之妙”，则能够“翕合分剂于一阴一阳者”，于是逐次形成味觉、视觉、听觉、意识等感观知觉。从宇宙自然的天道到感观知觉无不与二气五行相关，是“无一日而非此以生者也”。

王夫之正是从这种意义上认为二气与五行“可不谓之性哉”，这是将人之性纳入二气五行的作用与运行之中，“天地自然不断变化日新，人身体、心理以及人性也随之变化日新，可见，人性是后天逐渐形成、完善的”①。气的流行与大化，产生了万物，人作为万物之灵，也属于气之流行与大化的产物。这样就不可能存在着一个先天的，一生而就的并且是一成不变的人性。人之性与气存在着这种极为密切的关系，从而也就决定了王夫之认为天命之性依然是处于发展变化之中的：

> 天命之谓性，命日受则性日生矣。目日生视，耳日生听，心日生思。形受以为器，气受以为充，理受以为德。取之多用之宏而壮，取之纯用之粹而善，取之驳用之杂而恶，不知其所自生而生，是以君子自强不息，日乾夕惕，而择之守之，以养性也。（《船山全书》第2册，第300—301页）

王夫之认为“天命之谓性，命日受则性日生矣”，命在二气五行的作用下，处于不断生成的状态，性则会随之处于“日生而日成之也”的状态。人之性包含了视觉、听觉、意识等感官知觉，这些都随气化而形成。既然是气化而形成，自然是居于不断生灭、不断更新的状态之中，同时也处于“宏而壮”之中。在这种状态中，人之性就是纯杂与善恶混在一起，所以王夫之主张“君子自强不息，日乾夕惕，而择之守之，以养性也”，要通过心性的涵养而提升人之性的气质，这样人之性必然处在变动之中：“天日命之，人日受之。命之自天，受之为性。终身之永，终食之顷，何非受命之时。皆命也，则皆性也”（《船山全书》，第2册，第301页）。王夫之认为人之性是“天日命之，人日受之”，在天与人的交感作

① 张立文：《宋明理学研究》，人民出版社2002年版，第603页。

用之间而有性的生成变化，所以是“命之自天，受之为性”，人之性的形成在很大程度上与人的主体意识相关，没有受之这一环节则不能为性，命与天都是外在于人的，唯有受了命与天的作用才能成性。这样性与命是联系在一起的，“皆命也，则皆性也”，性与命不可分离、不可分割。在性命合一的模式中，命是自天而产生的，天道则是二气五行的流布。

天命的本质为性，但由于天命是流动不居、变化不已的，因此性也就是“岂但初生之独受”（《船山全书》，第 2 册，第 301 页），在性之中有善有恶、有是有非，善恶与是非的共同存在，决定了性“非必初生之有成形也”（《船山全书》，第 2 册，第 301 页）。王夫之以气化之道、生生不息而论人之性的变化不已，从而得出了“形气者亦受于天者也，非人之能自有也”（《船山全书》，第 2 册，第 302 页）的结论。在受之于天的性中，存在着“新故相推日生不滞如斯矣”（《船山全书》，第 2 册，第 302 页）的现象，这即表明性随气而有，是新旧诸多因素杂糅在一起而不断发展变化的。王夫之以气论性，融天道与人道于一体，表明了人之性具有复杂多变的特征，这种复杂多变的特征与气这一概念处于变动不居的状态是一致的。

在王夫之的人性论中，气化无疑是十分重要的环节，人之性完全可以通过气化而形成，因此由气化而产生的道、理等范畴，必须要落实在气之上而论，同时理与道又是性的重要内容。这样王夫之认为天道纯粹是宇宙自然，气化才有了人伦道德之性，因此气化是一个不断充实的过程，性也就处于不断生成的状态之中，这种状态也就是“气质之性”：

> 所谓“气质之性”，犹言气质中之性也。质是人之形质，范围著者生理在内；形质之内，则气充之。而盈天地间，人身以内人身以外，无非气者，故亦无非理者。理，行乎气之中，而与气为主持分剂者也。故质以函气，而气以函理。质以函气，故一人有一人之生；气以函理，一人有一人之性也。……自人言之，则一人之生，一人之性；而其为天之流行者，初不以人故阻隔，而非复天之有。是气质中之性，依然一本然之性也。①

① 《读四书大全说》卷十，《船山全书》第 6 册，第 857—858 页。

气质之性是理学思想中一个重要的范畴，在王夫之看来，气质之性其实是说应从气质中去寻究性，在这里“质是人之形质”，是人所特有之物，而人却是禀于“二气五行之妙”得以化生，这样“形质之内，则气充之”。从这一意义出发，王夫之认为天地之间与人身之内外，“无非气者，故亦无非理也”，即性理与气是合一的，这种合一的模式体现在“行乎气，而与气为主持分剂者也”。“就理和气的结合关系来说，两者是永不分离的；有气，必有理在其中；有理，必有气为之体。天地之气不断聚合为有形之质，形质中充满了气。”① 于是形成了质—气—理的人性论。这种人性论主张“一人有一人之生”及“一人有一人之性也”，人之性就是宇宙自然通过二气五行之流行而化生的产物，“是气质中之性，依然一本然之性也”。王夫之正是通过气质之性的分析，阐明了气化生成的人性论，气质之性作为人之性的特征，其生成与变化离不开气，气成为形成气质之性的关键。气质之性的复杂性与可塑性，及与宇宙自然之道的关系，被王夫之予以揭示。正是在这种意义上而言，气化之性、气质之性都是随着气的流行与变化而不断日生而日成的，是犹如瀑布一样川流不息的，这体现了王夫之人性论健生与主动的特色。

从王夫之关于气质之性的论述中可以看到，他本人“反对理学家把人性划分为‘天地之性’与‘气质之性’”，“力图把人性论和氤氲化生论联系起来”②。氤氲化生就是与气这一概念有密切的联系，可以说就是气化的理论。王夫之通过论证人性与气即气化的关系，否定了理学家们划分的，具有先天意义的“天地之性”与“气质之性”，强调了通过气化的过程，来展现人之性的复杂多变。所以说，气化是王夫之人性论中极为重要的概念。王夫之不同于宋明理学主流人性论的观点，就体现在他所强调的气化这一人之性的生成过程之中。

三　性与善恶

性善与性恶的争辩肇自先秦，一直是两千余年间中国思想史不断争

---

① 陈来：《王船山〈论语〉诠释中的气质人性论》，《中国哲学史》2003 年第 3 期。

② 张岂之主编：《中国思想学说史·明清卷》（上），广西师范大学出版社 2007 年版，第 313—314 页。

论的重要话题。宋明理学家们在阐释其思想体系时也概莫能外，都涉及了性善与性恶的问题。关于人之性是善、是恶，或不善、不恶的问题，成为王夫之人性论关注的焦点。与气化论一致，王夫之并不一概而论性善或性恶，认为性善论或性恶论都有一定的偏颇，都只注重于性生之初的状况，而忽略了后天之习与情的作用。从这种意义上而论，王夫之在性之善恶的问题上，更倾向于善恶既形而未发之时的几这一范畴，认为人之性善或性恶的关键在于，已成而未发的“几”这个阶段。几指气善恶俱存而未显的状态：

> 周子曰：“诚无为。”无为者，诚也。诚者，无不善也。故孟子谓性善也。诚者无为也，无为而是以成，成于几也，“几，善恶”也。故孔子以谓可移也。有在人之几，有在天之几。成之者性，天之几也。初生之造，生后之积，俱有之也。取精用物，而性与成焉，人之几也。初生所无，少壮日增也。苟明乎此，则父母未生以前，今日是已；太极未分以前，目前是已。悬一性于初生之顷，为一成不易之形。揣之曰，“无善无不善”也，“有善有不善”也，“可以为善可以为不善”也，呜呼！岂不妄与！(《船山全书》，第 2 册，第 302 页)

王夫之在分析与阐释人性是善还是恶的问题时，引用了周敦颐的“诚无为”这一命题，认为无为即是诚，而诚就是“无不善”，这就是孟子所倡导的性善论。但是诚作为一种无为的体性，是没有与现实的善恶发生具体的关系，由诚之无为而实现性之善恶，王夫之认为这就是几的作用。“所谓‘几’，就是指事物运动变化的具体时间、地点、条件以及两个事物相互影响、相互作用的具体情境”①。几这一概念正因为具有运动与变化的特征，故而在周敦颐那里是沟通天道与人道的中介，是产生善恶的一个中间环节，这就是“几，善恶”。王夫之的人性论继承与发挥了周敦颐“几，善恶”的观点，通过论证“诚无为”与“几，善恶”的关系，形成了诚—几—善恶的模式。正因为几是沟通诚与善恶的中介，

---

① 周兵：《王夫之四书学思想研究》，第 119 页。

几也是处于已成而未显现的状态，所以王夫之认为是“孔子以谓可移也”的性论。在引述了孔孟、周敦颐的性与善恶的观点后，王夫之区分了“在天之几”与“在人之几”。在天之几是“成之者性”，而在人之几则是“而性与成焉”。与之相应则有“初生之造”与“生后之积”，明白了这一道理，就可以推论出“父母未生以前”及“太极未分以前”的状态。王夫之区分“在天之几”与“在人之几”的目的，在于否定将初生之际及其成形之后所成之性视为一成不变的倾向。由此也否定了“无善无不善”“有善有不善”及“可以为善可以为不善”的人性论。

以此为基础，王夫之提出了以几为重点的人性论“性无不善，有纤芥之恶，则性即为蔽，故德之已盛，犹加察于几微；……心无过而身犹有之，则不能纯粹以精，以成乎性焉安焉之圣德也”（《张子正蒙注》，第114—115页）。由此可见，善恶于性而言是处于不断变化与转化的过程中，一旦恶欲蒙蔽了善性，那么就会出现“性无不善，有纤芥之恶”的现象，所以王夫之主张“犹加察于几微”，要在未发之际洞察善恶之性，不可以听任与放纵。于此而言“学者近取而验吾心应感之端，决之于几微，善恶得失，判为两途，当无所疑矣”（《张子正蒙注》，第120页）。几成为“善恶得失，判为两途”的关键，这样几之中善恶俱在，个人应当在几之中当机立断，“决之于几微”，于善于恶之间作一抉择，从而去恶从善，才能够“以成乎性焉安焉之圣德也”，这即是抉择于善恶之几，成性于圣德之境。

王夫之将几这一范畴引入人性论，是为了阐释其“性日生，命日受”的观点，是为了评论性善的思想。在这里，王夫之的人性论一以贯之地否定了性善与性恶的倾向，否认了存在先天之善恶而不变的人性论：

> 孟子亦止道“性善”，却不得以笃实、光辉、化、不可知全摄入初生之性中。《中庸》说“昭昭之天”，“无穷之天”，虽无间别，然亦须分作两层说。此处漫无节奏，则释氏“须弥入芥子”、“现成佛性”之邪见，皆由此而生。愚每云“性日生，命日受”，正于此处分别。在天之天，“不贰”，在人之天“不测”。（《船山全书》，第6册，第1017—1018页）

王夫之在评论孟子的性善论时，认为人之性善只是一个前提，却不是一个现实。正因为王夫之与孟子性善论的不同，所以他才主张“不可知全摄入初生之性中”，这一初生之性必须要在后天的磨砺中得以充实与完善。与之相关，王夫之认为佛教倡导的佛性论，其实质与孟子的性善论是一致的，这就与“性日生，命日受”的人性论发生了冲突。王夫之要解决的问题在于，如何从性善的前提转化为现实的人性之善，为此提出了“在天之天”与“在人之天”两个概念，王夫之更为注重的是“在人之天”这一概念，认为通过“在人之天”即个人后天的努力与调节，才能充实人性，从而实现人性之善：

> 恢恢乎大之，则曰：“人之性犹牛之性，牛之性犹犬之性”亦可矣。当其继善之时，有相犹者也，而不可概之已成乎人之性也，则曰：“天地与我同根，万物与我共命”亦可矣。当其为道之时，同也共也，而不可概之相继以相授而善焉者也。
>
> 故孟子之言性善，推本而言其所资也，犹子孙因祖父而得姓，则可以姓系之。而善不于性而始有，犹子孙之不可但以姓称，而必系之以名也。①

王夫之在分析性与善恶的问题时，其出发点仍然在于天道与人道的合一关系，认为人之性善与性恶，是宇宙自然通过天道运行的产物，所以是“天地与我同根，万物与我共命”。但天道化生万物为何只有人才有性善与性恶的现象，王夫之认为人禀受于天道之化而成形之际，其性不可谓之善恶，是“人之性犹牛之性，牛之性犹犬之性”。人与万物之性并无差别，在这一阶段“不可概之已成乎人之性也”，亦不可“概之相继以相授而善焉者也”，这在一定意义上否定了先天性善与性恶的问题。王夫之认为，人生之初的性更多的只是作为万物之一的物性，亦即从父母先祖那里获得的生理本能之性，这种性无善恶可言，故而“子孙之不可但以姓称，而必系之以名也”。既然人之性在生之初是无法判定善恶的万物自然之性，那么人之性善与性恶究竟是怎样产生的，为此王夫之专门论

① 《周易外传》卷五，《船山全书》第 1 册，第 1006—1007 页。

述了恶即不善产生的原因：

> 凡不善者，皆非固不善也。其为不善者，则只是物交相引，不相值而不审于出耳。惟然，故好勇、好货、好色，即是天德、王道之见端，而恻隐、羞恶、辞让、是非，苟其但缘物动而不缘性动，则亦成其不善也。……盖从性动，则为仁、义、礼、智之见端；但缘物动，则恻隐、羞恶、辞让、是非，且但成乎喜、怒、哀、乐，于是而不中节也亦不保矣。(《船山全书》，第6册，第960页)

王夫之认为“其为不善者，则只是物交相引，不相值而不审于出耳”，这种因蔽于物、陷溺于物之中的习，就是产生不善之举的根源。从这种意义上而言，王夫之认为“凡不善者，皆非固不善也”，这即意味着王夫之否定了性恶论。不善是“苟其但缘物动而不缘性动”的结果，这样王夫之在纵论人之性善与性恶时提出了物之动与性之动两个概念，性之动的结果是仁义礼智四德即善的形成；物之动的结果则是，个人若不知道在喜怒哀乐之间予以调节，就会“于是而不中节也亦不保矣”，这样自然会产生不善的现象。王夫之为此专门分析了如何去恶从善而充实人之性的问题：

> 恶尽去，谓知性之本无恶，而不以才之偏而未丧者诬其性也。善恶相形而著，无恶以相形，则善之名不立，故《易》言“继之者善，成之者性”，分言之而不曰性善，反才之偏而恰合于人，以其可欲而谓之善矣。善者，因事而见，非可以尽太和之妙也。……盖陷溺深，则习气重而并屈其才，陷溺未深而不知存养，则才伸而屈其性。故孟子又言“为不善非才之罪”，则为善亦非才之功可见。是才者性之役，全者不足以为善，偏者不足以为害，故困勉之成功，均生于安。学者当专于尽性，勿恃才之有余，勿诿才之不足也。(《张子正蒙注》，第114—115页)

在王夫之主张的人性论中，引入了才这一概念，既然恶不是先天而有的，不是宇宙自然的天道流行化生万物的必然结果，那么就是“恶尽去，谓知性之本无恶”。这样王夫之区分了性与才两个不同的概念，认为“不以才之偏而未丧者诬其性”，在善与恶的相待而成的情形下，善与恶是相互依存的即“相形而著”，这即意味着“无恶以相形，则善之名不立”。由此可知性之善恶也只是“相形而著”，所以不能以一成不变之眼光而论性善或性恶，只能从性之生成与转化中去具体而论性的善恶。才作为兼具善恶因素的范畴，若是陷溺于物象之中过深，加之习气重就会使才向恶的一端堕落；同样，即使是陷溺于物象之中不深，但不知加强人性的修养，那么具有恶的倾向之才依然会不断坐大，最后使人之性堕落为恶。所以王夫之认为，才本身不能对是善是恶、为善为恶负责，关键在于个人应该意识到陷溺于物象而使性被蒙蔽的严重性，才只是性的一种载体，“全者不足以为善，偏者不足以为害”，才的全与偏和性之善恶虽有关，但主要还是在于个人的主体意识能否不陷溺于物象之中。

王夫之的人性论主张“初生未成之善可渐成于后天，而后天因习染渐成之恶，亦可革除而复归于善，其关键则在个人能否做到‘择善必精，执中必固，无敢驰驱而戏渝’而已”[①]。王夫之的人性论非常看重个人后天的道德修养，以此来作为进于至善之境的重要途径。正是基于这种论断，王夫之认为个人应该加强人性的修养，不断充实人性之体，于此否定了“勿恃才之有余，勿诿才之不足”的现象。由此可以看出，王夫之主张“人性的形成及其善恶都是由后天实践决定的。因此，作为价值评判依据的，宁可说是后天经验，而不是先天禀赋”[②]。王夫之否定了先天禀赋之说，那么就自然不会承认人性的本质是善还是恶，也不会承认人性之中先天就存在着善与恶。王夫之否定了先天的性善与性恶，更为强调的是后天的经验，这个后天的经验之中，就包含了才这一概念。才与人性相结合，表现出人性的多样性与复杂性。正因为人性具有复杂而多样的特征，这就很难确定人性在先天之中是善还是恶。

① 陈明：《王船山〈尚书引义〉之德性论与治道思想》，第 57 页。

② 蒙培元：《理学范畴系统》，人民出版社 1998 年版，第 247 页。

四 结论

王夫之在阐述人性论时，将习、气、几、善恶、才等诸多概念融入人性论的建构之中。从王夫之的论述中可以看到，习、气、几、善恶、才这些概念，都处于变动不居的状态。这样，王夫之建立的人性论展现出人之性具有变动不居的特征。王夫之之所以将人之性阐释为变动不居的状态，是为了否定性善与性恶的对立模式，而以后天的诸多因素来探讨复杂的人性问题。王夫之在讨论习、气、几、善恶、才等诸多概念与人性的关系，并没有遵循宋明理学中性善论的思维模式。因为在讨论人性时，理学家们也有涉及性之善恶的问题，但由于预设了性善的前提，因此讨论都是围绕着预设的性善这一前提展开的。与宋明理学主流人性论不同，王夫之的人性论没有预先设立一个先天的、永恒的、一成不变的人性。

王夫之的人性论在对待善与恶的问题时，没有陷入性善与性恶的非此即彼的争辩中。因为王夫之在考察人之性时，没有事先预设一个先天性的是善或是恶的标准，这与其倡导的"性者生也，日生而日成"的人性论是一致的。在"日生而日成"的人性论中，可为善亦可为恶，善恶与人性的关系不是先天而生成的，当然也就不是永恒而一成不变的，而是要随着后天的诸多因素变化的，所以善与恶都有可能成为人之性。王夫之的人性论主张人之性没有先天的性善与性恶，也不存在一种一成不变的人性，而是在后天多种因素的共同作用下，人性处于不断发展与变化的过程之中。"'性'不成例于初生之顷，而是'日生而日成'的。人性的形成，与其所处的社会环境有直接关系。客观世界是变化发展的，因而人性也会随之发展而不断丰富"①。王夫之建立的人性论，正因为和客观世界一样，处于不断发展变化之中，而不是处于一蹴而就、一成不变的静止状态，所以才是"日生而日成"的。

另外，王夫之的人性论"融易、庸之学，以'继善成性'、'天命之谓性'而论人性善；性为诚而体实有，故有质有恒有节，非空室触影之

① 侯外庐、邱汉生、张岂之：《宋明理学史》（下），人民出版社 1987 年版，第 916 页。

良知；性在己而非物、在源而非流，是性本善而恶无本；继而论性者生理、日生则日成，突出儒家人性修养和人格发展中的道德意识、生命意识、时间意识和个体意识，既得中国传统哲学人性论之大成者，又以日新富有、'习与性成'之新论述，为中国人性论提供了新鲜、活泼的思想内容"①。这就意味着，王夫之建立的人性论，由于重视后天道德修养的因素，以后天道德的修养来进于至善的精神境界，故而王夫之的人性论展现出的特征就是尊生与主动。

① 陈屹：《王夫之人性论新解——以〈思问录·内篇〉为中心》，《船山学刊》2011 年第 1 期。

李二曲独辟蹊径的知体论思想探赜[*]

俞秀玲
（西北政法大学　哲学与社会发展学院）

摘　要：李二曲是明末清初的著名思想家。李二曲不囿于一家之说，也没有标立任何新宗、新名，而是在折中前人的基础上使用宋明理学的“本体”这一基本概念，他对本体的运用尤以“灵明本体”居多，同时又以“知体”来进行阐释。李二曲认为超摄朱陆是知体论形成之原因，圆融微显则是知体论之内涵，而形上还是形下则是知体论存在之矛盾。李二曲关于“知体”所做的阐释几乎是以十分温和、不露锋芒、静悄悄地批判和融摄方式来进行的。

关键词：李二曲；朱子学；阳明学；知体论；融摄

李二曲（1627—1705），名颙，字中孚，今陕西周至人，取《汉书》“山曲曰盩，水曲曰厔”二语，自署为“二曲土室病夫”，学者称为二曲先生，是清初著名学者与思想家，同容城孙奇逢、余姚黄宗羲一并“高名当时”，时论以为“三大名儒”①，当时或以“海内真儒”“博学鸿儒”

* 本文系国家社会科学基金项目“明清之际关学价值论研究”（编号：20XZX008）、陕西省重点社科基金项目“《吕氏乡约》及其当代价值研究”（2016C001）阶段性成果。

① 全祖望在《二曲先生窆石文》中称：“当是时，北方则孙先生夏峰，南方则黄先生梨洲，西方则先生，时论以为三大儒”，参阅（清）李颙撰，陈俊民点校：《二曲集·附（接下页）

"理学渊源"标榜；或以"关中大儒""一代龙门""躬行君子"称颂。

在宋明理学史上，儒者关于心性本体的称呼各异，从周敦颐的"太极"，邵雍的"先天"，二程的"天理"，朱熹的"理"到陆九渊的"本心"，王阳明的"良知"；等等，无不是对本体宗旨的诠释，而对此本体的存养，儒者又各以"敬""静""涵养省察""收摄保任"等工夫来作为修养方法。从晚明起，在对时政与王学末流之流弊的反思大潮中，诸学者开始了对时代主流思潮——阳明说的批判以挽狂澜。作为李二曲也不例外，他也加入了对时代思潮的反思之列。二曲兼采朱子之学，并在教法与教义等方面对阳明学进行了补充和阐释。如果说二曲治学，三十岁以前走的是程朱路线（尤其是朱子路线），那么三十岁以后，走的则是陆王路线。二曲治学工夫甚似阳明，其"理学经济，相为表里"的重事功的主张又极似象山，这是二曲治学过程中的极大转变。也正是由于这一转变，才形成了二曲在清初诸儒中的特殊地位。而宋明理学的思想核心"自性本体"（或灵光四射的"灵明本体"）在二曲哲学思想中也逐一透显。

二曲深恶门户之争，故而其所做的阐释几乎是十分温和、不露锋芒、静悄悄的批判和融摄方式①。作为二曲，他并没有标立任何新宗、新名②，而是在折中前人的基础上随心所欲地使用宋明思想的基本概念，他或直接采用他人的说法，如"天理""良知""本心""太极""太虚""理"等；或从本体的各种性质而言之，如"自性本体""灵明本体"

（接上页）录二・二曲先生窆石文》，中华书局1996年版，第614页。关于三大儒之说法，学界争论不一，亦有四大儒、五大儒之说。张岱年指出："清初时最有名望的三个大儒是：孙奇逢、黄宗羲、李颙。到了清末，人们讲清初三大儒，就改成了黄宗羲、顾炎武、王夫之。章太炎讲清初五大儒：孙奇逢、黄宗羲、顾炎武、王夫之、颜元。梁启超则推崇四人：黄宗羲、顾炎武、王夫之、颜元"，参见张岱年《中国哲学史史料学》，生活・读书・新知三联书店1982年版，第180页。关于这一说法，亦可参见何冠彪《明清人物与著述》，香港教育图书公司1996年版，第50、55、59、62页。

① 陈俊民：《张载哲学思想及关学学派》，人民出版社1986年版，第27页。

② 王昌伟认为，儒学经过漫长的发展，到了二曲的时代，所讨论的课题及所用的词汇，基本上都有一定的模式与规范。除非是极富开创精神的大师，否则论学的方式，大都会随着前贤的语气转，二曲的情况也是这样。他在著作中，常只是据引前人的话，只偶尔更动一两字。参见［新加坡］王昌伟《李二曲调和朱子与陆王的方法》，《孔子研究》（曲阜）2000年第6期，第97页。

“心本体”“本性真体”“光体”“灵原”“本真”“本面”等；或从心性角度来说，如“本性”“性体”“性灵”“心光”“心体”“道心”等；亦从强调本体主宰“物”“我”的角度来讲本体，如“真我”“主人”“头脑”“主宰”等。二曲并不囿于一家之说，他对这些言辞的运用随心所欲，其中尤以“灵明本体”为多，并总以“知体论”① 来诠释灵明光体。

一 超摄朱陆：知体论之形成

作为程朱，他们是把知识主体与知识对象明确划分开来，就已知之理求未知之理，将形上学与形下学纳入知识范畴，并将“吾心之本体”与宇宙万物之本体一并纳入所穷究的范围之中，由此而次第于人理、事理与物理之中，从而建构“全体大用”之学。这是程朱思想的基本特征。然而，朱子多从知识探讨的角度入手，他对“虚灵不昧”之本体的认识，纯系揣测卜度而影响不真。也就是说，朱子学自身仍旧有不可弥缝的缺失。在万物之自性中去认识天理（即万物各自之本体），这条路径走不通，由此形成了朱子学的缺失。除此以外，朱子之“大用”之学，其范畴过于宽泛，影响到实现修齐治平所需要的知识条件，多不切合实际，所以便造成了朱子思想的又一缺失。

与程朱不同的是，陆王派较注重实证，他们主张在个人的践履过程中观照此“灵昭不昧”之本体，这一观点甚为精辟。而阳明“立体达用”的思想正是其“灵照不昧”之本体在与形下学的结合过程中形成。阳明进一步将这一本体以“万物一体”来诠释，从而将原儒“仁”的观念发挥至极致。经象山、阳明的相继开拓发展，宋明理学展现出一片空灵之

---

① 林乐昌指出，二曲对“知体”的界定，有两方面的重要意涵。一方面，“知体”之“知”是“灵原”之“知”。二曲在《学髓》中提出“灵原”这一重要概念，认为“灵原”亦即灵妙的根源性知识，它是对对象性知识的超越。这是“知体”之“知”的首要含义；另一方面，“知体”之“知”是体用之“全知”，参阅林乐昌《论李二曲对宋明理学的总结》，《中共宁波市委党校学报》2012 年第 1 期。林乐昌先生的这一评论很有见地，关于这一点，二曲在《学髓》中亦有相应的阐述：“知体本全，不全不足以为知”，参阅《二曲集》卷二，《学髓》，第 18 页。由此可见，二曲所谓“知体”，不仅是就本体论而言，同时还就认识论或知识论而言。二曲“知体”论所要强调的知识不仅涵括本体知识，也包括实用知识，它能够将各个层面的知识凝铸为一个完整的系统。

慧境，与各种实用的知识相结合便铸造出一套体用兼备的哲学思想体系，开出儒家治平事业发展的有效途径。这一点是陆王思想对理学的伟大贡献之处。然而，陆王过分强调“心即理”这一基本观点，这便导致知识主体与知识对象的夹杂混淆，甚至陆王忽略了万物的客观存在而偏重于道德价值方面，且并未对知识的功能作用给予相关的重视，这便导致陆王学的严重缺失和不足。

作为二曲，他所面临的任务便是如何摄取二派之既有学术成就并弥补二者之缺失。二曲并不囿于两派的观点差异，而是综摄二派之观点，弥缝其缺失，从而矫救其偏，开创二派之外的第三条认识路线。正如二曲所说：

> 必也以致良知明本体，以主敬穷理、存养省察为工夫，由一念之微致慎，从视听言动加修，庶内外兼尽，姚江、考亭之旨，不至偏废，下学上达，一以贯之矣。(《二曲集》卷十五《富平答问》，第 129 页)

这是二曲所向往和倡导的哲学，其真正底蕴是理学的，亦是儒学的。二曲在阐述其思想时也采取这一温和的批判方式。

二曲超摄程朱、陆王，迳探本源，从认识主体直接入手，并观照此主体之特殊功能与智慧、道德、知识等之间的相互关系，从而提出“知体”之说，创立了“知体论”以阐述其认识论思想。

二曲说：

> 知体本全，不全不足以为知，仁者见之以为仁，知（智）者见之以为知。见相一立，执着未化，终属半镜。(《二曲集》卷二《学髓》，第 18 页)

二曲这里所谓的知体，即为二曲所说的形上的灵明本体，二曲特称之为“知体”。

> 一内外，融微显。已应非后，未应非先。活泼泼地，本自圆周，

有所起伏，自窒大全。(《二曲集》卷二《学髓》，第 18 页)

二曲认为知体即为“人生本原”，它“无声无臭，廓然无对”，并“寂而能照，应而互寂”。但二曲与陆王的认识却仍有差别。尽管二者均将此“人生本原”名之为本体，但关于“理”的阐说却有很大出入。象山把此澄澈之本体称之为心（亦名之为理），并提出“宇宙便是吾心，吾心即是宇宙”。在象山看来，“此心至灵，此理至明”，灵与明皆具形而上的意义，故而心与理之间可用等号画之，可称之为“心即理”。阳明继承了象山此种说法，亦主“心即理”。作为二曲，却认为陆王对理的界说甚为有限，他指出，陆王对理的阐释与程朱一样，深受华严宗影响而将理定性为形上之本体。二曲在“人生本原图”中以“无故起念”来展开“无风兴波”，并以“理”“欲”来对理进行重新阐释，通过这种方式，二曲将理落实于形而下的境界。

在二曲的思想体系中，理、欲成为其认识论体系的两个重要概念。知体是其认识论构成的核心支柱，二曲以“心”或“性”来诠释其基本概念，这样的界定和阐述使得二曲关于认识论的看法便与程朱的“性即理”、陆王的“心即理”的认识范畴有了一定的区别。

二　圆融微显：知体论之内涵

二曲超摄程朱、陆王而独创“知体”论，这是其为学之识见超人处。此知体与二曲经常倡导的灵明本体在本质上并没有实质性差别。然而，在二曲看来，灵明本体是以其无方无体、不落形质的形而上特性出现的，而“知体”则是以其探究人生究竟及其绝对的实在，乃至宇宙万化根源的认识论意义上来讲的，它可以更直接地认识和把握此灵明本体，从而呈现其“下达”的具体化趋势，即：在“知”的层面上发挥其功能作用，在其他各个层面的知均由此体涵摄而来。

在《学髓》中，二曲说：

无声无臭，不睹不闻。虚而灵，寂而神，量无不包，明无不烛，顺应无不咸宜。若无故起念，便是无风兴波。即所起皆善，发而为言，见而为行，可则可法，事业煊卓，百世尸祝，究非行所无事。有为之为，君子不兴也。(《二曲集》卷二《学髓》，第 18—19 页)

二曲主张“一内外，融微显”，将主观与客观合为一体而无内外之隔。这一融汇全靠此知体所具有的明慧之光的作用，而外在之事物与隐微之心境亦在此明慧之光的朗照之下消解于无形，从而只见此明慧之知体。对此，二曲强调：“已应非后，未应非先”，他认为，如果论存在的体用关系，其应事接物应该有时间上的先后顺序，然而，若论境界的体用关系，因其“寂而能照，应而恒寂”，实际上并没有时间的间隔。[①] 在二曲这里，他以“活泼泼地”来形容此“知体”富于变动的性格。

那么此知体又显何形态？二曲以“大全”来形容“知体”形状。在他看来，若以具体事物来摹拟此“知体”的话，那么形容它为“虚而灵，寂而神，量无不包，明无不烛”的无穷大的圆周亦未尝不可。二曲认为，此无限光明的“知体”，就是知识的主体，其妙用可用来指导一切知识的作用，即为“经纶参赞，赖此以为本”(《二曲集》卷二《学髓》，第 18 页)。在二曲看来，所谓“经纶参赞”，就是做外王的治平事业，此事业须有多方面知识的配合，并借此无限光明的“知体”之明慧之光才能实现。他指出，在朱子这里却将知识主体与知识对象加以混淆：“明德者，人之所得乎天，而虚灵不昧，以具众理，而应万事者也。”二曲更指出，在朱子那里，此体自身具人、事、物等纷纭复杂的理则，只要觅理于心，即可穷究客观事物普遍之理则，他认为朱子所犯的这个错误与陆王在认识上所犯的错误属同一毛病（当然，在《补格物致知传》中，朱子将知识主体与知识对象二者划分得极为清楚）。由此，二曲以此无限光明的“知体”，即虚灵不昧的本体作为知识主体，无疑，这是二曲对朱子和陆王二者做出的适度修正。可以看出，二曲通过这一方式把朱子“人心之灵，莫不有知”的说法予以深化了。对客观事物之理则，二曲也极为重视，并进一步对知识对象有了明确的界定。也就是说，在二曲这里，他将知识对象与知识主体混淆夹杂的程度减轻了。[②]

---

① 林继平：《李二曲研究》，台湾商务印书馆 1999 年版，第 261 页。

② 林继平：《李二曲研究》，第 265 页。

正因为如此，二曲指出，知识来源有两个方面，一则直接导源于此“知体”自身，即源于此知识主体的超认识力；二则以人、事、物为对象，以“适用”为目的而穷究客观事物之理。二曲认为“经纶参赞”的外王事业所需要的一切知识都可以从人、事、物三方面予以探求，这与西方的经验主义学派有点貌合神离。当然，需要留意的是，二曲对知识对象与知识主体的界限划分，主要体现在其格物说中。然而，二曲“见道”之前的格物之说，其材料现已不存，这里只能以二曲总体的为学倾向以及他博览群书的浓厚兴趣来判定二曲此时主要遵循的是朱子知识取向的格物说路线，而二曲见道之后的格物之说，其材料主要集中在其《四书反身录·大学》中。

自朱子作《补格物致知传》以来，关于“格物”之说几乎成了理学中最复杂的问题，且在理学与心学内部一直有严重的分歧。关于“格”“物”，不仅仅是纯粹的工夫问题，它牵涉对本体的性质及体用关系的理解，也涉及对《大学》正心、诚意、致知、格物四条目的理解。对此，二曲指出：

> “格物”乃圣贤入门第一义，入门一差，则无所不差，毫厘千里，不可以不慎。“物”即身、心、意、知、家、国、天下：“格”者，格其诚、正、修、齐、治、平之则。《大学》本文分明说“物有本末，事有始终”，其用功先后之序，层次原自井然，“古之欲明明德于天下”与“物有本末”是一滚说。后儒不察，遂昧却“物有本末”之“物”，将“格物”“物”字另认另解，纷若射覆，争若聚讼，竟成古今未了公案。今只遵圣经，依本文，认定为身、心、意、知、家、国、天下之“物”，从而格之，循序渐进，方获近道。“格物”二字，即《中庸》之“择善”，《论语》之“博文”，虞廷之“惟精”。“博文”原以“约礼”，“惟精”原以“执中”，“格物”原以“明善”。(《二曲集》卷二十九《四书反身录·大学》，第404—405页)

除此以外，二曲在《锡山语要》中也有集中阐述：

> “格物”二字，诸说纷纭，犹若聚讼。吾人生于其后，不妨就资之所近取益，不必屋上起屋，再添葛藤。格物，犹言穷理也。物格知至，理已明也。物即是身、心、意、知、家、国、天下之物，皆当有以格之，然有序焉。由知、意、心、身，深究密诣，循序渐进，本立然后家、国、天下可得而言矣。否则，后其所先，而先其所后，何系近道。格物，首要格为物不二之物。此物格则大本立，从而渐及于家国天下之物，方不外本内末，游衍驰骛。(《二曲集》卷五《锡山语要》，第 40 页)

“物”在朱子哲学中即指一切事物，它不仅仅包括山川、草木、日月、星辰等客观存在的物质实体，还包括人类的思维念虑在内的活动。朱子在其“格物”论中以格为穷、以物为物之理，在他看来，“格物”就是即物而穷其理。阳明在生活的早期遵循朱子格物之途进行探索，然而却发现走不通，在龙场悟道之后阳明毫不犹豫地转向通过“格心”来解格物的心路历程。“格”为格其不正以归于正，即端正念头杂虑。值得留意的是，阳明在晚年时又加入了“行”的内容，认为应该在实际践履活动中去为善去恶。然而，二曲却并未对“格”的含义作出明确规定，他只是从“格其诚、正、修、齐、治、平之则”及“格物，犹言穷理”的角度来进行阐释。尽管二曲采用的基本上是朱子“穷”的方法，以身心意知及家国天下为物，然而，与朱子以物之理或事为物的方法有所不同，同时也与阳明龙场悟道之后以心为物、“格物”只是“格心”的看法不尽相同。在二曲这里，他并非漠视山川草木等物质实体，而只是在与他自己所关心的农业或者军事问题有关时才会有所涉入。实际上，阳明在晚年作《大学问》时，已经将物的范围扩大到与二曲相似的程度。也正是在这一“物”的基础上，以“万物皆备于我、苟一物不格，则一物不备”为追求目标的二曲才可能将注意力置于《文献通考》等书籍上。

“格物”包括心、意、知，在《大学》里也自有工夫，那么，格物与此种工夫又是何种关系？“物格而后知至，知至而后意诚，意诚而后心正”，其中“知至”“意诚”与“心正”处于并列的位置，二曲在论证“格物”的过程中数次提到“物格知至”，他将“知致”“意诚”与

“心正”并列引用。在二曲这里，“知致”与“知至”是相同的。那么在二曲的哲学思想中，“知致”与“知至”为何成为二曲所指的终极境界？朱子认为今日格一物明日格一物，以至于最终豁然贯通方可谓之“知至”，而阳明则认为“至极吾心之良知而实践之”即谓“知至”，不管这二者对“致知”范畴的理解如何不同，对于他们来说，“知至”都是“致知”的最终目标和所达到的最终结果。而在二曲哲学中，“格知”以“立本”却是二曲为学工夫的第一步，“本立”而“知致”，“知致则本心之明，皎如白日，善恶所在，自不能掩，为善去恶，自然不肯姑息”便亦可成立。所以，二曲是以“知致”为终极境界的。

对于知致以后的工夫，二曲认为只要达致“知致”，则“戒慎恐惧，保而勿失，则意自诚，心自正”，“为善去恶，自然不肯姑息，此便是意诚。以此正心则心正，以此修身则身修，以此治国则国治，以此平天下则天下平”。而“戒慎恐惧，保而勿失”与“为善去恶”则是两种不同的工夫。前者从本体着眼，欲说明本体既明之后，只要保其不失，顺其自然之发用流行，则恶不生，恶既不生，则意自诚，心自正；后者则从工夫着眼，认为本体既得后，则善恶之辨自明，但这并不能保证产生的意念有善而无恶，这样，为善去恶就成为必然的一个步骤，这是诚意工夫。若得力，则为意诚。而正心、修身、治国、平天下皆同于此。

然而，需要注意的是，即使二曲认为“有了本，不愁末”，对“末”或“外”亦并无丝毫的轻视。二曲对“格物”与“博物”又进行了区分。他说：

> 诚欲“日知”，须日知乎内外本末之分，先内而后外，由本以及末，则得矣。（《二曲集》卷四十《论语下·子张篇》，第508页）

这是二曲对顾炎武不辨本末内外之分的批评，二曲所谓的“日知”是“博物”而非“格物”。在二曲看来，“博学”即为在未立本之前的博览杂识，因它最终不能指向复性，所以二曲认为博物非格物，而是杂学。两者之间的意义亦迥然不同。在有人问何为“博学”时，二曲回应：

> 若为明道存心而学，笃志不变，自然所问所思，莫非明道存心之实，如是则道明而心存，“仁在其中”矣。若止为博物宏通而学，志在问无不知，自然所问所思，惟以博物宏通为事；问既浮泛不切，思又间杂憧憧，如是则道晦而心放，虽欲仁，焉得仁？（《二曲集》卷三十九《论语下·卫灵公》，第496页）

二曲认为，若博物之问“浮泛不切，思又间杂憧憧”，则必会务外逐末；若为“明道存心而学，笃志不变”，则只是在德业上操存。但是，若能“博识以养心”且“博识能化”的话，则“愈博愈妙”。与此同时，二曲指出，若学“内不足以明道存心，外不足以经世载物”，则只能为杂学了，这一点是二曲非常厌恶的。

在有人问到“家珍既知后，其他遂可不知乎”时，二曲回答说：

> 君子为学，贵博不贵杂，洞修己治人之机，达开物成务之略。如古之伊、傅、周、召，宋之韩、范、富、马，推其有足以辅世而泽民，而其流风余韵，犹师范来哲于无穷，此博学也；名物象数，无积不探，典故源流，纤微必察，如晋之张华、陆澄，明之升庵，翕山，叩之而不竭，测之而益深，见闻虽富，致远则乖，此杂学也。自博杂之辨不明，士之翻故纸、泛穷索者，便侈然以博学自命，人亦翕然以博学归之，殊不知役有用之精神，亲无用之琐务，内不足以明道存心，外不足以经世宰物，亦只见其徒劳而已矣。（《二曲集》卷十五《富平答问》，第125—126页）

在二曲看来，格物为“先立乎其大”之学，博物则为无“血脉”之实践，杂学却是“学无本领”的支离葛藤。

可以说，二曲的格物说是自成体系的，他不仅极为重视知体对工夫的指导作用，而且还极为重视明体之功，“学要识本体，然后好做工夫”“工夫不离本体，识得本体，然后可言工夫”。二曲与朱子、阳明关于格物的见解并不甚相同，尽管阳明亦认为“合著本体的，是工夫；

作得工夫的，方识本体”①，但阳明过分摄用归体，而二曲在对程朱、陆王的融摄中所形成的全体大用之学还是走出了二曲自己的第三条路线。

三　形上还是形下：知体论之矛盾

二曲以圆而神的智慧、道德的主体和知识的来源来概括知体，并在形式上以明体和适用两大思想系统来进行显现，同时通过居敬穷理的方法把形上与形下一并统摄，借此完成其知体论系统。此可谓自荀子以来在认识上的又一大发展。②

然而，二曲的这一理解却总是有其局限性与缺失。

在二曲看来，知识主体的建立就是知体的建立，二曲把知识主体安放于“人生灵原”这一本体上，并以此作为知识的来源，那么外在的一切经验知识是否依赖于此知体？

在二曲看来，此知体的性质是由可认识的精神状态经工夫证验而行向上超拔并从而呈露出一直觉的、圆而神的智慧境界。此境界超越了心物的思想活动范畴，它具有超认识性（亦可称之为具有不可认识性）。正如二曲在《学髓》中所言：

> 人人具有此灵原，良知良能，随感而应。日用不知，遂失其正，骑驴觅驴，是以谓之百姓。学之如何？亦惟求日用之所不知者而知之耳。曰：“知后何如？”曰：“知后则返于无知未达，曰‘不识不知，顺帝之则’。”（《二曲集》卷二《学髓》，第18页）
>
> 知体不全，不全不足以为知。仁者见之以为仁，知者见之以为知，见相一立，执着未化，终属半镜。（《二曲集》卷二《学髓》，第18页）

---

① （明）王守仁撰，吴光等编校：《王阳明全集》（下），上海古籍出版社1992年版，第1167页。

② 林继平：《李二曲研究》，第273页。

二曲认为人的聪明和知识，无论它来自先天的禀赋抑或是后天的学养，皆可认识而并非“无知”。然而，若“知体不全”，则“不足以为知”，且有可能出现“执着未化，终属半镜”的后果。

二曲又说：

> 此天所以与我者也。生时一物不曾带来，惟是此来；死时一物不能带去，惟是此去。故学人终日孜孜，惟事此为人生第一要务。动作食息，造次颠沛，一注乎此而深造之，以求自得，居安资深，左右逢原。安此，谓之安身；立此，谓之立命。(《二曲集》卷二《学髓》，第 17—18 页)
>
> 目赖此而明，耳赖此而聪，足赖此而重，手赖此而恭。四端五常，三百三千，经纶参赞，赖此以为本。本苟不立，徒以意见拟议，徇迹摹仿，则“袭”之与“集”、“行”之与“由”，毫厘之分，天渊之谬。(《二曲集》卷二《学髓》，第 18 页)

二曲认为个我之聪明、稳重、恭谨等资质与个性以及仁义礼智信诸德的实质，与社会生活的繁杂礼仪规范和外王事业所需的种种知识条件无不赖此灵明本体作为根源。此体即为无声无臭的“人生本原”，而现实的个我人生，若层层剥去，最后剩下的只有此“一丝不挂”的灵明本体。

由于二曲极端注重工夫的实证，故而他以拟议摹仿文字为大忌，他提出“知体大全”的主张，而此知体其实就是此灵明本体的缩影。现在需要关注的是，人的聪明才智与知识活动都是有知的，作为知体自身却是无知的，知体所呈露的慧境超越了人的聪明才智与知识活动范畴，这二者的性格完全不同，那么若将知识主体建构在形上学的范畴上，认定此知体即聪明、知识的来源或知识的主体是否妥当?

我们若仍以二曲《学髓》中的“人生本原”图作为基轴，并将此知识主体建构在形下学的范畴上，就原图加以补充（如，一些重要的心理因素)，那么知识主体究应置于何所的问题或可迎刃而解。

且看二曲的《人生本原图》:

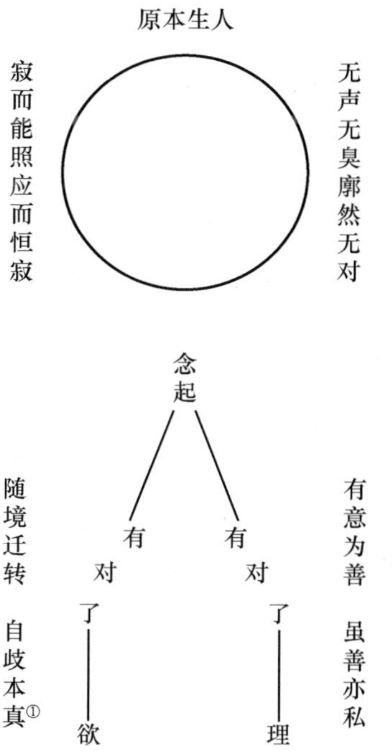

图 1　人生本原图

据二曲“人生本原图”的说法，在“念起”之后，只有“理”“欲”二者相互对立存在。这是自宋明以来理学家对个我心理上“理欲交战”心理现象的重视，它是一种道德判断和道德实践，尽管其中亦夹杂有相关的一些知识，但终属道德范畴，而其中各种各样人的欲念正是此道德观念（理）所最为忌讳。

总之，中国人文思想偏重对道德的关注，在知识方面的确有所缺失。作为二曲，尽管他建构了适用的知识系统，但在知识主体的建构上，二曲仍然没有为知识主体找到适时的安放位置，这一点不仅是二曲知体论的缺失，也是中国人文思想的普遍偏病，在认识上，知识主体的建构仍未彻底得到解决。②

① 《二曲集》卷二《学髓》，第 17 页。

② 参见林继平《李二曲研究》，第 275—278 页。

章太炎清学史中“尊戴”叙述辨析

——以《清儒》“戴震入京”为考察对象

郭海涛

（西北大学　中国思想文化研究所）

摘　要：近代学者章太炎对戴震极为推崇，他视戴震晚年进京入四库馆，为清中叶学术风气大变的重要时间节点和标志。但通过重新梳理戴震的生平行止，与同时代人的文献记录，可知对戴震产生重大影响的实是他早年的初次入京，进而其思想发生了从敬宋到尊汉的重大转变。至于姚鼐向戴震拜师不成一事，则并未引导致《清儒》所说二人关系的遽变。戴、姚从师友走向陌路，实源于戴震治学旨趣的转移与时代思潮的变化。《清儒》在“尊戴”立场下的清学史叙论中存在史时错位，反映出历史与学术史之间的距离，但亦为清学史研究提供了别样思路。

关键词：《清儒》；戴震；入京；拜师；姚鼐

自晚清以迄于今，戴震一直被视为清代汉学的重要代表与斥诋程、朱宋学的一代巨擘。后世研究虽常将戴震置于清中叶学风变化的中心，但对其个人学术影响力与学风变化历史之间的关系，则并未展示出过多的细节。近代章太炎在《清儒》中则提出“震始入四库馆，诸儒皆震悚之，愿敛衽为弟子。天下视文士渐轻。文士与经儒始交恶”[①] 的观点。《清儒》这一论断，不仅补充了清中叶学风转变历史的细节，且章太炎以学者个人的经历溯察学术思潮变化，也反映出研究者对个体历史影响力的反思。[②] 近年来对戴震及相关问题的研究，如申笑梅等人虽已关注到戴震的北上与京师学者的结交经历，及其南下与惠栋会晤后的思想变化，然而行文较简略而多介绍、少论述，于戴氏与姚鼐交往情况的分析则有所缺失。而在戴、姚关系问题研究中，如周中明、王达敏等人则主张姚、戴二人的关系并非恶劣不堪，后者甚至认为姚鼐向戴震的拜师举动是姚氏自己学术生涯的分水岭。[③] 虽然王氏对戴、姚见面的时间节点考证详细，但因研究重点的不同，其对戴震在此事中的因果关系和影响的关注尚显不足。反思戴震入京的细节及其是否与清代学术风气变化存在关联这一问题，不仅有助后人判断《清儒》观点是否成立及推论章氏立论背后缘由，且对反思和完善晚清以来清学史研究的细节亦有裨补。

一 “戴震入京”考

戴震一生多次进京，其中因科场事居多，学界多关注他晚年入四库馆这一事件。如章太炎便特别强调乾嘉时期学术风气的变化，是由于戴

---

① 章太炎：《清儒》，朱维铮点校：《章太炎全集·訄书重订本》，上海人民出版社 2014 年版，第 156 页。这里章氏所言文士与经儒，前者即指作为清代理学中坚、倡导文尚古风的桐城派学者或以宋学为根底的文士，后者指以朴实学风为标、尚考证的汉学家。至于清代早中期桐城派与清代理学、宋学的具体关系，特别是桐城派几位代表人物如方苞、姚鼐等人与清代程朱理学或宋学的高度契合状态，详情可参曾光光《桐城派与清代学术流变》，中国社会科学出版社 2016 年版，第 33—52 页。

② 如周予同、朱维铮等人认为《清儒》是近代总结清学的首出作品，后来刘师培、梁启超等人的同类作品皆受到此书的影响。［详见周予同主编《中国历史文选（下册）》，中华书局 1962 年版，第 405 页］亦有学者概括此书是从总体特征、流派分布、传承系统等方面，对清代整个发展历史作了全面总结（详见李帆《章太炎、刘师培、梁启超清学史著述之研究》，商务印书馆 2016 年版，第 72 页）。在这些综合研究之中，对于章氏因古文经学和学术为政治服务立场而引发的言语片面性，学者虽有所警惕，但对章氏《清儒》中的某些重要的具体学术观点尚欠缺分析。如他对文士的鄙视和姚鼐等个人的恶意，虽然融合进《清儒》对今文经学批判中，但章氏所用论据和所持观点是否符合历史基本事实，其实还能继续深入探究。

③ 具体论述详见申笑梅、张立真《独树一帜：戴震与乾嘉学派》，辽宁出版社 1997 年版，第 81—95 页；王达敏《姚鼐与乾嘉学术》，学苑出版社 2007 年版，第 14—21 页。

震入馆后引起的经师与文士之间的对立。然而重新梳理戴氏一生行止，反见中年时因争讼的初次入都对他影响最大，并因此奠定后来诸事机缘。

(一) 戴震八次入京考

乾隆二十年（1755）三十三岁第一次入都，并与纪昀初次见面，两年内先后师馆于纪氏和王安国府中。两年后在扬州第一次与惠栋见面。

乾隆二十四年（1759）三十七岁第二次入京，参加“北闱乡试”①。

乾隆二十八年（1763）四十一岁第三次入京，“入都会试”。

乾隆三十一年（1766）四十四岁第四次入京，“入都会试不第，居新安会馆”。

乾隆三十四年（1769）四十七岁第五次入京，“入都会试不第”。夏，同段玉裁前往山西。

乾隆三十六年（1771）四十九岁第六次入京，会试不第，出京至山西。

乾隆三十七年（1772）五十岁第七次入京，不第南归。

乾隆三十八年（1773）五十一岁第八次入京。值四库馆开，戴氏由金华书院主讲被征召，仲秋至京任纂修官。此后在四库馆中校订书籍，直至乾隆四十二年（1777）五十五岁在北京去世。这一次也是章太炎先生在《清儒》中所认为的“天下视文士渐轻。文士与经儒始交恶”的时期。从戴氏的一生行止来看，入四库馆已在他的晚年阶段。丁酉年（1777）戴氏寄段玉裁的信札中说：“仆足疾已踰一载，不能出户，定于秋初乞假南旋，实不复出也。”② 五月复寄札段氏说：“前月二十六至今，一病几殆。正卧床榻，见来使，强起作札。”③ 由此可知，戴氏在四库馆中的工作满算只有两年多一点的时间。章氏描述的“震始入四库馆，诸

---

① （清）段玉裁：《戴东原先生年谱》，赵玉新点校：《戴震文集》附录，中华书局 1980 年版，第 234 页。“北闱”是明、清时期顺天地区乡试的指称，但乡试并不局限于北京。古人对乡试地点的记录一般都比较严谨，如对戴震后来在乾隆二十七年（1762）的中举，都明确说明是举于“乡”。因此处段玉裁记载戴震参与的乡试是“北闱”，后杨应芹在对戴氏年谱的订补中，亦延续了段氏说法。而洪榜《戴先生行状》与《清史稿》未对此年戴氏的科考情况有所记录，故此处依段氏年谱，认为戴震是在年前往过北京应试。

② （清）段玉裁：《戴东原先生年谱》，第 241 页。

③ （清）段玉裁：《戴东原先生年谱》，第 241 页。

儒皆震悚之，愿敛衽为弟子”的情况在如此短的时间内尚有可能，但天下文士由此被轻视的情况，恐难遽易实现。戴震在乾隆二十年（1755）的第一次入京，是因为“是年讼其族子豪者侵占祖坟……寄旅于歙县会馆，饘粥或不继”①。从他身无长物入都，且缺衣短食、寄居会馆的情形可知，戴震此时学问虽好，但声势远未大到影响一时、一地风气的地步。与世俗社会对戴氏迫害的情形不同，北京学界对戴震的到来反而表现出一种格外的热情。“是时纪太史昀、王太史鸣盛、钱太史大昕、王中翰昶、朱太史筠俱甲戌进士，以学问名一时。耳先生名，往访之，叩其学，听其言，观其书，莫不击节叹赏。于是声重京师，名公卿争相交焉。”②段玉裁在此着重强调了当时无论是在身份还是在学界名气上，都要大于戴氏的多位学者对戴震的称赞。结合纪昀在《考工记图序》中“余初识戴君，奇其书”③ 的评论，与戴震先后教馆于纪昀、秦蕙田、王安国等府邸的情况来看，京师部分学人对戴震的学术确实多有赞赏，且愿意自降身份与他结交。

（二）戴震进京前后的声名变化与人际交往

在京都公卿与戴震初见时“叩其学，听其言，观其书”后，众人对戴氏学术大加赞赏，进而服膺钦佩。经此一会，戴氏的名声才大显于都。钱大昕曾忆述是年戴震，“策蹇至京师，困于逆旅，饘粥几不继，人皆目为狂生。一日，携其所著书过予斋，谈论竟日。既去，予目送之，叹曰：‘天下奇才也。’时金匮秦文恭公蕙田兼理算学，求精于推步者，予辄举先生名。……高邮王文肃公安国亦延致先生家塾，令其子念孙师之。一时馆阁通人：河间纪太史昀、嘉定王编修鸣盛、青浦王舍人昶、大兴朱太史筠，先后与先生定交，于是海内皆知有戴先生矣”④。钱大昕对戴震第一次入京情形的回忆，与段玉裁、洪榜的记述略有不同。在钱大昕看来，正是自己的推荐才使得戴氏名重京师，并由此始海内知名。但无论

① （清）段玉裁：《戴东原先生年谱》，第 221 页。

② （清）段玉裁：《戴东原先生年谱》，第 221 页。

③ （清）段玉裁：《戴东原先生年谱》，第 221 页。

④ （清）钱大昕：《戴先生震传》，《戴震文集》附录，中华书局 1980 年版，第 265 页。

这两处文献所记戴氏的行访次序如何，京师名家学者对戴震的学术素养是认可与膺服的。此时三十三岁的戴震还只是一名补“休宁县学生”，而二十八岁的钱大昕、三十二岁的纪昀以及王鸣盛、王昶、朱筠等人却都是此前一年登第的同榜进士，且已被分授为翰林院庶吉士、翰林编修等雅职[①]。而此时与戴震交往的老一辈学者如王安国、秦蕙田，更是分居吏部尚书、礼部侍郎的中央高级官员和学林宿儒。两相对比之下，戴氏与京师诸位学者的交往在身份地位上是极不对等的，因而可以说是后者对戴震的“皆折节与交”[②]。

就此而言，戴氏初次入京实是引起了当时京都学界较大的轰动，而其学术名气也由此从地方向全国扩展。两年后戴氏离京南下扬州，初晤朴学“吴派”宗师惠栋并与其“一见定交”[③]。而至乾隆三十八年(1773)，戴震受诏入四库馆，此时的情形已与初次来都不可同日而语。是年，戴震因四库馆总裁裘曰修、于敏中和总纂纪昀的举荐，入京参与《四库全书》的编订。

“癸巳岁，天子开四库馆，妙选校雠之职，总裁诸公疏荐先生，以乡贡士入馆充纂修官。……馆中有奇文疑义，辄就咨访，先生为考究巅末，各得其意以去。先生亦思勤修其职，以称塞明诏。”[④] 从钱大昕的记录来看，戴氏入馆的过程与段玉裁、洪榜的记录基本一致，只是前者较为详细地记录了戴氏入馆后与在馆学者的交往情况。据钱氏所言，当时戴震是以“考究巅末”的考据学造诣获得馆中“校雠”职位，并亦以此为同馆学人解释奇文奥义。此外，戴震入馆后为表达对乾隆特别嘉许的恩谢，他勤奋著述，以至于钱氏认为他因此劳卒。从以上所列情况可略知，戴震这次因入四库馆的进京，并不像章太炎所描述的那样在学界产生了巨大影响或轰动。而章太炎所说“诸儒皆震竦之，愿敛衽为弟子”的情况实与戴震第一次入京时的情形更为契合。因此，《清儒》中所谓戴震入四库馆后与文士的冲突，及进而影响时代学风变化的立论便未圆满周密。

---

① (清) 钱大昕:《钱辛楣先生年谱》，陈文和主编:《嘉定钱大昕全集》册一，江苏古籍出版社 1997 年版，第 13 页。此处对戴、钱的会面有记录，几同钱作戴传。

② 赵尔巽等编:《清史稿》，第 13198 页。

③ (清) 洪榜:《戴先生行状》，《戴震文集》附录，第 255 页。

④ (清) 钱大昕:《戴先生震传》，第 266 页。

至于戴震与姚鼐关系情况与拜师一事实情，则可以依据当事人书信与其他文献，结合二人学术旨趣的异同、个人性格因素，参考汉、宋纷争的时代背景，进行比对、分析。

二 《清儒》中的汉、宋争论与戴、姚关系实情

戴震与姚鼐虽都籍贯皖省，但似乎并未因同乡缘故而有互相提携的举动。在《清儒》中，章太炎认为分属经学与文士阵营的二人之间不仅龃龉不小，甚至因此引发了一时地域和时代的学风变化。质言之，章太炎视戴震与姚鼐二人间的私谊变化，直接关联着清代学术中的汉、宋争论，并通过扬戴贬姚的评述，突显汉学思潮在清中叶学风变换上的全面胜利。然而就戴、姚间的私人矛盾与冲突而言，《清儒》所述与历史实情之间实存在着较大距离。

（一）《清儒》中的汉、宋纷争

> 江淮间治文辞者，故有方苞、姚范、刘大櫆，皆产桐城，以效法曾巩、归有光相高，亦愿尸程朱为后世，谓桐城义法。震为《孟子字义疏证》，以明材性，学者自视薄程朱。桐城诸家，本未得程朱要领，徒援引肤末，大言自壮（案：方苞出自寒素，虽未识程朱深旨，其孝友严整躬行足多矣。诸姚生于纨绔绮襦之间，特稍恬淡自持，席富厚者自易为之，其他躬行，未有闻者。既非诚求宋学，委蛇宁靖，亦不足称实践，斯愈庳也。）故尤被轻蔑。范从子姚鼐，欲从震学，震谢之，犹亟以微言匡饬。鼐不平，数持论诋朴学残碎。其后方东树为《汉学商兑》，徽章益分。……夫经说尚朴质，而文辞贵优衍，其分涂自然也。①

在《检论·清儒》中，章太炎对此有进一步补充："文士既以娶荡自喜，又耻不习经典。于是有常州今文之学，务为瑰意眇辞，以便文士。……

① 章太炎：《清儒》，《訄书》重订本，第156页。

及常州宋翔凤，最善傅会，牵引饰说，或采翼奉诸家，而杂以谶纬神秘之辞……其义瑰玮，而文特华妙，与治朴学者异术，故文士尤利之。”①从章氏对戴震入馆后引发的学术内部分裂情况介绍可知：一是以方、姚为代表的桐城派和以戴氏为代表的考据经师之间的分裂，且这一分裂本质是考据汉学与程朱理学对立的延续，而这是清代学术中一直存在的“汉宋之争”的又一具体表现，属于学术内部矛盾。此外，章氏认为这场“汉宋之争”的胜负转折，是戴震《孟子字义疏证》的成书，此后汉、宋争论的两方胶着状态变化为汉学的全面胜利。二是学术内部争论之外，章氏在评价桐城诸人的德操优劣时，将戴震与姚鼐的私人恩怨视作经师与文士交恶的关键事件，即姚鼐因个人恩怨而发起了对朴学的恶意攻伐。当然，在引文末与其后的补充论断中，章太炎虽然从“经说”与“文辞”二者自身的特性上为经师与文士的矛盾对立作了解释。但无论如何，《清儒》已经将经师与文士甚至后来今、古文经学家之间对立的源头，上溯和归结到戴震入四库馆这个时间节点，及以《孟子字义疏证》成书作为学风彻底转折的标志。换言之，章太炎是将戴、姚的私人恩怨以及进而引发的学界争论视作清中叶以来学术风气大变的外部直接因素。但历史的实情是否真是如此，戴、姚二人的私人恩怨是否真实存在，及影响力是否真具如此破坏性，这些问题并不能简单视之。

（二）“拜师”事件与戴、姚关系实情

有关戴震与姚鼐的交集，章太炎先生并未在《清儒》中多言，段玉裁所撰《戴东原先生年谱》则对戴、姚二人交往的记录则较为详细：“二十年乙亥，三十三岁。盖是年入都……又有与姚孝廉姬传书……姬传是时为孝廉，倾心先生之学，欲奉为师。”② 从段玉裁的记载来看，太炎先生所言姚氏拜师被拒一事，正是发生在戴震三十三岁第一次入京

① 章太炎：《清儒》，朱维铮点校：《章太炎全集·检论》卷四，上海人民出版社 2014 年版，第 484—485 页。

② （清）段玉裁：《戴东原先生年谱》，第 221—222 页。段玉裁在年谱中所节录的这段书信内容，与《与姚孝廉姬传书》原文基本一致。近人点校此段文献时，文句中的个别助词和所加新式标点符号不尽相同，因不影响原义理解，故不再单独录示。（详情可对比汤志钧校点《戴震集》，中华书局 2009 年版，第 460 页）

的这一年。[①] 而重新搜检戴、姚二人的书信发现，二人交往实情并非完全如段氏所说。“日者，纪太史晓岚欲刻仆所为《考工记图》，是以向足下言欲改定……今足下以是规教，退步敢忘，自贺得师。”[②] 乾隆二十年（1755），戴震在《考工记图》准备刊刻之前，曾特意向姚鼐请教。姚鼐其实比戴震小 7 岁，这种年长者向年轻后辈的请教，至少说明了戴氏对姚鼐学术水平的肯定。而姚鼐的书札亦提供了二人更多的交往信息：“休宁戴东原作《考工记图》。余读之，推考古制多当，然意谓有未尽者……凡戴君说《考工》车之失如此。其自筑氏而下，亦间有然者。然其大体善者多矣。余往时与东原同居四五月，东原时属稾此书，余不及尽论也。今疑义蓄余中，不及见东原而正之矣，是可惜也”[③]。从姚鼐自述中看，他与戴震相识甚早并有很多学术交流。

此外，在戴震给姚氏的信札中，还有如下一段记录：“足下之教，其敢忽诸？至欲以仆为师，则别有说：非徒自顾不足为师，亦非谓所学如足下，断然以不敏谢。古知所谓友，盖分师之半。无妨交相师，以求十分之见。苟有过则相规，便是在人不在言，斯不失友之谓固大善。昨辱简，自谦太过，称夫子，非所敢当之，谨奉缴。”[④] 此处戴氏记录了将《考工记图》寄送姚鼐求正的过程，且透露出有关姚鼐要拜自己为师一事。以戴氏作此文是给当事人去信的状态来看，姚鼐欲拜师从学之事当属实。但不易遽从此得出太炎先生所言姚鼐因此事生恨，进而诋毁朴学，致使经师与文士交恶。一是戴震本人“性介特，多与物忤，落落不自

---

① 王达敏通过戴震文集不同版本的刊刻情况，考证认为姚鼐向戴震表达拜师意向的书信是写于乾隆二十年（1755）的秋末。在姚鼐的相关文集中，今已不见有关此事的书信。但在戴震去世不久，孔继涵所编刻《戴氏遗书》（后收入《微波榭丛书》）所录“与姚孝廉姬传书”下便标注有“乙亥秋”字样。而段玉裁增补的“经韵楼本”《戴东原集》上同样有“乙亥”字样。故据此推知，姚鼐所寄送戴震的拜师信件，至少在乙亥年秋末之前。因这个时间与本文强调的戴氏初次入都时间节点并不冲突，故不于此展开论述。另，王氏对此事的考辨详情可参看氏著《姚鼐与乾嘉学派》，第 14 页。

② （清）戴震：《与姚孝廉姬传书》，《戴震文集》卷九，第 141 页。

③ （清）姚鼐：《书考工记图后》，刘季高标校：《惜抱轩诗文集》卷五，上海古籍出版社 1992 年版，第 76—77 页。

④ （清）戴震：《与姚孝廉姬传书》，《戴震文集》卷九，第 142 页。

得”①，其人“行己严介，不苟然，必洁以情理，不为矫激之情。先生接物待人以诚实”②。王昶描述戴氏“体貌厚重，性端严”③。从戴震友朋的描述可见，他的性格非常刚毅，有些孤傲，虽然以诚待人，但处事时言辞、举止不免耿介。在此性格下，戴震对姚鼐拜师的拒绝实属正常。且从戴震回绝姚鼐请求的原因来看，他一方面坚持认为二人相交为友便可，即交相为师；另一方面也是出于戴氏对姚鼐的学问水平是高度认可的，明言姚鼐“自谦太过”。综而言之，戴震拒绝姚鼐拜师的重要原因之一，是其虽“学高天下”，但“不好为人师”④ 的性格使然。而这种性格上的原因并非只针对姚鼐，其在段玉裁的拜师事上也曾出现过。

“始玉裁癸未请业于先生，既先生南归，玉裁以问安，遂自称弟子。先生是年至京，面辞之……直至己丑相谒，先生乃勉从之。”⑤ 从段玉裁对戴震提出拜师，到戴震同意，时间长达六年之久。在此期间，戴、段二人书信往来频繁，常有面会。此后戴震更是携带段氏出京，前往山西共修地方志。在此情况下，戴氏才对段氏拜师的请求“勉从之”。由此可见，戴震在交友过程中，对规过补益的意义重视，远大于表面的师徒名分，甚至对后者是十分谨慎、避让地对待。再结合戴震与段、姚二人相似的回札内容，可知“不好为人师”是他一贯的处事风格，这也从侧面说明戴、姚因此事交恶的可能性不高。

1932 年，太炎先生在北京高等师范学校的演讲中，对于戴、姚拜师之事作了和三十年前不太一样的描述：“姚在少年时愿从戴震学，戴拒而不收——究竟是不敢收，还是不屑收，却不得而知——因此两人极相左。”⑥ 此时章氏对戴震拒绝姚鼐拜师的原因分析已不似之前那么确定。

---

① 介特，“谓孤介特立也”，意孤高特立，不随流俗，曾见形容东汉经学家马融的品行。详见（宋）范晔撰，（唐）李贤等注《后汉书》，中华书局 1965 年版，第 1970 页。

② （清）洪榜：《戴先生行状》，第 259 页。

③ （清）王昶：《戴东原先生墓志铭》，《戴震文集》附录，第 261 页。

④ （清）段玉裁：《戴东原先生年谱》，第 221 页。

⑤ （清）段玉裁：《戴东原先生年谱》，第 227 页。

⑥ 章太炎：《清代学术之系统》，徐亮工编校：《中国近三百年学术史论》，上海古籍出版社 2006 年版，第 36 页。此文本是柴德赓先生记录太炎先生演讲的笔记，后由钱玄同先生修正而成，发表于《师大月刊》。笔者认为，本文虽是经过记录下的演讲词，但是在得到太炎先生准许和钱玄同先生修改后公开刊出，是可以视作太炎先生的学术观点的。

“不敢收”是出于对学术水平的认同，“不屑收”则是出于学术的分歧。通过前文的介绍和梳理可知，虽然在《清儒》的叙述中，章太炎视戴震入京这一时间节点和戴、姚交恶这一事件，与之后的学界风气转变呈现一种内在的因果关系。但戴、姚等人的传世书信所展现出的历史实际却是他们二人间的真实关系远非是完全的冲突对立状态。甚至来说“姚鼐欲戴震之间‘交相师’的情谊，是一以贯之、终身不渝的”①。至于戴氏进京及入馆后的历史影响及与姚鼐等文士关系的恶化，则与他自身的思想变化密切相关。

三　或宋或汉：戴震的思想转变与姚、戴分途

前文已言，在戴震一生数次入京的经历中，以第一次最为不同。一是那次入京使他得到纪昀、钱大昕等学者的大加赞誉；二是戴氏学术的名气从地方开始扩大到京师，转而为海内知名。而戴、姚关系也并非如《清儒》中所言，在入京的这个时间节点上变得恶劣，甚至因此影响整个清代学术风气的转变。无可否认的是，清中叶的汉学家与以桐城派为代表的文士关系确实紧张，姚鼐本人对戴氏学术也颇有驳斥。但姚、戴交恶的根本原因实与后者学术思想的转变有关，而这一转变的时间节点是戴震初次入京后的南下，以“是年识惠先生栋于扬之都转运使卢君雅雨署内”② 为标志。

（一）吴、皖之会：戴震学术思想的转折

元和惠氏是清代汉学的另一大代表，其对整个清代学术影响巨大。乾隆二十二年（1757），出京南下的戴震与“吴派”惠栋相见。这是清代学术史上的重要事件，特别是对作为晚辈的戴氏而言，其受影响更深。戴震曾详细自述了这次与惠氏的见面过程与所得感悟。

前九年，震自京师南还，始见先生于扬之都转盐运使司署内

① 周中明：《姚鼐研究》，安徽大学出版社 2013 年版，第 323 页。

② （清）段玉裁：《戴东原先生年谱》，第 223 页。

……言者辄曰："有汉儒经学，有宋儒经学，一主于故训，一主于理义。"此诚震之大不解也者。夫所谓理义，苟可以舍经而空凭胸臆，将人人凿空得之，奚有于经学之云乎哉？惟空凭胸臆之卒无当于贤人圣人之理义，然后求之古经，求之古经而遗文垂绝、今古悬隔也，然后求之故训。故训明则古经明，古经明则贤人圣人之理义明，而我心之所同然者，乃因之而明。贤人圣人之理义非它，存乎典章制度者是也。松崖先生之为经也，欲学者事于汉经师之故训，以博稽三古典章制度，由是推求理义，确有据依。彼歧故训、理义二之，是故训非以明理义，而故训胡为？理义不存乎典章制度，势必流入异学曲说而不自知，其亦远乎先生之教矣。①

通过上述戴氏的回顾可知。戴震在扬州见到惠栋是十分高兴的，并在其自谦的话语中透露着自己对惠氏学问的钦佩。戴氏此次南下见到惠栋的地点，是扬州盐运使卢文弨的官邸。卢氏年岁稍长于戴震，后者初入京时，前者尚供职于翰林院。因而在当年与戴震相交往的纪、钱等翰林人士中，卢氏亦可能是其中一员。戴氏南下拜访卢氏，并得以和惠栋见面，在一定程度上也可认为是得力于初次入京后所结下的机缘。除外事的客观因素外，戴震在此题跋中借赞扬惠栋学问而一表自己的学术观点亦十分明确。针对当时学界强分汉学、理学的状态，戴震十分不满，并进而在学术研究路径方面指出，义理的求得离不开训诂考订。在他看来，古贤人、圣人的义理存于典章制度，而典章制度又记载于古经文献，但"遗文垂绝、今古悬隔"的客观情况，又使得现实中的后人无法直接、完全、准确地了解古经。而故训却恰是全面、准确研究古经的正途，由此反向而上，则古圣人贤人的理义便得知晓。至于"舍经而空凭胸臆，将人人凿空得之"的做法，最终只能是"流入异学曲说而不自知"。戴震在此处已将经学提高到一个超越汉宋的层次：一方面他强调训诂和古经在义理研求中的前提性意义，且自己并不反对研求义理；另一方面则是对"舍经而空凭胸臆"的研究方法、学术风气以及人为割裂训诂与义理一体关系主张的严厉批判。而所有这些批判意见的出现，正是源于戴氏

① （清）戴震：《题惠定宇先生授经图》，《戴震文集》卷十一，第 167—168 页。

自身学术思想前后发生了变化。换言之，戴震的思想从认可程朱理学到对它进行批判。

（二）从敬宋到尊汉：戴、姚的思想异趣与分歧

戴震的学术思想，在不同的人生阶段呈现出极大差异。如在戴震早年和姚鼐通信时，其对汉郑宋朱等人的评价尚是“其书至详博”①，但十年之后，戴震已经完全转变到支持由训诂而求义理的学术主张。在戴震的早年著作《经考》中，他尚赞颂程朱理学为“理明义精之学”，甚至是“析理极精”，以至于无论是时人还是后来者皆认为戴氏学术本于理学。②但是后来却说“宋人则恃胸臆为断，故其袭取者多谬，而不谬者在其所弃”③，这样前后对程朱理学判断的巨大变化，说明了戴震学术思想的转变。那么这种转变发生在何时？戴震临终前在给段玉裁的信札中如是写道：

> 仆自十七岁始，有志于闻道，谓非求之六经孔孟不得，非从事于字义、制度、名物，无由以通其语言。为之三十余年，灼然知古今治乱之源在是……今人以已之意见不出于私为理，是以意见杀人，咸自信为理矣。此尤舍字义、制度、名物。去语言、训诂。而欲得圣人之道于遗经也。④

---

① （清）戴震：《与姚孝廉姬传书》，《戴震文集》卷九，第 142 页。原文为：“先儒之学，如汉郑氏，宋程子、张子、朱子，其为书至详博，然尤得失中判。”

② 与戴震同时期的章学诚曾断言“戴君学术，实自朱子道问学而得之”，近人余英时亦主张“东原在理论上以义理为第一义之学，考证次之，文章居末”；杨向奎则明确指出戴氏在早期虽然掌握了汉学考据的方法，但“思想体系上还属于程、朱学派”。由此可见，对于戴震早期思想中的倾理学情形，学界有着基本的共识。[详情可分见（清）章学诚著，叶瑛校注《书朱陆篇后（据刘刻〈遗书〉卷二）》，《文史通义校注》卷三《内篇·第三·朱陆》，中华书局 1985 年版，第 276 页；余英时：《论戴震与章学诚：清代中期学术思想史研究》，生活·读书·新知三联书店 2000 年版，第 135 页；杨向奎编：《清儒学案新编》（第五卷），齐鲁书社 1994 年版，第 107 页]

③ （清）戴震撰：《与某书》，戴震研究会等编纂：《戴震全集》第一册，清华大学出版社 1991 年版，第 211 页。

④ （清）段玉裁：《戴东原先生年谱》，第 240—241 页。

戴震临终前总结自己三十多年的治学，结论便是通过训诂考据的方式明义理，若不由此，则自出胸臆的意见只能是“杀人”。从戴震著作成书的情况来看，从二十二岁成《筹算》一卷以后，他所著基本限于文字、数学领域。直至初次入京后的几年，“先生大制作，若《原善》上、中、下三篇……皆癸未以前，癸酉、甲戌以后，十年内作也。”[①] 就此可见，戴氏学术的旨趣在入京前后发生了明显的转变，其表现便是他对程朱理学的激烈批判。“仆生平论述最大者，为《孟子字义疏证》一书，此正人心之要。今人无论正邪，尽以意见误名之曰理，而祸斯民，故《疏证》不得不作。”[②] 戴氏对宋儒理学及清人的批评，与姚鼐对程朱的推崇大相径庭。戴震从敬理学到诋程朱的转变，是在一场从京城到南下之旅的数年间发生，且对理学的贬斥愈来愈烈。而姚鼐终其一生，始终以程朱理学为自身思想根基，“他对程朱的持守，从少到老，却是一以贯之的”[③]。如果说当戴震初次入京时，姚鼐因服膺其学术，进而寻求拜师之事。那么当戴震学术思想由宋而汉的大变后，二人学术信念上的相左自然不会让他们再保持原来的亲密关系。如针对戴震晚年成书于京的几种著作，姚鼐在后来的回忆中犹且意忿不平。“今世学者，乃思一切矫之，以专宗汉学为至，以攻驳程、朱为能，倡于一二专己好名之人，而相率而效者，因大为学术之害……鼐往昔在都中，与戴东原辈往复，尝论此事；作《送钱献之序》，发明此旨，非不自度其力而孤，而义不可以默焉耳。”[④] 姚鼐在与复蒋松如的书信中透露两点：一是自己对当下盛行的汉学考据风气，特别是以汉反宋的学风并不支持。在他看来，元、明以来因仕途利禄诱发的学者失言问题，并不会因专崇汉学或沉溺于文字考证而得以解决。且百年来学者的陋习也不会掩盖程、朱宋学对经典中古人精深之旨的把握，而这他与在京的戴震等人往复辩论过；二是在姚鼐看来，彼时京师中风气明显是持宋学立场的自己处于弱势状态。换言之，姚鼐所谓的“义而不可默”无疑映衬着当时汉学所处的绝对强势地位。但戴震

---

① （清）段玉裁：《戴东原先生年谱》，第 226 页。

② （清）戴震：《与段茂堂等十一札·第十札》，张岱年主编：《戴震全书》（六），黄山出版社 1995 年版，第 543 页。

③ 王达敏：《姚鼐与乾嘉学派》，第 17 页。

④ （清）姚鼐：《复蒋松如书》，《惜抱轩文集》卷六，第 95—96 页。

在人生最后的总结中却依然强调“宋儒讥训诂之学，轻语言文字，是欲渡江河而弃舟楫，欲登高而无阶梯也。为之卅余年，灼然知古今治乱之源在是也”①。由此可见，戴、姚二人交恶并不是因拜师的私人恩怨，而是出于学术旨趣的根本差异，但关系的变化也在另一个层面上昭示着戴氏学术的变化。而这亦一变化的契机正是在初次入京之后，特别是此间与惠栋的会面更是戴震思想前后期转变的重要节点，因为正是“惠栋的学术思想引起了青年戴震深刻的自我反思，最后终于迫使他走上了新的学术道路”②。

四 结语

太炎先生作为清季以来著名学者，他对有清一代学术发展历程的总结，直接影响着后人对乾嘉学术的认识。③ 对比《清儒》所论，重新戴震的一生行止，实是初次入京一事对他影响最大。因为此次入京，不仅让戴氏摆脱了生活窘迫的处境，同时与纪昀、钱大昕等人的交往，更是极大扩展了他的学术名气，也为其后来与吴派学术交集奠定了可能。“诸儒皆震悚之”并“折节”与之交往的情况，更可能是他初次入京时。《清儒》对戴震入京和清代学术风气变化之间的论述，关注到了常易被忽视的历史时间节点和学者个体对时代思潮走向影响的作用问题。如其对戴震入四库馆历史意义的强调，其背后是四库馆本身便标志着清代学术主流的转向。因四库馆的总裁、总纂官等人，或“崇实黜浮”④，或“五十以后，领修秘籍，复折入考证”⑤，“露骨地说，四库馆就是汉学家大本

① （清）戴震：《与段茂堂等十一札·第九札》，《戴震全书》（六），第541页。

② 李开：《戴震评传》，南京大学出版社1992年版，第155页。

③ 如周予同认为：“梁氏论述近三百年学术史，实在是从章太炎《清儒》那里来的”（见氏著《周予同经学史著论选集》，上海人民出版社1996年版，第863页）。陈祖武则认为章氏的清学史论述具有“辟除榛莽，开风气之先声”的学术首倡之功。（陈祖武：《清儒学术拾零》，故宫出版社2012年版，第347页）

④ （清）章学诚：《为坐主梁尚书撰于文襄公墓志铭》，《章氏遗书》卷第十六，1922年嘉业堂刊本，第60、64页。

⑤ 韩希明译注：《阅微草堂笔记》，中华书局2014年版，第1132页。公元1773年四库馆开，任总纂官的纪昀时年正值五十。

营……康熙中叶以来汉宋之争，到开四库馆而汉学派全占胜利”[①]。身为四库馆纂修官戴震，其在馆中所发挥的学术影响力自然融入尊汉反宋的这一学术大潮当中。就戴震个人而言，在他的一生中，与汉学风潮引领者如惠栋、纪昀、钱大昕等人的交往，远在他第一次入京之时。且纪昀、王鸣盛、王昶、朱筠等在后来汉学思潮中扮演头领角色的诸人，也正是在戴震初次入京的前一年一同登科举进士，亦即正式进入朝野文脉和人脉交织最为紧密的最高士人学林团体机构，并因此逐渐以其学术主张引领着学术思潮的变化。质言之，乾隆二十年（1755）前后，正是后来学术界中汉、宋主流地位颠倒变革的最大伏笔和最重要的时间节点之一。

此外在学术影响上，章太炎先生所强调的戴、姚因拜师问题的交恶，以及由此引发的影响，后果实非严重。二人关系走向疏离，更多是因为戴震对程朱理学态度的转变。至于戴、姚二人思想对立与京师经师、文人关系变化间的联系，虽无法完全撇清，但也不能简单地将前者视作后者的根本缘由。太炎先生在《清儒》中以一种糅合的方式叙述了戴氏入京后的情况，又在事实外对戴震入京的影响作了一定夸大的评论，体现出章氏本人在“国势紧迫”下“以‘求是’为前提、在‘求是’基础上力求‘致用’”[②] 的治学理念。钱穆先生曾指出“近儒首尊东原者自太炎，特取其排程、朱，以清末治程、朱率恶言革命也”[③]。

嘉道时期学者陶澍曾回忆说，“乾隆中叶，海内之士知钻研古义，由汉儒小学、训诂以上溯七十子六艺之传者，定宇先生为之导也”[④]。在时人眼中，惠栋对乾隆中叶以来学风转变所起的先导作用尤为重要，而清季民初学人的清学史叙述则存在明显的“褒皖贬吴”趋向。“对这两派，章太炎态度鲜明，盛赞皖派而贬低吴派。”[⑤] 章太炎因参加资产阶级革命的经历和需要，在治学中有意放大了民族意识成分，如从“戴震反对理学、驳斥宋儒，演绎出戴震的著作是控诉满清专制统治的论断”，进而以

---

① 梁启超：《中国近三百年学术史》，第 22 页。

② 陈永忠：《章太炎与现代中国的学术转型》，《社会科学战线》2013 年第 8 期。

③ 钱穆：《中国近三百年学术史》，商务印书馆 1997 年版，第 396 页。

④ （清）陶澍撰：《书四世传经遗像》，《国朝耆献类征初编》卷四百十九 · 经学七，周骏富辑：《清代传记丛刊》第 181 册，台湾明文书局 1985 年版，第 102 页。

⑤ 武少民：《章太炎与清代学术史研究》，《古代文明》2010 年第 2 期。

学术排满和倡导革命，甚至深刻地影响和塑造了其弟子“刘师培在研治清学史时常用民族主义的论学原则”[①]。由此而言，在近代清学史的述论中，章太炎基于个人的主观立场与好恶倾向，将原本复杂的学术历史发展事实，简单地归纳到自己构建的学术史当中，进而影响了后世整个学术史的叙述。如梁启超亦直斥吴派“褊狭、好排斥异己”，盛赞皖派“求是”精神，则“显然是受到了《清儒》的影响”[②]。但偏离客观立场的叙述，会使“学术史或思想史的讨论，多半倾向于把线条简化，这对讨论历史的陈述是方便的，但也使不同陈述之间的差异变得分外引人注目”[③]。换言之，学术历史的真相与构建的学术史的表象之间，存在着巨大的空隙。后世学人须拨开前人“为以往经学史的倒演”过程中溢出的迷雾，对历史材料与研究成果进行更加仔细地分析和辨别，如此才能接近历史真相。

---

① 刘海静：《20世界前半期的清学史研究——以章太炎、刘师培、梁启超、钱穆为中心》，博士学位论文，上海大学，2011年，第101页。

② 孟琢：《清代学术的历史总结与思想突破——章太炎〈清儒〉的四重解读》，《北京师范大学学报》（社会科学版）2017年第1期。

③ 朱维铮：《中国经学史十讲》，复旦大学出版社2002年版，第60页。

宗教思想史专题

道教黄帝信仰研究

张泽洪　张卓
（四川大学　道教与宗教文化研究所）

摘　要： 黄帝是中华民族推崇的始祖，也是道教神仙体系中尊奉的祖先神。作为英雄祖先和人文祖先的黄帝，被道教尊为得道的神仙和道宗。本文通过道教尊崇黄帝及其神仙化的塑造，道教神仙叙事中黄帝神话的分析考察，指出道教各派都致力于黄帝信仰的建构，《道藏》中托名黄帝经书的编撰，道教各种修行法门对黄帝的推崇，最终形成具有道教特色的黄帝信仰。黄帝作为远古帝王之得道者，道门人士对黄帝神格的精心塑造，显示出道教塑模华夏祖先神的智慧和想象力，也反映出道教神仙信仰建构的内涵特点。

关键词： 道教；黄帝信仰；道经；祖先神

黄帝被尊为中华民族始祖，人文初祖，在中国社会有着长期的影响。在中国传统的儒、释、道三教中，道教以信仰黄老之道而著称。道教推崇黄帝是得道的神仙，斋醮科仪文书中更有独具意蕴的黄帝名号。笔者曾发表《道教信仰视野中的黄帝》，对道教神仙传纪中的黄帝，道教斋醮法术中的黄帝，道教五方五帝观念中的黄帝，道教丹道医学中的黄帝进行考察。① 黄帝是道教所尊崇祖先神的典型，道教黄帝信仰的建构与形

① 张泽洪：《道教信仰视野中的黄帝》，《四川大学学报》2018 年第 2 期。

成，从一侧面反映出道教塑模祖先神的特点，道教黄帝信仰的建构有助于中华民族凝聚力的形成，是道教研究中值得进一步考察的问题。

一 道教尊崇黄帝及其神仙化的塑造

道教尊崇华夏人文始祖黄帝，亦尊崇先秦道家的老子。西汉立国至文景之世，朝廷倡行黄帝老子之道，社会上尊崇黄帝老子学说，论大道则先黄老而后六经，以致形成所谓黄老之学。《隋书·经籍志》叙述《老子》《庄子》等道家著作后说："自黄帝以下，圣哲之士所言道者，传之其人，世无师说。汉时，曹参始荐盖公能言黄老，文帝宗之。自是相传，道学众矣。"① 早在道家庄子的学说中，就视黄帝为得道者。《庄子·大宗师》宣称大道"黄帝得之，以登云天"②。早期道教在创立过程中，汲取了黄老之学的思想元素，用以建构道教的神仙学说与神学理论。道教黄帝崇拜经历了长期的历史过程，道门中历代高道的想象力和创造力，最终形成具有祖先崇拜特色的黄帝信仰。

1. 道经中自称道家黄帝之教

在道教经书的神仙叙事中，常将黄帝、老子并称，甚至称吾道家黄帝之教。道教以推崇黄帝之道而立教，道教的神仙学说亦宗本黄帝，此彰显道教作为中华传统宗教的特质。南宋薛道光、陆墅，元陈致虚注《紫阳真人悟真篇三注》之《悟真篇记》就说："明违黄帝之言，全失老君之旨。"③ 我们知道黄帝之言与黄老之学，是先秦两汉哲学讨论的重要话题。道经中不乏黄帝、老子并称的例证，我们试举以下数例。宋张君房《云笈七籤》卷七十《内丹诀法》引陶植《还金术三篇并序》说：

> 若天地在乎手，造化由乎身，自凡跻圣，名列金簿，与黄帝、老子为先后，所以顾兹门而无别径也。（《道藏》第22册，第491页）

---

① （唐）魏征、令狐德棻撰：《隋书》，中华书局1973年版，第1003页。

② （晋）郭象注：《庄子》卷三，《文渊阁四库全书》第1056册，第39页。

③ 《道藏》文物出版社、上海书店、天津古籍出版社联合出版1988年版，第2册，第969页。

宋邓牧《洞霄图志》卷六《洞霄宫碑》说：

而道为天地万物之宗，幽明巨细之统。此虙羲、黄帝、老子所以握乾坤，司变化也。①

宋沈庭端《华盖山浮丘王郭三真君事实》卷一《三真记》说：

夫神仙之学，大抵宗本黄帝、老子，以清静无为、虚心寡欲为本，而佐以阴功密行及炼丹服气之术。（《道藏》第 18 册，第 48 页）

明朱权《天皇至道太清玉册序·原道》说：

凡有生之民，所称之道，所用之字，所服之衣，所居之室，所用之器，皆吾中国圣人黄帝、老子之所制也。岂非皆出于吾道教哉！（《道藏》第 36 册，第 357 页）

在道教各宗师看来，道教的内丹诀法，天地万物之道，炼丹服气的神仙之学，甚至社会生活之道，大抵都宗本于圣人黄帝。北宋苏轼《上清储祥宫碑》对道教尊崇黄帝、老子的特点，有一段精彩的论述：

道家者流，本出于黄帝、老子。其道以清静无为为宗，以虚明应物为用，以慈俭不争为行，合于《周易》"何思何虑"，《论语》"仁者静寿"之说，如是而已。②

宋元史家马端临有道教之术杂而多端之说，认为黄帝老子所言清静无为才是道家要旨。南宋彭耜《道德真经集注·杂说》卷上，就认为相

① （宋）邓牧：《洞霄图志》，《文渊阁四库全书》第 587 册，台湾商务印书馆 1986 年影印本，第 455 页。

② （宋）苏轼撰：《东坡全集》卷八十六，《文渊阁四库全书》第 1108 册，第 383 页。

较于方士的符箓道法，黄帝老子之道是道教之本。[①] 早在司马迁《史记》的黄帝叙事中，就已将黄帝、老子并称。西汉时期，黄帝老子学说在社会上颇有影响，朝野尊黄帝老子之术者不乏其人。明代皇家道士朱权推崇黄帝，明确宣称道教为黄帝之教。明朱权《高上玉皇本行集经前序·原序》说：

> 今九流之中，三教之内，所用之文字，所服之衣裳，所居之房屋，所用之器皿，皆黄帝之始制，是皆出于吾道家黄帝之教焉。[②]

黄帝是三皇五帝中之得道者，历来被视为帝王得道的典型。元陈致虚《上阳子金丹大要》卷十一《与至阳子田至斋》说：

> 帝皇之得道者，若羲、农、黄帝焉。……道之在天地间，成仙作佛者，历历不可以指数也。(《道藏》第 24 册，第 40 页)

在中古道教兴盛的唐宋时期，唐代李姓皇帝尊崇老子，宋代赵姓帝王则尊崇黄帝。[③] 北宋王朝以赵姓出于黄帝，尊道教的黄帝为圣祖，加尊号为圣祖上灵高道九天司命保生天尊。封建王朝尊黄帝、老子为远祖，将古代社会的神道设教推向极致。明代道经《道法会元》卷二说："先天元后乃老子之母玄妙玉女，犹太宗以轩辕黄帝为始祖，故尊事黄帝为圣祖，先天太后即黄帝母也。"（《道藏》第 28 册，第 680 页）总之，黄帝信仰在宋代得到皇室的推崇，更进一步确立了其在道门的宗主地位。

东晋葛洪，南朝陈马枢，唐代李筌、张果，唐末五代杜光庭，北宋王松年、陈葆光、曾慥、张君房、李思聪、蹇昌辰、任照一、南宋俞琰、刘处玄，元代赵道一，元明道士王玠，明代张宇初、朱权、周玄贞等，

---

① （宋）彭耜：《道德真经集注杂说》卷上说："尝窃论之，黄帝老子之道，本也；方士之言，末也。"《道藏》，第 13 册，第 261 页。

② （明）周玄贞撰：《皇经集注》，《道藏》第 34 册，第 629 页。

③ （宋）蒋叔舆：《无上黄箓大斋立成仪》卷十五《醮谢请献门》首列《圣祖位序说》称："唐以李姓出于老子，故祖老子；本朝以赵姓出于黄帝，故祖黄帝。"《道藏》第 9 册，第 464 页。

在其经论中都祖述黄帝，着力渲染黄帝的道教宗主地位。在道教宗师关于黄帝的神圣叙事中，黄帝既是自然体道帝王的典型，也是最早得道神仙的楷模。

2. 道教黄帝传记的神圣叙事

至西汉司马迁《史记》卷一《五帝本纪》宣称黄帝“有土德之瑞，故号黄帝”之后，[①] 道教承袭了司马迁的黄帝叙事，并在魏晋道教神仙理论的建构中，对世俗的黄帝传说进行吸纳改造，开始了黄帝形象的神圣化塑造加工。魏晋道经《赤松子中诫经》开篇，就以“轩辕黄帝稽首问赤松子曰”而立论（《道藏》第33册，第731页）。道教经书在史籍黄帝传说基础上，开始对黄帝得道之说进行神仙化的建构。唐逢行珪《鬻子》卷下《数始五帝治天下第七》说颛顼：“因修黄帝之道而行其政令，不改革也。”（《道藏》第27册，第164页）春秋战国列御寇《列子》卷六称：“《黄帝之书》云，至人居若死，动若械，亦不知所以居，亦不知所以不居。”[②] 此所谓黄帝之书，与伏羲、神农合称为三坟，三坟被视为先秦时期的大道。总之，所谓黄帝之书至少是魏晋时期流行的典籍。[③]

南朝陈道士马枢撰《道学传》，收录南朝陈以前一百多位神仙、道士的传记。《道学传》说：

> 黄帝，少典之子，姓公孙，号常鸿氏，一号归藏氏，又有缙云之瑞，亦号缙云氏。又有土德之瑞，故号曰黄帝。弱而能言，圣而预知，好道希妙，故为道家之宗也。[④]

《道学传》的神仙叙事以言简意赅为特点，其黄帝传记明确称之为道家之宗。在此后道教神仙传记的编撰中，更逐步丰富完善了黄帝得道、授道的神话传说。唐广明二年（881），王权撰《广黄帝本行记》三卷，该书

① （汉）司马迁撰：《史记》，中华书局1959年版，第1册，第6页。

② 《文渊阁四库全书》第1105册，第631页。

③ 列子为战国前期思想家，为道家思想代表人物之一。而《列子》一书为东晋张湛辑录增补而成，大致反映魏晋时期之思想。

④ （宋）陈葆光撰集：《三洞群仙录》卷一《盘古物祖，黄帝道宗》，《道藏》第32册，第235页。

原名《广轩辕本纪》三卷，述黄帝成长及治理天下之事的上、中二卷已佚，今仅存叙述黄帝修道成真之事的下卷。唐王权《广黄帝本行记》说："黄帝以天下既理，物用具备，乃寻真访隐，问道求仙，冀获长生久视，所谓先理代而登仙者也。"（《道藏》第5册，第33页）亦渲染黄帝在治理国家成功之后，又致力于追求神仙之道的神话。

在宋代道教的神仙传纪中，黄帝的传纪已居于特殊地位，说明宋代是道教黄帝信仰建构的完成时期。南宋陈葆光《三洞群仙录》，其卷一开篇就为《盘古物祖，黄帝道宗》，此道宗有道教宗主、得道宗师之意，道经中称黄帝、庄子，都曾使用"道宗"一词，亦称太上老君为"玄玄道宗"。[①]《三洞群仙录》记载神仙故事一千零五十四则，而将黄帝列为首篇介绍，已确认黄帝在道教神仙中的特殊地位。宋张君房《云笈七籤》卷一百《轩辕本纪》，元赵道一《历世真仙体道通鉴》卷一《轩辕黄帝》，亦都尊黄帝为道教神仙第一，这与赵宋王朝尊黄帝为圣祖的社会历史背景正相符合。总之，宋代道教明确宣称黄帝是道宗，且在秦汉史籍黄帝叙事的基础上，凸出黄帝神圣性的建构与描写，诸如黄帝的经书法术是天神传授，黄帝与七十二天神相会，黄帝在名山五岳封神等传说，道教都竭力赋予华夏英雄祖先黄帝无比的神性。其中，最典型的是天神传授说的建构。宋张君房《云笈七籤》卷一百《轩辕本纪》说："黄帝修德义，天下大理。乃召天老谓之曰：吾梦两龙挺白图，出于河，以授予，敢问于子。天老对曰：此《河图》、《洛书》将出之状，天其授帝乎！"（《道藏》第22册，第676页）此天老授黄帝周易篆图的故事，本出于《周易》之《河图挺佐辅》篇，此神圣叙事暗示道教行用的周易八卦，亦是黄帝得天神之传授而行世。

3. 道教各派宗承黄帝

道教黄帝信仰的建构始于早期道教创立时期，早期道教的天师道、灵宝派、上清派都推崇黄帝，可以说黄帝信仰是道门集体智慧的结果。西汉刘安《淮南鸿烈解》卷二十四《说林训》称："黄帝，古天神也。"

---

① 唐吴筠《宗玄先生文集》卷下称南华真人"南华源道宗"。敦煌文书S.4365号《唐玄宗御制道德真经疏释题》有"庄老道宗"之语，杜光庭《道德真经广圣义》卷三《释御疏序上》称太上老君为"玄玄道宗"。

（《道藏》第 28 册，第 134 页）早在东汉道教教团创立的五斗米道时期，托名张陵所撰的《老子想尔注》，就有“黄帝仁圣知后世意”“道使黄帝为之”之说。[①] 在早期天师道的二十四治中，新津老君山所在的稠稉治，相传为黄帝学道的名山。北周道经《无上秘要》卷二十三《正一炁治品》载：“稠稉治，上应危宿，治去汶山江水九里，山高去平地一千七百丈，昔轩辕黄帝学道之处也。”（《道藏》第 25 册，第 64 页）此传说可视为早期天师道黄帝崇拜的社会记忆。

东晋灵宝派道士葛洪建构道教神仙理论，最早宣称黄帝为得道之神仙。葛洪《抱朴子内篇·明本》说：“黄帝既治世致太平，而又升仙，则未可谓之后于尧舜也。”[②] 葛洪多处的黄帝叙事显示灵宝派对黄帝的尊崇。南北朝道经《元始上真众仙记》载太昊氏、颛顼氏、祝融氏、轩辕氏、金天氏分别治五山，称“轩辕氏为黄帝，治嵩高山”[③]，更成为后世道教科仪五方五帝说的理论基础。六朝道经《太上无极大道自然真一五称符上经》卷下：

> 黄帝曰：“天老以小兆未知天气，故授兆《灵宝五称符经》。”（《道藏》第 11 册，第 641 页）

《灵宝五称符经》是六朝古灵宝经，黄帝天老授经说代表灵宝派的观点。北周道经《无上秘要》卷三十《经文出所品》说：

> 《中央黄天真文赤书》，一名《宝劫洞清九天灵书》，一名《黄神大咒》，一名《黄帝威灵策文》。（《道藏》第 25 册，第 96 页）

古灵宝经认为《黄帝威灵策文》刻书佩身，可免万灾，则东晋南朝的灵宝派确乎推崇黄帝。

---

① 饶宗颐著：《老子想尔注校证》，上海古籍出版社 1991 年版，第 8、14 页。

② 王明著：《抱朴子内篇校释》，中华书局 1986 年版，第 171 页。

③ 《道藏》第 3 册第 270 页。关于道经的作者及编撰时代，本文依据《增注新修道藏目录》（丁培仁编著：《增注新修道藏目录》，巴蜀书社 2008 年版）。

南北朝上清派道经《上清太上开天龙蹻经》卷一《黄帝请问宁君诀第一》赞曰："轩辕黄帝夙植仙津，上感神精，诞灵特秀，位承天帝，复道求真，清斋玄阙。"（《道藏》第33册，第731页）黄帝夙植仙津说未见于世俗史籍，这是上清派对黄帝神性的想象创新。南北朝道经《上清元始变化宝真上经九灵太妙龟山玄箓》卷下载："若行黄帝之道，当以季月服黄上八维生景玉门之符。"（《道藏》第34册，第227页）此经书为早期上清派经典，则说明上清派亦倡行黄帝之道。

元全真道士王志道《玄教大公案》卷下，有"黄帝大圣人"之称（《道藏》第23册，第904页）。元代得净明、全真、清微诸派之传的赵宜真《原阳子法语》卷下《警学偈十六首》，有"黄帝曾师七十人，人人岂必尽仙真"之语（《道藏》第24册，第86页）。金元的全真宗师承袭南北朝道教正一派、灵宝派、上清派的传统，都致力于推崇黄帝之道，在经法理论中着意建构黄帝信仰。

我们知道先秦时期的祖先崇拜，已经形成相当成熟的祭祀理论。《国语·鲁语上》载春秋时鲁国大夫展禽说："夫圣王之制祀也，法施于民则祀之，以死勤事则祀之，以劳定国则祀之，能御大灾则祀之，能捍大患则祀之。"① 这就是华夏先民祖先崇拜的祭祀五原则，此先秦宗法宗教的祭祀原则为道教所继承。黄帝以有功于民而享受道教的崇祀，成为道教法坛祖先神灵的典型代表。

二　道教神仙叙事中的黄帝

民国时期顾颉刚先生撰《黄帝故事的演变次序》，曾将早期黄帝形象的演变过程归纳为六个阶段。② 顾颉刚总结了以儒家为主体的黄帝叙事的演变，其黄帝形象演变说为学术界所承认。而在道教仙传的宗教叙事中，关于黄帝得道亦有各种神异传说。道教的黄帝叙事涉及道教学的诸多方面，我们至少可以从七个方面予以归纳，从这些侧面不难看出道教确乎

① （战国）左丘明撰：《国语》，上海古籍出版社1978年版，第166页。

② 顾颉刚撰：《顾颉刚全集·顾颉刚读书笔记》卷一《纂史随笔（三）》，中华书局2011年版，第431—432页。

崇信黄帝之道。

1. 道教神仙学说中的黄帝

在道教的神仙传纪中，黄帝的传纪居于特殊的地位。道教仙传中黄帝得道、鼎湖上升的传说，是道教仙话中脍炙人口的故事。道教历代宗师对此黄帝神话有新的诠释。东晋葛洪《抱朴子内篇·微旨》："黄帝于荆山之下，鼎湖之上，飞九丹成，乃乘龙登天也。"（《道藏》第 28 册，第 195 页）明确宣称黄帝所得为金丹之道。唐杜光庭《道门科范大全集》卷七十八《上清升化仙度迁神道场仪》的说文称："臣闻混元函谷，控白鹿以西升；黄帝鼎湖，驾髯龙而高举。莫不以长生为本，却死为先。"（《道藏》第 31 册，第 943 页）则旨在宣扬黄帝所得为长生之道。宋张君房《云笈七籤》卷三《道教本始部》之《天尊老君名号历劫经略》说："故黄帝以道治世一百二十年，于鼎湖山白日升天，上登太极宫，号曰中黄真人。"（《道藏》第 22 册，第 18 页）"中黄真人"是道教赋予黄帝的道号之一，黄帝确乎是与道合真的得道之人。宋王松年《仙苑编珠》卷上《伏羲八卦　轩后五篇》说黄帝"乃铸鼎荆山炼丹，丹成，有黄龙下迎，韦臣同升者七十二人"（《道藏》第 11 册，第 21 页）。黄帝偕七十二人一同升仙，是道教仙话史上得道最多的范例。轩辕黄帝鼎湖飞升的仙话，在道经中有不同版本的诠释，旨在昭示黄帝是得道升仙之人。道教还有黄帝与帝喾、夏禹，"并遇神人，咸受道箓"之说。[①] 黄帝接受道教道箓的传说，则喻示已得道法的正式传授。

2. 道教神仙叙事中的黄帝

从先秦诸子的《庄子》《尸子》《列子》《管子》《尉缭子》《关尹子》《亢仓子》，到秦汉魏晋南北朝的《史记》《汉书》《后汉书》《文选》等史籍，在引经据典阐述哲理时，都已然形成"黄帝曰"的叙事风格。道教对黄帝信仰的塑造与建构，也承袭这一叙事传统以阐述道教经义。我们试举数例：

东晋道经《洞神八帝元变经·持神驭伏第十三》说：

黄帝曰："人性能通鬼神，而神与人道理有殊。"（《道藏》第 28

① （唐）魏征、令狐德棻撰：《隋书·经籍志》，中华书局 1973 年版，第 1093 页。

册，第403页）

北周道经《无上秘要》卷六《帝王品》称：

黄帝曰："三皇者，则三洞之尊神，大有之祖气也。"（《道藏》第25册，第19页）

宋曾慥《道枢》卷三十《真一篇》说：

黄帝曰："宇宙在吾手，造化在吾身。"（《道藏》第20册，第760页）[①]

在道教的神仙叙事中，天界神仙的太上老君、天真皇人、广成子、宁先生，都与黄帝有道法的传授交流。道教的天地自然之道，道教祀神的斋醮科仪，道教的修仙飞行术，道教的内丹修炼之道，甚至治身治国之道，都得到仙真的传授。唐代道经《金锁流珠引》卷七载：

太上老君告黄帝曰："幽思转身，告命万神。合通天地，自得其真。"（《道藏》第20册，第391页）

唐代道经《金锁流珠引》卷四《五等礼师引诀》说：

太上老君授黄帝礼师法，别有科仪，具用五等。（《道藏》第20册，第369页）

宋张君房《云笈七籤》卷二十九《禀生受命·禀受章》说：

昔天真皇人于峨嵋山中告黄帝曰："一人之身，一国之象也。胸腹之位，犹宫室也；四肢之列，犹郊境也；……能知治身，则知治

---

① 参见《道法会元》卷一《清微道法枢纽》载为："黄帝云：宇宙在乎手，万化生乎心。"

国也。”(《道藏》第22册，第211页)

宋张君房《云笈七籤》卷一百二十《道教灵验记》之《青城丈人授黄帝龙蹻并降雨验》说：

> 青城山，黄帝诣龙蹻真人宁先生，受《龙蹻经》，得御飞云之道。(《道藏》第22册，第833页)

元陈致虚《上阳子金丹大要》卷七《朔望弦晦须知》说：

> 故广成子谓黄帝曰："目无所见，耳无所闻，心无所知，神将守形，形乃长生。一泄之后，即出一阳，而交一阴，是为离也。自此而往，情欲已萌，淳朴已散，精气日损。"(《道藏》第24册，第26页)

上古时期黄帝问道于广成子，是道经中广为传颂的仙话。而广成子传授的是修身养性，才能得长生不老之道的要义。元陈致虚《太上洞玄灵宝无量度人上品妙经注·序》说：

> 轩辕时，皇人与太清三仙王会峨嵋山，黄帝再拜问道。皇人授以五牙三一之文并《度人经》上卷，黄帝修之上仙。(《道藏》第2册，第393页)

天真皇人授给黄帝《度人经》上卷，为东晋南朝古灵宝经之一，《度人经》讲述道教济世度人之道。元代道士陈致虚为《度人经》的撰作传授，建构出一个颇具神学色彩的授经谱系。称元始天尊撰《度人经》授玉晨道君，玉晨道君授玄一真人，玄一真人授天真皇人。黄帝得天真皇人、太清三仙王传授《度人经》，则象征黄帝获得神仙之道的真传，果然黄帝修炼此度人之道而成为上仙。

3.《道藏》中托名黄帝的经书

道教造作的经书中多有托名黄帝的道经，医学、占卜、外丹术、法术道符等经书以祖述黄帝为特点。《道藏》中诸如《黄帝内经》《黄帝龙首经》《黄帝金匮玉衡经》等十五种托名黄帝的经书，构成道教黄帝信仰的重要内容。据唐代道经《金锁流珠引》卷十四引录《黄帝集灵记》，此经有大禹编为四十九卷之说，此《黄帝集灵记》实为法术道符的汇编。道教的《黄帝阴符经》，主论道家哲学与修养之术，是托名黄帝著述中最有影响的名篇。《黄帝阴符经》东晋南朝已问世。北魏寇谦之在进行新道教改革之时，就以曾藏此经于嵩山石室而知名。明张宇初《岘泉集》卷一《辨阴符经》：

> 史称黄老者，以黄老之道同也。而黄帝之言，未之见焉。若子列子之谓《黄帝书》曰者，大率与老同。(《道藏》第 33 册，第 201 页)

第四十三代天师张宇初认为《黄帝书》与《老子》的学说，共同构成道教遵行的黄老之道。道教有黄帝悟道而撰写《阴符经》之说，以致历史上《黄帝阴符经》的注疏最多，今仅存于明《正统道藏》的便有二十四种，反映道门人士对此经的重视。

4. 道教饮食养生与黄帝

道教有着丰富的饮食养生思想，充满着中华先民的生活智慧，是历代高道大德探索总结的结果。道经中论说饮食养生的要义，其开篇也托黄帝之口而立论。《孙真人备急千金要方》卷七十九《食治》称：

> 黄帝曰："五味入于口也，各有所走，各有所病。"(《道藏》第 26 册，第 516 页)

唐范翛然《至言总》卷三《禁忌》称：

> 黄帝曰："一日之忌，夜莫饱食。一月之忌，暮莫大醉。"(《道藏》第 22 册，第 859 页)

宋张君房《云笈七籤》卷五十七引天台白云《诸家气法·服气精义

论并序》说：

> 黄帝曰："食谷者知而夭，食气者神而寿，不食者不死。"(《道藏》第 22 册，第 392 页)

道教论说饮食养生之要义，刻意引用黄帝之说以立论，托名黄帝的饮食养生的法门和禁忌，甚至比饮食养生更高的服气之法，都旨在彰显这些养生理论来自黄帝的智慧。

5. 道教丹道与黄帝

道教丹道旨在追求长生不老信仰，丹道修炼亦源自黄帝的养生思想。在道教经书的丹道叙事中，称黄帝是最早服食神丹者。宋李昉《太平御览》卷六百七十八《道部二十传授上》说：

> 昔黄帝、老子奉事元君，元君以受要诀，况乎不逮彼二君者，安能自得仙度世者乎。按《荆山经》及《龙首记》皆云黄帝服神丹。(《太平御览》卷六百七十八《道部二十传授上》，第 161 页)

东晋葛洪《抱朴子内篇·遐览》提及《荆山经》《龙首记》各一卷。明《正统道藏》收录《黄帝龙首经》上下两卷。则东晋道教已有黄帝服神丹之说。东晋葛洪《神仙传》卷五《张道陵》，还有天师张道陵得黄帝九鼎丹经之说。托名黄帝的《黄帝九鼎神丹经》为西汉末东汉初的道经，该经说黄帝服食九鼎神丹而升仙。[①] 唐宋道教盛行金丹之道，宣称黄帝修之而登云天，老君修之是为道祖。黄帝既是金丹之道的习得者，又是在道门传授金丹之道者，东汉道教祖师张道陵就曾得黄帝丹法的传授。《太平御览》卷六百六十四《道部六》引《集仙录》曰：

> 张天师道陵隐龙虎山，修三元默朝之道，得黄帝龙虎中丹之术。(《太平御览》卷六百六十四《道部六》，第 70 页)

---

① 东晋葛洪《抱朴子内篇·金丹》："按《黄帝九鼎神丹经》曰，黄帝服之，遂以升仙。"(《道藏》第 28 册，第 183 页)《云笈七籤》卷六十七《金丹部》之《黄帝九鼎神丹序》亦称："按《黄帝九鼎神丹经》曰：黄帝服之，遂以升仙。"(《道藏》第 22 册，第 466 页)

唐杜光庭《墉城集仙录》卷六载：

> 孙夫人者，三天法师张道陵之妻也。……依太一元君所授黄帝之法，积年丹成，变形飞化无所不能。(《道藏》第18册，第195页)

道教金丹道在唐宋时期成为道教修炼成仙的主流，在朝野和社会上很有影响，所谓黄帝金丹道就是这种社会氛围下的产物。唐代道教有一种黄帝内视法，是存想五脏五色的修炼方法，则此黄帝内视法又具有内丹术和存想法结合的特点。

6. 道教戒律与黄帝

道教经书在阐扬教理教义时，常托称神仙天尊之口以叙事，用“黄帝曰”“老君曰”“太上曰”“太极真人曰”“天尊曰”“道君曰”“太上道君曰”“道曰”“道言”“师曰”的口吻宣讲经义，以此强调教理教义的神圣性。北周道经《无上秘要》卷四十六《洞神戒品》，在宣讲道教戒律的功能时，就托黄帝以宣教，其论洞神五戒说：

> 黄帝曰：“人不持戒，吏兵不附其身，所得无验，徒劳用心。”若不信至道承事师，若欲使吏兵防身护命，却死来生，禳疾延寿，为人消灾，救治厄患，存思求微，克期取验者，受五戒。(《道藏》第25册，第165页)

北周道经《无上秘要》卷四十六《洞神戒品》宣讲“洞神八戒”，亦称：

> 黄帝曰：“余尝闲居，太上垂降，见问经戒大小始终。余虽受持，多所不了，未测次序，具启太上。”太上答曰：“凡诸戒律，通应共行。”其间缓急繁简高卑，各有意义，准拟玄源变化，生数皆渐相成，三五八九、十百千万，虽随缘所堪，亦不可越略，知因向正，法修长生不死，三五兼参，宜受八戒。(《道藏》第25册，第165页)

魏晋南北朝道教有洞神三戒，洞神五戒，洞神八戒和想尔九戒，分别是早期道教灵宝派、天师道的戒律。《无上秘要》借黄帝之口宣讲洞神五戒，洞神八戒的要义，显示早期道教戒律亦依托黄帝以宣示的特点。

7. 道教法术中的黄帝神符

道教法术中的符箓具有驱邪的功能，在道门和社会上行用广泛。相传西王母曾传授黄帝神符。道经中所见黄帝符箓、真文，有黄帝真符、元始黄帝真符、黄帝御魔总真灵符、中央黄帝土功符、中央黄帝玉符、黄帝全角符、中央黄帝赤书玉篇真文、黄帝威灵策文等。道教斋醮法坛行用的符箓灵文、真文玉字，具有祈禳驱邪的无穷法力。宋张君房《云笈七籤》卷一百《轩辕本纪》说：

> 玄女传《阴符经》三百言，帝观之十旬，讨伏蚩尤。授帝《灵宝五符真文》及《兵信符》，帝服佩之，灭蚩尤。(《道藏》第 22 册，第 679 页)

此《灵宝五符真文》为东汉出世，为道教史上之古灵宝经，该经谈及的黄帝神符或许即灵宝符文。相传黄帝以金简书《灵宝五符真文》，一通藏于钟山，一通藏于宛委之山。黄帝所得的《灵宝五符真文》为道教常用符箓，可以安镇天地，开度鬼神，具有强大的驱邪功能。宋元道经《灵宝无量度人上经大法》卷二十说东晋真人许逊，“曾亲受黄帝之书，用铁板书此五符，投于湘渚，斩馘妖毒”(《道藏》第 3 册，第 731 页)。东晋许逊所书铁板五符，即《灵宝五符真文》。

唐代道经《金锁流珠引》卷十一《说佩诸地隐讳》称：

> 昔黄帝得广成君教佩此九地真讳，经过之处，神灵俱见，拜送扶迎，不敢为患，受驱使。(《道藏》第 20 册，第 406 页)

道教有佩天地之真讳的法术，认为身佩九州真讳、五岳名讳，则具有驱使鬼神的法力。黄帝得九地真讳隐术的传授，则是具有驱使神灵法力的仙真。

北周道经《无上秘要》卷二十五《三皇要用品》说：

黄帝得神图天文字，以知九天名山川灵之字。若能按文致诸神者，可以长生，可令召司命削死籍，必为人除之，然后修道求术，必得神仙矣。(《道藏》第25册，第72页)

此黄帝得神图天文字的传说，喻示黄帝已掌握求取长生之道的方法。

综上所述，道教的神仙学说、修炼法门、经法制度都要远推至黄帝时期，宣称是由黄帝创造而产生，这是典型的黄帝崇拜思维的结果。而道教经书中不乏黄帝赴天下名山寻真访隐，终获长生久视的不死之道、真一之道的记载。诸如道教地理的《五岳真形图》，乃宣称是黄帝赴五岳临摹山势真形而撰成。在西汉司马迁《史记·五帝本纪》的黄帝叙事中，黄帝是一位有功于民的伟大之“人”，而历史上道教对黄帝进行了神仙化的改造提升，赋予黄帝华夏祖先神的品格。总之，黄帝由“人”到“神”的转化，道教黄帝信仰的建构与形成，显示道教塑模华夏祖先神的智慧和想象力，道教对黄帝神性和神格的塑造，在道教神仙信仰体系中具有典型性。道教宣称黄帝是帝皇得道之典型，经过道教神学理论精心塑造的黄帝形象，成为中华民族共同尊奉的祖先神，对黄帝的信仰至今在中国社会还有着持久的生命力。

余论

道教以神仙信仰为鲜明特色，道教神仙体系中的祖先神，都是历史上有功于民之人，此亦显示道教奉中国之道的特点。黄帝作为华夏先民认同的英雄祖先、人文祖先，道教则着力建构其问道、得道的神圣历史。道教宣称黄帝是自然体道者，这可谓是得道的最高境界。历代道门人士都致力于弘扬黄帝之至道，甚至直接称道教为黄帝之教。明代皇家道士朱权比较儒释道三教的特点说：“校其佛氏之教，导之以慈爱；黄帝之教，导之以仁义；老氏之教，导之以道德，陈之以忠孝；孔氏之教，导之以礼乐，陈之以纲常。”① 朱权刻意在道教中分列黄帝之教与老氏之教，

① （明）朱权撰：《天皇至道太清玉册》卷六《宋理宗皇帝御制化胡辩》，《道藏》第36册，第422—423页。

一定程度上反映出道教崇拜黄帝的历史真实。道教所塑造的黄帝伦理道德神仙形象，在当代社会仍有其教化功能和现实意义。总之，道教黄帝信仰的形成经历了长期的历史过程，在历代高道黄帝叙事的想象建构之下，最终奠定了黄帝为道教宗主的地位。黄帝是远古帝王被奉为祖先神的典型，道门对黄帝神格的精心塑造和圣化，彰显出道教作为中华本土宗教的自信。

任继愈宗教思想研究的回顾与前瞻

孔凡曦

（西北大学　中国思想文化研究所）

摘　要： 任继愈是中国马克思主义宗教学与科学无神论研究的开创者和奠基人，在马克思主义指导下对中国佛教、道教和儒教等展开具体研究，取得了丰硕成果。学界对任继愈宗教思想研究已取得了一些突破性进展，但从总体来看，存在专题研究比较丰富，整体研究不足的特点。在对任继愈宗教思想的具体研究中，儒教研究相对丰厚，佛教思想、道教思想研究比较薄弱。未来应拓宽研究视角，加强对任继愈宗教思想的整体研究和比较研究。

关键词： 任继愈　宗教思想　中国马克思主义宗教学

宗教是任继愈毕生关注和致力研究的领域，任继愈对中国宗教的发展作出过卓著贡献，他不仅是学界公认的中国马克思主义宗教学的开创者和奠基人，坚持以科学无神论为思想基础的马克思主义立场，批判形形色色的有神论，而且将马克思主义宗教批判与中国佛教、道教、儒教等研究相结合，推动了马克思主义宗教学中国化的进程。对任继愈宗教思想的研究是指对任继愈本人关于宗教的认识、思想、观点等进行学术性的理论研究。自2009年任继愈逝世以来，学界加强了对任继愈学术贡献及其重要观点的回顾和总结，已取得了一些突破性理论成果。对这些理论成果进行系统的回顾、梳理和反思，有助于进一步深化对任继愈宗教思想的研究。

一 任继愈是中国马克思主义宗教学和科学无神论研究的开创者和奠基人

中国马克思主义宗教学的建立并非一蹴而就，而是有一个漫长的发展历程，伴随着西学东渐的思潮，马克思主义作为西学的一种，一经传入中国，就受到了李大钊、陈独秀、恽代英等中国先进分子的瞩目。早期中国马克思主义者站在科学的立场上，运用唯物史观对宗教进行批判，“自觉运用马克思主义唯物史观参与宗教批判的，李大钊是第一人”[①]。对马克思主义宗教学作系统研究并将马克思主义宗教批判与中国宗教研究相结合却是在中华人民共和国成立之后。

(一)《汉唐佛教思想论集》是中国马克思主义宗教学奠基之作

1949 年后，中国进入了社会主义革命和建设时期，中国大陆开启了马克思主义一元化指导下的宗教研究，如何以马克思主义为指导与中国哲学、宗教等研究相结合是当时重中之重。这一时期，侯外庐主编的《中国思想通史》是第一个尝试用马克思主义唯物史观去研究中国佛教的思想通史著作，而“运用马克思主义宗教观来研究中国哲学的任继愈是中国哲学研究 20 世纪下半叶中最主要的领军人物”[②]。1956 年，任继愈与汤用彤合作发表了《南朝晋宋间佛教“般若”“涅槃”学说的政治作用》，此后又表评论隋唐的宗派哲学的文章，这些文章后被集结为《汉唐佛教思想论集》一书。学界认为，任继愈的《汉唐佛教思想论集》是中国马克思主义宗教学的奠基之作。1963 年，毛泽东下发关于《加强宗教问题的研究》的批示，指出任继愈发表的几篇谈佛学的文章如“凤毛麟

① 王雷泉:《二十世纪中国社会科学·宗教卷》，上海人民出版社 2005 年版，第 14 页。

② Carine Defoort, Yvonne Schulz Zinda, “Ren Jiyu: The Marxist View of Chinese Philosophy and Religion”, *Contemporary Chinese Thought*, Vol. 41, No. 4, 2010, pp. 3 – 17.

角”[①]。李申认为，毛泽东的批示和任继愈《汉唐佛教思想论集》的出版是中国马克思主义宗教学诞生的标志。[②] 此外，卓新平[③]、杜继文[④]、乐峰[⑤]等都提出任继愈是中国马克思主义宗教学的开创者和奠基人。《汉唐佛教思想论集》虽未含括整个中国佛教思想史，但“它涉及我国佛教哲学思想的一些最基本的内容，反映出了我国佛教哲学思想发展线索的概貌，就这个意义上说，《论集》收到了专史的部分效果”[⑥]。任继愈的《汉唐佛教思想论集》以马克思主义为指导原则，运用历史唯物主义研究宗教问题，开创了中国马克思主义宗教研究的新领域，为中国马克思主义宗教学的创立和发展奠定了基础。

（二）任继愈是中国科学无神论研究的开创者和奠基人

科学无神论不仅是马克思主义世界观的前提和思想基础，而且是马克思主义宗教学研究的重要内容。习五一强调，“任继愈先生，一生经历丰富多彩……其中最重要的贡献之一，就是高举科学无神论的旗帜”[⑦]。1978 年底，任继愈创建了中国无神论学会，1999 年任继愈领导同仁创办了《科学与无神论》杂志，以宣传无神论为宗旨。在任老的推动下，2009 年马克思主义研究院组建“科学与无神论研究室”，成立中国社科院“科学与无神论研究中心”，科学无神论事业的每一步发展都离不开任继愈的努力和付出，可以说“研究宗教，批判神学”是任继愈一生坚持的学术理念。目前任继愈无神论思想研究还较为薄弱，任继愈科学无神论与宗教研究的贡献，以及任继愈以科学无神论为视角对“儒教”及整个

① 毛泽东：《加强宗教问题的研究》（1963 年 12 月 30 日），《毛泽东文集》第八卷，人民出版社 1999 年版，第 353 页。

② 李申：《任继愈与中国马克思主义宗教学》，《世界宗教文化》2019 年第 4 期。

③ 卓新平：《纪念中国宗教学体系的开创者任继愈先生》，《中国宗教》2009 年第 8 期。

④ 杜继文指出，“我个人认为，毛泽东提出的这三方面意见，给出了我国宗教研究的基本思路，我国对宗教作系统的马克思主义研究，也应该从这里算起”。参见杜继文《关于我国宗教学的马克思主义研究》，《科学与无神论》2009 年第 5 期。

⑤ 乐峰：《任继愈是中国马克思主义宗教学的奠基人——深切缅怀任继愈先生》，《科学与无神论》2009 年第 5 期。

⑥ 方立天：《读〈汉唐中国佛教思想论集〉》，《哲学研究》1964 年第 2 期。

⑦ 习五一：《简论任继愈先生的科学无神论与宗教研究》，《科学无神论》2012 年第 5 期。

中国哲学的审视和思考等问题都有待进一步发掘。

（三）任继愈推动了中国马克思主义宗教学的“三大体系”建设

宗教学的“三大体系”是指学科体系、话语体系和学术体系。中国马克思主义宗教学在学科意义上的创建是以 1964 年世界宗教研究所正式成立为标志，任继愈作为世界宗教研究所的第一任所长，对于创建世界宗教研究所，规划宗教学实施方案做出了突出贡献。任继愈强调研究宗教要有世界眼光，世界宗教研究所的研究人员分为佛教组、基督教组和伊斯兰教组，分别对三大宗教的现状、理论和历史进行系统研究。三大宗教研究组后来正式改名为研究室，增设了道教研究室、儒教研究室，科学无神论研究组改为宗教原理研究室，“以科学无神论为基础的马克思主义宗教学理论，加上以教门或教派为基础的分别研究，就是任继愈开创的中国马克思主义宗教学学科分类的基本思路”①。中国宗教学学术体系也由最开始偏重基督教学术、佛教学术和伊斯兰教学术逐步扩展到对各种宗教学术的研究，任继愈“一是注意到宗教学学术发展的与时俱进；二是突出宗教学术研究要视野开阔、全面，要有非常精准的问题意识”②。卓新平将任继愈建构中国宗教学学术体系的特色概括为两点：一是具有中国社会问题意识和中华文化特色，“从任继愈对儒教宗教性的阐释中，我们可以找到中国宗教之‘建构性’与‘弥漫性’共在同存、交织融合的关键线索，这种思路另辟蹊径、多有拓进，从而凸显了中国宗教学的学术涵括及其中华文化特色”③。二是在中国宗教学学术体系的建构中，非常强调宗教研究与无神论研究的有机结合。在宗教研究中，任继愈也开创了中国马克思主义宗教学话语体系，李申归结为五个层次，“首先是马克思主义宗教学中具有普遍意义的话语；第二层是与宗教问题相关的范畴、概念；第三层是研究中根据实际情况提出的、仅仅与某一宗教现象相关的概念；第四层是作为被研究对象的各个宗教独有的概念，研究

---

① 李申：《任继愈与中国马克思主义宗教学》，《世界宗教文化》2019 年第 4 期。

② 卓新平：《关于中国宗教学“三大体系”发展的思考》，《世界宗教文化》2019 年第 5 期。

③ 卓新平：《关于中国宗教学“三大体系”发展的思考》，《世界宗教文化》2019 年第 5 期。

时必然要提到；第五层是非马克思主义宗教学提出的概念”①。任继愈关于宗教学“三大体系”的开创性成果，对于当下进一步构建和发展具有中国特色和普遍意义的中国宗教学学科体系、学术体系和话语体系具有极大的启发性和借鉴意义。

（四）《宗教学讲义》开启了宗教学理论研究的新篇章

20 世纪 80 年代初，我国宗教学建设刚刚步入正轨，尚没有一本成体系的宗教学理论著作。迫于理论研究的不足和宗教人才的短缺，任继愈倡导世界宗教研究所与北京大学哲学系合作创建马克思主义宗教学专业，并亲自讲授宗教学原理，《宗教学讲义》即任继愈 1982—1983 年在北京大学哲学系宗教专业讲课的记录稿。习五一在对任继愈的《宗教学讲义》简介中指出，“任继愈对宗教问题的深刻理解、坚定的科学无神论立场和对神学的严肃批判，对于当前科学无神论与马克思主义宗教观研究具有重要的指导意义”②。《宗教学讲义》不仅是任继愈几十余年宗教学研究的理论结晶，哺育了一代学人，为国家培养了一大批宗教学者，而且推进了中国宗教学理论的发展进程。直到 1989 年，吕大吉主编的集体性著作《宗教学通论》填补了我国宗教学理论专著的空白。任继愈的《宗教学讲义》虽不及后来的《宗教学通论》系统全面，但在当时对树立和传播正确的马克思主义宗教观起到了重要作用，也开启了宗教学理论研究的新篇章。

二 任继愈在马克思主义指导下对中国宗教展开的具体研究

儒教、道教、佛教是中华传统思想文化的重要组成部分，任继愈自觉将马克思主义唯物史观、阶级分析法等所具有的科学意义上的新理论和新方法与中国佛教史、道教史、儒教研究相结合，为佛教、道教和儒教研究注入了新的生命力，推进了中国马克思主义宗教学发展进程，取得了前所未有的新成果。

---

① 李申：《任继愈与中国马克思主义宗教学》，《世界宗教文化》2019 年第 4 期。

② 习五一：《任继愈著〈宗教学讲义〉简介》，《科学与无神论》2014 年第 2 期。

（一）佛教研究

学界十分关注任继愈的佛教思想和贡献，全召军《任继愈的佛学研究》围绕着任继愈关于汉至南北朝、隋唐等时期佛教思想展开论述，关于任先生佛教研究特色和方法，他认为，任继愈的佛教研究始终坚持马克思主义哲学观，任先生对每个朝代的佛教研究必先从这个朝代的社会现状、统治者需求及时代发展要求入手。① 张圆圆提出，任继愈的中国佛教思想主要体现在对佛教的产生、佛教在中国的传播与发展、中国佛教的特点以及佛教与儒教关系等问题的梳理和总结之中。② 任继愈有关南北朝佛教思想和禅宗思想是学界关注的热点，曹振明将任继愈对南北朝佛教研究的特色与贡献概括为四点：坚持与社会史结合的方法、立足于前人成果系统考察和总结、哲学洞察力、着重分析佛教对中国思想史的意义。③ 任先生十分关注禅宗在中国的形成及其发展阶段划分，首次提出“惠能是中国禅宗的真正创始人”，“农民禅”“农禅体系”等论断均得到学界的肯定和赞同，宁艳红将《汉唐佛教思想论集》中有关任继愈先生对禅宗研究的论文作为研究对象，从“禅宗哲学思想”的系统研究、首次提出“农民禅”、对“北宗”的开创性研究、“禅宗与中国文化”的定位等方面展开探讨。④ 全面把握任继愈佛教思想及佛教史研究的成果、特色及方法仍是接下来研究应当关注的重点。

（二）儒教研究

20 世纪 70 年代，“文化大革命”刚刚结束，国家进入拨乱反正时期，举国上下都在思考这背后的原因。从思想文化层面进行反思，任继愈认为“文化大革命”的造神运动源于儒教的回光返照，并在 1978 年中国无神论学会成立大会上，公开提出儒教是宗教的观点，由此，引发了大陆

---

① 全召军：《任继愈的佛学研究》，硕士学位论文，西北大学，2011 年。

② 张圆圆：《论任继愈的中国佛教思想》，《贵阳学院学报》（社会科学版）2018 年第 3 期。

③ 曹振明：《任继愈与南北朝佛教研究》，《河北经贸大学学报》（综合版）2010 年第 10 卷第 1 期。

④ 宁艳红：《任继愈先生的禅宗研究》，《世界宗教研究》2018 年第 5 期。

学界的激烈争鸣。这场争鸣时间跨越长，覆盖面广，影响深远。从任继愈"儒教是教"说提出至80年代中期，坚持"儒教是教"说的学者仅有任继愈一人，学界质疑声不绝如缕。① 自20世纪80年代末至2000年，这一时期参与讨论的学者人数逐渐增多，任继愈陆续发表了《具有中国民族形式的宗教——儒教》等文章进一步完善其儒教宗教观，并得到了学术界一定的响应。② 此时参与争论的学者可以分为三派：一是赞同任继愈的儒教宗教论，以李申③为典型代表。二是否定派，主张"儒学（儒家）不是宗教"，代表人物主要有李国权、何克让等。三是折中说，主张儒学有宗教性，代表人物有李泽厚、蒙培元、张立文、杨泽波等。④ 21世纪以来，学界从整理论文集和梳理学术史两个层面对儒教争鸣的回顾、

① 李国权、何克让强调儒家有"发展成为宗教的可能"，但仅仅是一种"可能"，儒家学说本身就包含着反宗教的因素。（李国权、何克让：《儒教质疑》，《哲学研究》1981年第7期）；张岱年对宋明理学的基本性质作了分析，强调理学是哲学，非宗教。（张岱年：《论宋明理学的基本性质》，《哲学研究》1981年第10期）冯友兰认为，任继愈关于宋明理学是儒教的辩论，好像有形式逻辑所谓"丐辞"的嫌疑。（冯友兰：《略论道学的特点、名称和性质》，《社会科学战线》1982年第3期），此外还有如崔大华、李锦全等人对任继愈的儒教宗教论提出异议。

② 何光沪指出："殷商以来的祖先崇拜和上帝崇拜，汉代以后的儒教，实质上就是我国古代的国教。"（何光沪：《论中国历史上的政教合一》，载《儒教问题争论集》，宗教文化出版社2000年版，第184页）赖永海肯定了儒家学说具有宗教性，中国古代儒家学说在与宗教关系问题上与西方或印度古代没有什么原则的区别。（赖永海：《佛学与儒学》，浙江人民出版社1992年版，第22页）谢谦对中国传统的宗教与儒教作一番定性分析，"儒教是华夏民族的传统宗教，是历代王朝的国家宗教，而孔子及其儒家则是传教者"（谢谦：《儒教：中国历代王朝的国家宗教》，《传统文化与现代化》1996年第5期），此外，牟钟鉴和张践等纷纷注意到儒学与中国宗法性宗教的关系。

③ 李申是任继愈儒教说的拥护者和传承人，先后发表若干文章解答了学界对任继愈儒教说的一些质疑，其《中国儒教史》一书更是系统梳理了从前史到近现代儒教的起源与演变历程，从神灵系统、祭祀制度、教义教理等方面阐述儒教的兴衰成败，并且涉及了三教关系乃至哲学、科学、史学、文学等诸多领域，为我们探索儒教性质及其发展提供了新的视角。

④ 李泽厚承认儒学曾经发挥一种准宗教的作用，但他又指出儒教不是真正的宗教，因为它缺少人格神上帝、特定组织、仪式和信仰。（李泽厚：《再谈"实用理性"》，《原道》第1辑，中国社会科学出版社1994年版）蒙培元认为，儒学敬天思想包涵着深刻的宗教精神，但不是神学宗教，是一种人文主义宗教。（蒙培元：《儒学是宗教吗?》，《孔子研究》2002年第2期）张立文强调儒教的宗教性是以人文、人性、人本、人道为终极关怀的人文宗教。［张立文：《论儒教的宗教性问题（下）》，《学术月刊》2007年第9期］杨泽波对儒教问题持中立态度，主张儒学不属于典型的宗教，却有着宗教的作用。（杨泽波：《关于儒学与宗教关系的再思考：从儒学何以具有宗教作用谈起》，《国际儒学研究》，2008年）

反思和展望，对于了解儒教说的历史、现状及其走向有重要的参考价值。[①] 此外，“大陆新儒家”[②] 的崛起使得儒教研究呈现出多向度、多侧面之势，虽与任继愈对儒教的态度和观点不同，但却沿着任继愈儒教是宗教的思考路径继续前行。

以任继愈儒教观为中心的专题研究也在开展。张茂泽肯定了任继愈儒教观对中国宗教思想史研究有启示意义，将任继愈的儒教思想概括为四个基本点：儒学是学，儒教是教；儒学宗教化是一个长期的历史过程；儒学宗教化有其自身思想神学性的原因；儒教批判不能简单否定了事。[③] 邹方芳[④]和牛荣荣[⑤]在对任继愈儒教观作整体考察的同时，对任继愈的儒教观的提出背景、主要观点、历史意义以及当代价值给予了相对独立的考察，是任继愈儒教观研究的重要基础。柴文华、杨辉梳理了任继愈的朱子学观点，并指出任继愈对朱子学的诠释框架和评价尺度是以马克思主义为标准，是对“五四”批判精神的继承。[⑥] 胡朝阳以任继愈关于理学研究的相关著作为线索，梳理任继愈在理学研究领域上嬗变之脉络走向，任继愈对理学认识上所经历信仰、怀疑和真知的黜伪存真之过程是其提出“儒教是宗教”的思想前奏。[⑦] 肖雁认为，任继愈的儒教宗教论是运用唯物史观研究分析中国社会实际的一个具体实例，为儒教研究开辟了一

---

① 任继愈主编《儒教问题争论集》、卢国龙主编《儒教研究》、李建主编《儒家宗教思想研究》、韩星《儒教问题——争鸣与反思》等，苗润田、陈燕从学术史角度梳理了从康有为到任继愈的儒教之争（苗润田、陈燕：《儒学：宗教与非宗教之争——一个学术史的检讨》，《中国哲学史》1999年第1期）；陈明从历史文化脉络对儒教争论的起源、现状与趋向做了较为系统的梳理。（陈明：《中国文化中的儒教问题：起源、现状与趋向》，《博览群书》2004年第8期）此外，还有李申、邢东田、段德智、彭永捷、方国根以及周良发、王义等也对儒教争论的重点和热点话题进行了分类和总结。

② 2005年召开的“第一届全国儒教学术研讨会”围绕着“儒学宗教论”“儒学国教说”和“公民宗教说”等几个热点问题而展开讨论。“大陆新儒家”如蒋庆、康晓光等人提出儒教重建与儒学复兴说，重新建立政教合一的“儒教国家”的“政治儒学”和将“儒教”建制化为“国教”的思潮。

③ 张茂泽：《任继愈的儒教观及其宗教思想史意义》，《人文杂志》2009年第5期。

④ 邹方芳：《任继愈宗教观视域下的儒教》，硕士学位论文，中国政法大学，2013年。

⑤ 牛荣荣：《当代儒教之争的文化反思》，硕士学位论文，苏州大学，2013年。

⑥ 柴文华、杨辉：《任继愈的朱子学研究》，《中州学刊》2014年第4期。

⑦ 胡朝阳：《黜伪存真：任继愈理学研究之嬗变》，《云梦学刊》2018年第4期。

条唯物史观的哲学路径。[①] 王士良将任继愈与陈独秀作比较，二者将马克思主义宗教观与中国的宗教传统相结合，均从人与异己力量的关系出发讨论宗教的本质及宗教产生的根源。[②] 王秋围绕政治属性、哲学属性、格物致知的析论三方面比较任继愈与赵纪彬、侯外庐对朱熹思想批判异同。[③] 以上研究集中探讨了任继愈儒教思想研究的若干主要问题：任继愈儒教思想内容是什么及具有哪些特点？任继愈儒教思想的理论贡献和现实意义是什么？任继愈为什么以及如何研究儒教？其中关于任继愈早期的儒教研究与晚期儒教研究之间的关系，以及如何把握任继愈的儒教研究与马克思主义宗教观之间的关系等问题也展开了讨论。上述研究成果对任继愈儒教观有较为准确而全面概括，奠定了任继愈儒教思想研究的基础。

（三）道教研究

任继愈在五十年间四次修订《老子》，对老子思想的重视和喜爱是显而易见的。邢宇皓称《老子绎读》给自己留下的最深刻印象"以简约之笔曲尽奥妙，以通脱之心纵论古今"[④]。钟肇鹏指出，任继愈始终坚持实事求是的历史唯物主义精神，力求接近历史原貌，符合先秦老子的思想，在体例上以王弼本为底本，并将重要版本的文字异同、解释放于当页下注，后附索引等都为阅读者提供了诸多便利。[⑤]《老子绎读》一书深入浅出，将经典文献的精深研究与雅俗共赏相结合，张岂之认为，"在人文学术研究中用中国化的马克思主义作指导，《老子绎读》一书有若干可供借鉴之处"[⑥]。1963 年出版的《中国哲学史》一书中，任继愈认为老子是一位朴素唯物主义者，到《中国哲学史简编》（1973 年版）任继愈提出老

① 肖雁：《任继愈唯物史观儒教宗教论的时代解读》，《世界宗教文化》2020 年第 4 期。

② 王士良：《儒教论争中的马克思主义宗教本质观》，《南昌师范学院学报》（社会科学版）2018 年第 1 期。

③ 王秋：《马克思主义史学进路的朱子学批判的差异性——从赵纪彬到任继愈》，《燕山大学学报》（哲学社会科学版）2014 年第 2 期。

④ 邢宇皓：《任继愈：缘何四度译〈老子〉》，《光明日报》2007 年 1 月 8 日第 012 版。

⑤ 钟肇鹏：《读任继愈先生第四次修订的〈老子绎读〉》，《中华文化论坛》2007 年第 3 期。

⑥ 张岂之：《深切怀念任继愈先生——谈谈任继愈先生对〈老子〉书的研究》，《五台山研究》2013 年第 4 期。

子思想是唯心主义，1983 年在《中国哲学发展史·先秦卷》中，他全面地审视了上述两种看法，最终跳出对老子哲学唯物主义和唯心主义的判定，认为二者都犯了“把古人现代化”和“片面性”的错误，林可济梳理任继愈关于对《老子》认识的三次转变，肯定了任继愈在老子哲学研究中不断探索，勇于自我超越的学术精神。[①] 习五一强调，任继愈提出老子“柔弱胜刚强”的思想是弱势群体的辩证哲学，代表弱势群体说话，同情弱势群体，这是马克思主义最根本的原则。[②] 周赟从道教的认识、道教的理论研究、对道教文献整理等方面肯定了任继愈先生的道教研究的开拓性贡献。[③] 柴文华、李迪认为，任继愈立足于马克思主义哲学的立场，主张对老子思想和道教文化进行历史和辩证的分析。[④]

任继愈的庄学研究是其道家及道教研究的重要组成部分，庄学研究也为其道教史研究提供了哲学准备。哲学研究编辑部主编的《庄子哲学讨论集》以及胡道静主编的《十家论庄》收录了任老庄学研究的部分文章，以马克思主义为指导，全面深入分析了庄子哲学思想，力图给予庄子客观而科学的评价，其对庄子唯物思想的深刻阐释是 20 世纪庄学现代化转型的一大亮点，这两部论集都将任继愈作为 20 世纪 60 年代庄学研究的典型代表。康庆立足于马克思主义中国化的视角，分析了任继愈庄子哲学的唯物主义、认识论思想等。[⑤] 孙逊认为，60 年代，任继愈在学术界独树一帜地坚持“庄子思想属唯物主义”，在当时哲学界对庄子思想的一片批判声里，独能竭力发掘《庄子》外、杂篇思想中“符合马克思主义”“符合唯物论”“具有进步性”，能为当时主流语境所认可的“精华”，任先生无疑是“转型”时期的庄子学研究突出代表。[⑥] 饶东原从如何理解荀

① 林可济：《任继愈〈老子〉研究中的方法论探索》，《福建论坛》（人文社会科学版）2010 年第 1 期。

② 习五一：《任继愈与〈道德经〉》，《科学与无神论》2014 年第 5 期。

③ 周赟：《任继愈先生道教思想论述》，《宗教学研究》2012 年第 4 期。

④ 柴文华、李迪：《任继愈的老学观和道教观研究》，《江南大学学报》（人文社会科学版）2014 年第 13 期。

⑤ 康庆：《马克思主义中国化与 20 世纪庄学的现代转型——兼谈马克思主义中国化与中国传统哲学现代化之关系》，《马克思主义哲学研究》2008 年第 0 期。

⑥ 孙逊：《“转型”时期的庄子学研究——以罗根泽、侯外庐、任继愈为个案》，硕士学位论文，华东师范大学，2012 年。

子"蔽于天而不知人"、庄子对孔子的态度、《天下》篇的作者立场及《庄子》内篇是否出自庄子本人四个方面对任继愈的《庄子探源》一文的观点进行了反驳。[①] 以上诸文涉及任继愈庄学研究的内容、方法、影响等方面，但所依据的文献资料多立足于任老在20世纪60年代的庄学观点，任老的庄子研究如同其对老子的研究一样，皆在不断修改和补充中完善。从整体上梳理任继愈的庄学观，比较其前后期异同和变化，对了解任老的庄学研究发展脉络仍是十分必要的。

三　未来任继愈宗教思想研究的几点展望

学界对任继愈宗教思想的研究，虽已取得了上述理论成果，但仍有诸多的理论、方法和观点值得我们进行总结和探讨。从总体来看，以上研究现状存在专题研究比较丰富，整体研究不足的特点。对任继愈宗教思想的具体研究中，儒教研究成果丰厚，佛教思想、道教思想研究还比较薄弱。为进一步推动任继愈宗教思想研究的发展，未来我们可从以下几个方向进行努力。

首先，深化文本研究，加强整体研究。近几年对任继愈宗教研究的文本研究，多集中于一些重点文献研究，完整意义上对任继愈宗教思想的通盘考察成果还没有，立足整体来把握任继愈宗教思想的研究成果也寥寥无几。成立的《任继愈宗教观研究》[②] 算是第一篇比较系统研究任继愈宗教思想的硕士论文，该文对任继愈宗教观界说、构成要素、主要特征以及发展历程等做了基本的梳理和讨论，并对任继愈宗教观在儒释道三教研究中的运用简略介绍，但由于篇幅有限未能展开。张雪松针对任继愈在改革开放之初的宗教思想而展开，未顾全任继愈整个宗教思想面貌。[③] 任继愈宗教思想有其发展历程，以1956年和1978年为界，任继愈的宗教观可略分为三个阶段：早期阶段宗教观；1956年加入中国共产党

① 饶东原：《论〈庄子·内篇〉的归属——读任继愈同志的〈庄子探源〉》，《湖南师院学报》（哲学社会科学版）1984年第1期。

② 成立：《任继愈宗教观研究》，硕士研究生论文，南昌大学，2018年。

③ 张雪松：《宗教学研究"择善而固执之"——改革开放之初任继愈先生马克思主义宗教学思想探析》，《宗教研究》2016年第1期。

之后，任继愈先生走上了以马克思主义为指导研究宗教问题的道路；1978 年之后，对“文化大革命”的反思，儒教观点引起了巨大反响。从任继愈宗教观形成发展过程来把握文本的历史价值是重中之重，只有立足任继愈整个宗教思想的发展历程，才能对任继愈的宗教观做前后比较研究，进而把握任继愈宗教观内在张力及其发展理路，立足整体探究任继愈宗教观的演变过程，可以进一步窥探我国宗教学发展的特点和历史进程，反思马克思主义如何与中国宗教研究相结合等问题。

其次，拓宽研究视角。任继愈开创了中国马克思主义宗教史研究的新领域。中国近代宗教学之形成的显著表现之一就是现代宗教史学研究的开创和兴起，从戊戌变法到民国时期，凡是有影响的宗教学者几乎均注重以新方法或新视角对传统宗教史料加以发掘、梳理和考证，宗教史研究在整个宗教学研究中成果最为丰厚。梁启超作为现代佛学和中国佛教史的开创者，借鉴和吸收了日本佛学家研究方法和研究成果，《佛学研究十八篇》《中国佛教研究史》等著作开拓了对佛教经典和史料的学术研究；胡适《神会和尚遗集》将“大胆假设，小心求证”方法运用到禅宗的历史研究；陈垣运用宗教史学考证方法对中国历史上出现过的所有宗教几乎都有过研究，还有如汤用彤、蒋维乔、吕澂、许地山、傅勤家、黄忏华等在宗教史研究中作出了突出贡献。中华人民共和国成立后，中国大陆开启了马克思主义一元化指导下的宗教研究，任继愈主编的《中国佛教史》《中国道教史》《中国哲学史》《中国哲学发展史》等著作都是在马克思主义指导下，对中国宗教史和中国哲学史展开研究，开启了中国马克思主义宗教史研究的新领域。任继愈宗教史研究方法有何特色？任继愈在宗教史中运用了哪些方法？任继愈宗教研究在 20 世纪中国宗教学研究乃至中国宗教史研究的历史地位等问题都值得思考和进一步发掘。

再次，从三教关系视角去考察三教各自的思想是任继愈中国哲学史研究和宗教研究的重要维度和基本方法，也是其宗教思想的重要组成部分，但目前学界却关注甚少，姜晓辉《论任继愈的中国哲学史观》① 一文涉及任继愈的三教思想，但并未展开。诸如任继愈三教关系研究中三教冲突和融合的基础是什么；任继愈如何看待三教在思想上的共性、互补

---

① 姜晓辉：《论任继愈的中国哲学史观》，硕士学位论文，黑龙江大学，2010 年。

性以及三教矛盾冲突的内外原因；任继愈如何把握三教关系的社会历史基础；在任继愈看来，各个历史阶段儒道、儒佛、佛道具体关系是怎样等问题应为未来研究任继愈宗教思想关注重点。

最后，加强比较研究。任继愈以马克思主义历史唯物主义和辩证唯物主义为指导进行哲学、宗教等研究，学界对任继愈宗教思想的具体研究中，缺乏比较研究的视角，尤其佛教思想、道教思想研究多停留在对任继愈思想的阐述阶段，其理论特色和方法特点还不够突出。对任继愈宗教思想研究的历史定位，仅仅置身于任继愈的研究成果中加以考察是不够的，需要将任继愈宗教研究与相关研究领域学术成果作比较，才能更加直观而鲜明地突显任继愈宗教思想研究的方法特色。任继愈师承汤用彤、贺麟、熊十力等，他们在宗教研究方面对任继愈有哪些影响，尤其汤先生的《汉魏两晋南北朝佛教史》《隋唐佛教史稿》开创了中国佛教断代史的研究，与任继愈主编的《中国佛教史》在内容和方法等方面有何异同等问题都值得进一步思索和探析，通过比较，更能较为明晰地透视任继愈的学术特色和理论贡献。

中国思想史论坛系列之“先秦思想文化史”专题研讨会综述

默　陵　唐媛媛
（西北大学中国思想文化研究所）

2021年8月21—22日，由西北大学中国思想文化研究所与中国先秦史学会联合主办的“中国思想史论坛系列之‘先秦思想文化史’专题研讨会”在陕西西安召开。会议采取线上、线下相结合的方式同步举行，来自全国各大高校和科研院所的学者提交论文四十余篇，分别围绕先秦历史文化、诸子思想价值以及已故先秦思想史专家刘宝才教授的先秦思想文化史研究等方面进行了深入研讨。

一　学术考辨:先秦历史与文化研究

中国先秦史学会会长、中国社会科学院历史研究所宫长为研究员以张岂之先生与刘宝才教授所撰《中国古代社会史论》“前言”为研读对象，概括了“前言”的三个主体部分与一个城市国家核心点问题，并指出在今后中国文明探索上，应加强理论研究特别是关注亚细亚生产方式，继承和发扬和侯派学术特色，注意中国古代文明自身特点，推进从思想史角度研究中国古代社会。先秦时期，中国社会中的宗教巫祝文化十分盛行。南开大学历史学院先秦史研究室朱彦民教授从“巫”“觋”的区分与考辨入手，指出近代学者在甲骨文、金文中的“巫”字分析上曾有一些误释，他认为学界目前释“巫”为玉、为工、符号、医药工具等八种主要观点，应以巫师法术工具说更近于是。特别是“巫”为工矩尺子交错之形，不仅与钟鼎简牍字形契合，且有《帛书》《荀子》等传世文献与考古材料佐证，“巫”字实为中国古代巫觋所持巫术工具的概括写照。

西周是中国奴隶社会的鼎盛时期，其政治意识、赋税与刑罚制度等国家统治手段相较前代有了很大完善。中国先秦史学副会长、陕西师范大学历史文化学院王晖教授认为，“赋制”是西周春秋时土地制度中变化最大的一部分。王晖教授以《毛公鼎铭》等金文与《国语》等古文献所载为依据，指出西周赋制内容是贡献田亩粮产品，而军赋只能是粮赋且涉及东都、四方及蛮夷，至于以春秋中后期才形成的民给车马甲兵士徒类军赋类比西周赋制，实是学界据《司马法》《孟子》等文献解读后的误解。江苏省社会科学院历史研究所王健研究员以传世今文《尚书》为考察中心，从国家政治疆域的传承与统一意识、政治统治权威的合法性意识、批判和推翻暴君暴政统治的变革意识三方面论述了西周王朝的政治合法性理念，强调西周政治意识不仅是西周维护其长治久安的政治统治局面的合法性基础，也是后来儒家政治意识的直接源泉，并对后来中国历史与现实社会产生了深刻影响。中国先秦史学副会长、天津师范大学历史文化学院杜勇教授通过对《尚书·吕刑》的作者及法典本质特征问题的考析，结合《诗经》《史记》等文献记载，强调《吕刑》篇当为周穆王颁行新法的诰辞而绝非吕王作，“吕命王”之吕是畿内封君吕伯而非畿外姜姓“吕侯”，而《吕刑》的制定也是周穆王为应对当时严重的社会矛盾、财政危机所采取的一种非理性应对措施，而非积极意义的法制改革。陕西师范大学人文社会科学高等研究院王辉特聘研究员，结合自己和前辈学者的治学经历，以“假设与求证”“在无疑处有疑，在有疑处无疑”“有一分材料说一分话”三个治学原则理念，分享了自己借助钟鼎铭文与石鼓文字成功研究先秦史事的过程，在利用传世文献与出土文物作研究中保持独立思考的正向意义，以及学术研究中正确看待和处理材料多寡关系以助力历史研究的经验。西北大学中国思想文化研究所裴健智博士以简本《文子》的成书时代为问题线索，介绍考察先秦两汉文本成书年代的文献引用、现代语言学、文本物质形态等方法，通过书籍文本的传播、流动，以及简本《文子》的论题、论说方式、内容，判断简本《文子》的文本不会早于战国中期，也不会晚于秦代、西汉，大概是战国中晚期的产物。

肇始于先秦时期的阴阳五行学说，是我国古代具备朴素辩证唯物主义学术思想的代表，历史影响深远。河北经贸大学图书馆武占江教授从重新界定五行与阴阳思想的结合时间入手，认为甲骨文、《尧典》《洪范》等一系“《月令》文献系统”所显示阴阳、五行观念出现极早，而从观念系统的角度来看，则五行生克观念的产生、五行与阴阳观念的结合不会晚于春秋时期。将五行产生及与阴阳相结合定在战国时期，实际是受疑古思想影响而孤立、疑伪《左传》《月令》等文献的一个伪问题。浙江师范大学法政学院王锟教授指出，传统五行学说中原本相对独立的相生自然系统与相克人工系统，在战国秦汉时期天人合一思维影响下，人们力图调和相生与相克系统的内在矛盾及“四”与“五”的错位，使自然系统与人工系统逐渐融合进而形成了成熟的五行学说。它所体现的相互关联、相互影响的有机主义世界观和思维方式，与统筹协调、赞助相生而减少相克的社会治理方法对现代仍有启示意义。西安理工大学马克思主义学院王长坤教授以春秋时期从奴隶向封建社会的过渡特性为背景，认为此时以“孝死”为核心的祀祖祭先的祖先崇拜孝道观念仍是春秋前期孝道观念的主要内容和形式，而随着宗法等级制度的崩溃，小农个体家庭的崛起，以“善事父母”为核心的孝道日渐成为中国传统孝道观念的核心内容，“孝死”的孝道观念是向“孝生”的孝道观念过渡。中国艺术研究院任大援教授针对传统学热的出现，主张要将传统文化研究落实到经学研究中，而中国经学的发展在形式上实际上既走着一条从“六经”到“十三经”，并最终在宋代形成完整系统的由简到繁、不断丰富的路程；亦在唐宋以后，在学术与社会内外条件刺激和外来文化影响与朱子书院教育的推动下，出繁入简，并走上为政治服务的道路。

二　思想探索:诸子学研究新论

春秋战国时期是中华文化的“轴心时代”，诸子百家的学说争鸣，为中国思想文化走出古代宗教具有重大的历史推动作用。陕西省社科联名誉主席、西北政法大学资深教授赵馥洁先生认为，先秦诸子各派虽然在义利、德力等价值观上有激烈争论，但这些冲突、矛盾观点背后有着确立和提升人的价值这一共同主题。如儒家的“仁义立人”、道家的“大道化人”、墨家的“劳力生人”、法家的“法律正人”，实是在道德、自然、劳动、法制不同方面对人价值的提升，这是中华传统文化“立人”“贵人”的价值智慧渊源，对此应通过现代性转化而予以继承与弘扬。西北大学中国思想文化研究所副所长谢阳举教授以“唯物主义与宗教”问题为引，分析认为唯物主义宗教观具有认真对待宗教、以高扬人为前提和坚持无神论三个基本特点，强调中国哲学的内在心性式的精神发展路向值得坚持，对儒家与宗教的讨论应沿着思辨化的宗教哲学路径推进，并坚持赓续、开新儒家精神和开放地对待批评、否定环节，推动宗教与主观特色社会主义相适应研究。

先秦诸子，儒墨号称显学，特别是孔子开创的私学教育，历史影响深远。中国先秦史学会副会长、四川大学古文字与先秦史研究中心主任彭邦本教授依据传世文献，考辨认为在西周至春秋前期的国野对立政治形态下，同属官学性质的官学、乡学兼具教育的平等意义与不平等色彩，而儒家孔子基于社会大转型背景和自己深刻历史认识提出并践行“有教无类”思想，超越了三代以来官学的教学体制和理念，后文翁在蜀地兴学则再次打破有私无官的教育局面，实现了首次在官学中施行“有教无类”原则。中国先秦史学会副会长、湖州发展研究院院长李学功教授以“历史夹缝期”认识为基础，指出春秋战国时期的“天子失官”与私学兴起等事件为诸子学说起到了奠基作用，同时孔子、老子的理性思考与私学教育又为诸子文化的形成，起到开启风气之先的作用，至于诸子学以“天道观”与“社会治理观”为学说理论基础和治国依据，则表现出浓郁的伦理世俗文化特征。中国人民大学国学院梁涛教授通过对郭店楚简《成之闻之》篇的重新释读与编连，指出简文“天降大常”与“圣人之性与常人之性”，是分别从天命的角度对孔子的仁尤其是忠恕做了形而上的论证，和从人性论的角度对圣人与常人做出分析与说明，且“天降大常”是以天命的形式将儒家的忠恕之道上升为最高的政治原则，表现出对人格独立和精神平等的肯定和尊重，达到先秦儒家政治哲学的最高水平。西北大学中国思想文化研究所路传颂副教授立足《荀子》文本解读“性恶论”本义，指出《性恶》篇的性、伪之分不是天性与人为之间区别，而是天性与人为的积累之间区别。荀子认为的恶、善实是说人有作出错误行为的倾向性与向善禀赋，后者则是后天积累善行的内在根据，“伪”就是向善禀赋经过后天的教化而形成的、像天性一样稳定、可靠的高尚品格。西北大学历史学院、中国人民大学国学院王子今教授以墨家“连弩”为对象，考察了《墨子》的技术理念及其与秦文化的关系，认为秦实现统一，技术层面诸多优越条件的作用，应与秦朝高度务实的政治倾向有密切关系。墨学对“用”的看重，可以与秦文化“去无用”“禁无用”的原则“互参”，进而从侧面说明了墨学之“秦墨”的社会存在和文化影响。

先秦诸子学说，道家为儒墨之外又一大宗。老子是先秦道家学说的开创者，而流行于战国至秦汉时期的黄老之学，则为后世道家学说的重要渊源。西北大学中国思想文化研究所宋玉波副教授从大成若缺、其事好还、抱一无离、天下神器四个方面论述了《老子》“仁不胜道”的思想。他认为《老子》一书实具对完美主义者思路的刺破，其思路特色在“复”与“反”，且书中论政治必与道德相系，强调道德终究不能脱离于政治。洛阳师范学院马克思主义学院李旭然讲师通过对比孔子与老子对待历史记录的不同态度认为，老子作为东周的守藏史，本身担负着记录周礼的文献传承重任，却在礼崩乐坏的时代背景下，从道是本源、道无处不在、道对于万物有生成作用等方面对时局做出回应，即试图超越礼乐制度而寻找新的出路，其实质是对历史与现实关系的理解不同，却因共同文献基础而又曲通。河南大学黄河文明与可持续发展研究中心李玉洁教授以道家的治国理论及其对后时代影响为中心论题，分析老庄所倡“无为而治”与“均平”学说产生的时代背景与理论内涵，指出前者不仅常常作为秦汉以后战乱初平时的有效治国方略，促使社会经济迅速恢复，后者所蕴含的平等思想火花，更对道教的产生和历代农民起义的爆发都起了重要的推动作用和影响。

大连大学中国古代文化研究中心葛志毅教授以黄老的三才思想为考察中心，梳理了三才思想的发展脉络，认为三才之道本出《周易》，经汉儒对三才模式与五行体系进行整合，历汉魏晋以来长期酝酿发展，最终使阴阳五行思想体系，在宋代周敦颐的《太极图说》中得到较完善表达。作者通过对三才模式被五行体系吸纳整合的分析考求，进而认为《黄老帛书》之成不会晚于战国末以迄秦汉之际。宜春学院科研处处长陈荣庆教授从黄老学派的“王术”分析出发，认为黄老之学治理天下的根本之道是刑德并用、以德为先、援法入道、缘道生法，而天下治理方式的核心策略是“抱道执度”，关注“六逆”，处理好“六危”“三不辜”“三壅”“三凶”“五患”五类不当行为，理顺“君臣”“贤不肖”“动静”“赏罚诛禁”四种关系，做好“审名”工作，树立治天下先治自身观念。西北农林科技大学马克思主义学院商晓辉讲师认为，黄老政治哲学是基于“形”是物体共有属性与物差源于“理”差这一核心理论，并依据“形名”自定的原则，主张“执道者”采取“无为”来成就百姓之“自然”，进而追溯终极本源之“一”即“道”，以冀达到“循名复一”的理想之治。因此，“道生法”的治理路径和逻辑进路应该是道—理—形（刑）—名—法五个层面，具有完整的内在逻辑性。

先秦史中的诸子学研究，是当前学术研究的热点，而在儒法关系上的探讨则是热点中的重点。西北大学中国思想文化研究所李友广教授从天人关系、人性论、政治哲学三方面将荀韩思想进行了比较，指出荀子既没有完全舍弃儒家对道德所持的肯定立场，又在反思道德泛化倾向基础上弱化道德的政治作用，强调礼义法度、师法教化等制度化建设的价值与意义；韩非则摒弃了儒家孔孟对于道德所持的泛化立场，有着消解宗法伦理与宗族力量的现实用意，而其将道德与政治所作切割与剥离，彰显了他政治哲学的务实理性特点。聊城大学历史文化与旅游学院江心力教授以韩非作为考察对象，对其“故曰一”的主道思想进行探析，指出韩非在荀子以“正”论道的基础上，提出了“故曰一”的主道思想。进而分析了“人主”和“明主”之道，形成了相对系统的政治理论。最后探讨了“明君之道”的“决诚”特色，其“道法万全”的追求，体现了“事必万全而举无不当”的政治理想。

此外，西安政治学院程远教授以“天下观”为研究对象，结合“张骞凿空”史事，指出张骞的西域之行不仅带回了许多中华民族原有知识体系中全然没有的信息，更使人们第一次真切地感受到了中国之外还有不亚于华夏文明的族群在，促进了丝路的开通，令中国的精英层意识到更加广大的世界，使中华民族在以后的历史中能新审视自己和检讨、澄清固有观念，带来思想上的解放。西北大学中国思想文化研究所张茂泽教授以学术观为契引，指出阳明学术观是着重研究人之所以为人、人如何做人成人的人文学术观，它包含“圣学之学”的圣学观，以心学为主线的中国学术史整体认识观，义理诠释的主体论诠释观，以及对理学末流“俗学”的批评思想。这对今天发展人文学术，澄清学界乱象，抑制俗学蔓延，具有启示意义。

三　感怀追忆：刘宝才教授的为人与学术

2020 年 7 月，曾任中国先秦史学会副理事长、中国先秦史学会顾问的西北大学中国思想文化研究所刘宝才教授因病离世。刘宝才先生从事教学、研究半个多世纪，在本次研讨会中，部分与会学者从生活、学术等各方面，对刘宝才教授进行了深情回忆，表达了对刘教授的深切怀念。陕西省人民政府副省长方光华先生结合自己的西大求学经历，叙述了在思想所受张岂之先生和刘宝才老师等诸师长的教诲历史，并通过概述 20 世纪思想所学术团队编纂《中国儒学思想史》的时代背景与核心观点，指出中国思想史是一座丰富宝藏，应从文化建设的高度把握好传统与现代之间的内在联系。方先生又进一步以刘老师参编的《中国历史》与《中国思想学说史》的编撰情形与学术特色，概括了刘老师的中华民族理想奋斗历史观，与在先秦思想史研究领域的中国思想的人文主义特征认识。青海师范大学原校长、历史与社会学系张广志教授从 1979 年的川大先秦史进修班机缘谈起，回顾了在过去四十年中，与刘宝才教授同游成都春熙路旧书店，21 世纪以来刘教授在学术和教学上对自己的助力，以及与他交往中谈论过的几件生活琐事，展示了刘老乐观、勤勉的品性，表达了对刘老师的深情追思。中国先秦史学会原副会长、陕西师范大学赵世超教授从川大先秦史进修班的组织原由和变化历史回忆起，介绍了自己与宝才老师结识和交往，并结合与宝才老师的学术合作经历，指出宝才教授在先秦史研究中的重要创见，是主张先秦 3000 年间的思想文化发展史是一部走进古代宗教、再走出古代宗教的历史。李学功教授以先秦思想史课程的受教回忆，表达了对老师刘先生的无尽怀念。谢阳举教授以刘宝才老师在学术问题上对自己的启发，结合工作与生活中的交流，指出刘先生是位从文献、常识、历史现象及其规律多维度出发的无神论者，而他对宗教的看法值得继续深入探索下去。西北大学中国思想文化研究所湛风副教授回忆了求学时与刘宝才教授的初识过程及日后交往中与率真、坦诚的刘先生在生活、教学中的数件小事，指出这些日常细节不仅展现了刘宝才教授深厚的学术与人生修养，亦可见他对学生的不倦教诲和深切关爱，而刘老师在看似传统、木讷的性格下，实是一位富含现代、创新、实事求是精神的纯粹学者。

陕西师范大学哲学与政府管理学院刘学智教授回忆了与刘宝才教授三十年亦师亦友的交往经历，概括刘宝才先生在先秦诸子学、两汉史、炎黄史研究方面的学术贡献，并以对先秦诸子学说的一体重视、诸子学说与中国经学互动关系，以及儒家与法家学说的内在关联三点为例，概述了刘宝才教授的治学创见。陕西历史博物馆杨东晨研究员从早年的学习与工作经历出发，回顾了与宝才老师的结识过程，并以《中国历史·先秦卷》为例，认为以刘老师为代表的撰写组不仅完成了教育部的高标准要求，同时宝才老师撰写的序言简明扼要，主体内容既具学术性也有实用性，体现了刘宝才教授深厚的学术造诣。中国人民大学国学院韩星教授详细论述了刘宝才教授在先秦思想文化研究上，呈现出以马克思主义为理论基础、以“侯外庐学派”为学术渊源、以炎黄文化为重点研究领域、对先秦诸子各家均有涉及并具独到见解的基本学术研究面貌。

聊城大学历史文化与旅游学院李桂民教授根据刘宝才教授的生前主要论著，并结合自己的学习经历认为，刘先生通过系统学习马克思主义等著作，确立了以唯物史观为指导、社会史和思想史研究相结合的研究方法，具有关注思想史学科属性、突出思想史研究中史学底色与兼重古史与诸子研究的治学特点，而他在学术上的创见与对后进的教育奖掖，对中古史和中国思想史学科的发展具有推进意义。西安电子科技大学文化与价值研究院院长李刚教授从历史思想研究、学术著作、对道家的基本评价以及道家的理想追求四个方面，总结了刘宝才先生学术人生中的道家情怀，概括了刘老师的学术创新特色与学术贡献。西北大学关学研究院王美凤教授从随刘宝才老师学习的经历出发，介绍了刘老师在炎黄时代文化研究上的特色，以及近年来刘老师在先秦女性研究中的创见，回顾了刘老师宽厚的品德与求真的治学精神，表达了对刘老师的深切缅怀。家属代表、西北大学法学院刘建仓教授首先感谢了学者、师友们对伯父刘宝才教授生前的关怀与照顾，并指出思想与好友是伯父生命中的两大重要内容，而伯父以他的学术与思想深刻影响了自己，引领自己走向学术研究。

《尼采与佛教哲学》书评*

陈 鑫

（辽宁师范大学 历史文化旅游学院）

自从东方与西方在历史上相遇，比较哲学——特别是东西方哲学比较——就成了一项任重道远的事业。那么，如今我们应当以何种宗旨来做比较哲学呢？笔者认为，比较哲学的目的既非区分高下以树立“自信”，亦非敉平差异以趋向“同一”，而是透过异质思想反观自身，得出更加深刻的认识，进而在更整全的意义上推进哲学问题的探究。然而，要写出一部令人满意的比较哲学著作绝非易事，稍不留神，可能就会堕入材料堆砌，或者流于机械比附。

加拿大学者安托万·帕纳约蒂（Antoine Panaïoti）的近著《尼采与佛教哲学》（*Nietzsche and Buddhist Philosophy*）初步建立了一种比较哲学的范式，为我们提供了有益的借鉴。它在诸多方面让尼采思想与佛教哲学展开了深层次对话。对话的展开有赖于明确的问题意识。本书的问题意识非常明确，它所探讨中心问题就是：在哲学上，特别是在伦理学上，我们应当怎样回应虚无主义的挑战？

虚无主义（Nihilism）源于拉丁文 *nihil*［虚无］一词，它的主张是“没有什么东西是可信的，没有什么区分是有意义的”①。具体说来，形而上学的虚无主义认为“无物真正存在”（《尼采与佛教哲学》，第 17 页——

* 本文是海南省哲学社会科学规划项目“语言哲学视域中的唯识学与现象学之比较研究”（HNSK（YB）19－32）的阶段性成果。

① Nicholas Bunnin and Jiyuan Yu, *The Blackwell Dictionary of Western Philosophy*, Malden: Blackwell Publishing Ltd Blackwell, 2004, p. 472.

下文引用此书，将只标明原书页码)，元伦理学的虚无主义（Meta-ethical nihilism）则认为“不存在道德事实”（第 18 页）。倘若虚无主义大行其道，则“世界仍将被无价值（valuelessness）的阴影所笼罩，没有任何评价依据，所有人都被视为无效用的（worthless）。没有远见指引道路。每个层面都伴随着平庸与自由放任（laissez-faire）。文化衰落，社会瓦解，民众停滞不前”（第 2 页）。无论是东方还是西方，都曾经并正在面临虚无主义的危机。因此，探究东西方思想家怎样回应虚无主义的挑战，显然也应是比较哲学的一个重要课题。

本书以尼采与佛陀为例，阐述了二者对虚无主义的解释，并在此基础上提出了一种“混合的解释”（hybrid account），这些解释兼及尼采视域中的佛陀、佛陀视域中的尼采，以及作者视域中的尼采与佛陀，在东西方哲学对话的过程中形成了回应虚无主义挑战的三种思路。

一 尼采对虚无主义挑战的回应

从巴门尼德开始，西方哲学就建基于存在（Being），上帝不过是存在的另一副面孔。随着“上帝之死”的到来，虚无主义危机接踵而至。没有什么是真的，没有什么是善的，曾经被认为最真实的存在，以及全知、全善、全能的上帝，事实上仅仅是虚构。形而上学与元伦理学都成了真空。但尼采所探讨的虚无主义，既不是形而上学的虚无主义，也不是元伦理学的虚无主义，他力图追溯更深的根源。

尼采区分了两种主要的虚无主义，一是虚无主义心态（nihilist mentality），二是虚无主义危机（nihilist crisis），前者是“任何存在信念的根源”，后者是“价值体系崩溃所引发的历史与文化危机”（第 18—19 页）。虚无主义心态建构了真实世界（*wahre Welt*）、即存在的世界（world of Being），否定了现实世界（*wirkliche Welt*）、即生成的世界（world of becoming）。怀有此心态的人是颓废者（*décadents*），他们因自身的虚弱而怨恨现实，他们为了报复现实世界而发明真实世界，“将现实世界‘虚无化’（nihilization），这是一种心怀怨恨的复仇姿态”（第 22 页）。因此，他们表面上崇拜存在或上帝，实质上崇拜的却是虚无。随着虚无主义心态的彻底化，它终究会揭穿自己的神话，将真实世界或上帝也虚无化，从而导致无价值、无意义盛行于世的虚无主义危机。

然而，仅凭存在虚构（fiction of Being）还不足以导致虚无主义危机，比存在虚构更原始的是自我虚构（fiction of the self），因为“存在”的模型就是“我”（第167页）。但自我只是某种感觉之物，它是前反思心理机制的产物，会导致“灵魂迷信”（soul superstition）（第37页）。持此迷信态度的颓废者渴望的世界是“一种永恒、寂静和幸福的境界”（第23页），然而事实上，在这个转瞬即逝的生成世界中，并没有恒久的幸福。

因此，尼采对虚无主义危机的诊断就是：存在、自我与幸福是虚无主义形而上学的三大神话，它们都与颓废者的病态心理有关。因此，应当远离颓废与怨恨，建立一门以伟大健康（great health）为理想的后虚无主义伦理学，这门伦理学的特征是肯定苦难和克服同情，因为苦难使人强大，同情使人虚弱。

二　佛陀对虚无主义挑战的回应

尼采认为，印度也曾发生过“上帝之死”。对于印度的一切神明，佛陀都否认其可以不朽，而“存在、永恒和稳定的真实世界，不过是个幻象。”（第27页）的确，佛教从诞生之日起，就是以当时主流宗教——婆罗门教——之批判者的姿态登上历史舞台的。在婆罗门教的经典——奥义书——中，“梵”（*brahman*）是最高自我、世界灵魂（World Soul）和万物本源，幸福是万物的本性；佛陀则把“梵”视为虚构，把幸福的对立面——苦难——视为万物的本性。因此，佛教也破除了自我、存在与幸福这三大神话，与尼采的思想相契合。

而且，佛陀回应虚无主义的方向也是建立一门健康的伦理学，其理想也是实现一种伟大健康，即涅槃。涅槃是苦难的终结，亦即一种没有任何痛苦的健康状态。实现涅槃最重要途径是培养同情，因为唯有对他者的苦难感同身受，并施以援手，才可以走出自我的樊笼，实现精神的解脱。

因此，佛陀反对的是这样一种虚无主义：以“梵”、我和幸福等幻象取代缘起、无我和苦难的现实。他开出的药方就是：结束苦难，培养同情。

三　佛陀—尼采对虚无主义挑战的混合式回应

作者指出，“迄今为止，全部伦理学都是基于存在形而上学而建立的”（第 216 页），而存在形而上学正是虚无主义的源泉，它对真实世界的虚构及其对现实世界的否定，令人绝望。因此，在一个生成、而非存在的世界中，建立一门后形而上学的伦理学，迫在眉睫。这门伦理学将融合尼采与佛陀的思想，克服二者各自的局限性，发挥二者的互补性，对虚无主义的挑战做出新的回应。

对于这样一门伦理学，作者称之为“佛陀—尼采式的伟大健康完善论”（第 229 页），“这种完善论是根据独特的‘健康者’形象而建立的。”（第 218 页）佛陀与尼采都以疾病为批判对象，以伟大健康为治疗目标，此疾病的根源即自我与存在的双重虚构，此疾病的治疗目标即摧毁这种虚构，摆脱自我与存在的妄想，以多样的、变通的方式，主动地融入这变动不居的生成世界。这种混合式的回应既借鉴了佛教哲学的思路——从自我妄想中解脱出来，也借鉴了尼采思想的理念——“从被动性转向主动性”（第 223 页）。这种回应的基础就是尼采思想与佛教哲学的互补性，因为二者沿不同的方向推动了生成之思的演进，凭借共同的理想回应虚了无主义的挑战。

四　回顾与展望

综上所述可知，面对虚无主义的挑战，尼采与佛陀都充当了人类医生的角色，他们都以有神论和形而上学为病源，诊断出存在虚构和自我妄想等病因，以去除疾病、实现伟大健康为治疗目标，其差别仅仅在于治疗手段：肯定苦难、克服同情，抑或结束苦难、培养同情。之所以会有此差别，主要是因为二者视角不同。

从尼采的角度看，他揭穿了存在的谎言，致力于建立一门健康的伦理学，在这个意义上，他是“欧洲的佛陀”；他发现佛教伦理学的核心也是颓废，佛教追求的涅槃是对生命的否定，在这个意义上，他是“反佛陀者”。集“欧洲的佛陀”与“反佛陀者”于一身的尼采，之所以要肯定苦难，是由于他主张“爱命运”（*amor fati*），肯定生命，对于命运或生命中的一切苦难，“不仅要接受，还要拥抱、肯定和赞美”（第 2 页）；他之所以要克服同情，是由于他认为同情“使人虚弱并渴望虚无”（第 86 页）。

从佛陀的角度看，尼采对佛教是批判非常肤浅，因为仅仅消除欲望——包括怨恨、复仇等颓废的情绪——并不足以结束苦难，佛教所对治的是一切欲望的根源——自我妄想，“自我妄想的结果是系统性的自我中心主义（和利己主义）”（第 227 页）。而尼采所说的怨恨，既源于自我中心主义，又加强了自我中心主义（第 164 页）。因而，随着自我妄想的解除，怨恨、愤怒、渴爱、憎恶等种种颓废的情绪，必定都会烟消云散。因此，佛陀的主张是，结束苦难只是消除了病症，摆脱自我妄想才是去除了病根，而培养同情则是摆脱自我妄想的重要手段。

因此，如果仅仅着眼于尼采思想与佛教哲学的分歧，我们似乎可以用“生命肯定”与“生命否定”的二分法来概括二者的思维特征；但是在更深的层次上，我们则可以用伟大健康的理想来会通二者的伦理学精神。因而，在“怎样回应虚无主义的挑战”这一共同问题域中，以伟大健康为主题的佛陀—尼采式伦理学的构想应运而生——这也是本书最有新意的部分。今后，我们或许可以根据作者的指引，从各个方面继续充实这一构想。

综上所述可见，在一定意义上，可以说本书初步建立了比较哲学的一种范式：

首先，辨析差异——尼采与佛陀生命肯定与生命否定的二分法；

其次，揭示关联——尼采与佛陀都朝向伟大健康的伦理理想；

最后，给出解释——差异源于二者视角不同，关联源于二者思想的互补性，从而把握了表层差异下的深层统一性——爱命运与涅槃都包含苦难的止息，克服同情是培养同情的前提（详见该书第四章末和第六章末）。

笔者之所以将以上模式称为“范式”（paradigm），盖因其展示了一个清晰的框架，可供比较哲学研究者共同体（如果这个共同体存在的话）借鉴和使用。因而，在笔者所见有限的比较哲学著作中，此书可谓出类拔萃，既展开了真正的哲学对话，又探讨了真正的哲学问题，钩锁连环，逐层推进。这显然得益于作者对东西方哲学——特别是佛教哲学与尼采哲学——准确的理解，也得益于作者对虚无主义问题的深入思考。当然，简洁而准确的表达也必不可少。至于作者运思之精巧、视野之广阔、辨析之细致，读者若通读全书，自会有所发现，无须笔者赘言。

当然，此书也有一些有待商榷之处。

第一，作者对虚无主义的源流语焉不详。众所周知，如欲批判某思想，首先得阐明此思想在怎样的背景中发生，凭借怎样的契机流变，也就是说，将其置入某种语境之中，才可以明确其含义和特征。

第二，没有述及虚无主义在当代的表现。这一点与上一点有重叠之处，之所以单独提出，是因为作者提出的对虚无主义的新回应、即佛陀—尼采式的回应，所面向的显然是当代语境，那么我们这个时代的虚无主义跟佛陀时代、尼采时代的虚无主义相比，是否又有某些新的特征？这里是否牵涉虚无主义的古今之变问题?

第三，对一些关键问题的论证不够充分。例如，此书的一大关键是尼采与佛陀思想的互补性，作者虽多处提及，但鲜有系统性论证。又如，作为对虚无主义的一种新回应，佛陀—尼采式的伦理学究竟新在何处?难道仅仅基于其尚未充分论证的“互补性”而“混合”，就可以焕然一新吗?

最后，不算问题，但也必须指出的是，此书所谓“佛教哲学”实际上只是“印度佛教哲学”，正如作者所言，“由于我引用的资料全都是南亚的，因而这是一本关于尼采与印度佛教思想的书”（第 9 页）。因此，我们非常期待未来的某一天，会有一部以“尼采与中国佛教哲学”为主题的著作在中国问世，并且青出于蓝而胜于蓝。

约稿函

《中国思想史研究》为专门史（中国思想史）国家重点学科点、国家历史学博士后流动站西北大学中国思想文化研究所主办的学刊，此前曾以《中国思想史研究论集》名义由广西师范大学出版社出版（主编：张岂之、谢阳举），2015 年移由中国社会科学出版社出版，谢阳举任主编。

为推动中国思想史的精深研究，促进中国思想史学科的繁荣兴旺，西北大学中国思想文化研究所将继续推出《中国思想史研究》（2022 卷），本刊分设侯外庐学术思想研究、古代思想史、近代思想史、宗教思想史、比较思想史、思想史研究理论与方法、思想史动态与书评等专栏，栏目设置不免挂一漏万，举凡与现代中国思想史研究范式交叉互补的名物制度、文献典籍、经史子集、学术源流等专题论文均在选收之列，现热忱向海内外学术界公开征集稿件，有关事宜布告如下：

1. 我们期待及时反映中国思想史领域的前沿成果，出于收录要求，恕不刊用已发论文。文前请附 300 字内容摘要及关键词。

2. 论文篇幅请控制在 6000—12000 字以内为宜，书评原则上不超过 5000 字。译稿需译者自行解决版权问题。

3. 论文撰写格式要求如下：（1）正文采用 word 格式编辑，宋体，5 号字。（2）中国古籍引文采用文中夹注形式，需注明典籍名称、卷次、篇名；中外研究性或参考性著作、论文引文采用当页页下注形式，每页注释以阿拉伯数字为序重新编号，注录次第为著（编）者、译者、名称、出版社、年份、页码；论文引用按照作者、论文名称、期刊名称、年份、期次的顺序注明。

4. 请附作者简介（姓名、学历、职称、职务、联系电话和通讯地址）。

5. 含有图表的稿件，为校对需要，在提交论文电子版的同时，需另寄纸质稿一份（联系方式附后）。

6. 为保证学术质量，论文均需通过西北大学中国思想文化研究所学术委员会的评审。人力有限，稿件被录用将在三个月内告知作者，不拟录用的不另通知，敬请谅解。

7. 本期征稿的截止时间为 2022 年 6 月 20 日，过此时限者只能作为本刊后续稿源对待。

8. 稿件一经刊出，即付薄酬。

兹特敬告学界。

西北大学中国思想文化研究所学术委员会

《中国思想史研究》编辑部

2021. 9. 1

【通信】

地址：西安市长安区 学府大街 1 号 西北大学 中国思想文化研究所

邮编：710027

收稿：《中国思想史研究》学刊编辑部

电话：029 - 88305298，88302982

收稿邮箱：ideaxie@ 163. com